高等学校应用型特色教材　经管系列

现代消费者心理与行为学
(第二版)

赵仕红　刘　剑　主　编
岳庆如　曹莉娜　陈月梅　副主编

清华大学出版社
北京

内 容 简 介

本书是面向应用型本科教学的消费者心理与行为的教材。全书分共十三章，全面、系统、深入地介绍了消费心理与行为学理论的产生和发展，注重吸收国内外消费心理学与消费者行为学方面的最新研究成果；每章节均附有丰富的案例，对启发学生和读者运用理论分析实际问题、开拓思路，更好地把握所学知识有较大的帮助。

本书体例新颖，内容翔实，既可以作为本科院校工商管理类专业相关课程的教材，也可以作为从事经济管理工作人员的培训教材和参考读物。

本书封面贴有清华大学出版社防伪标签，无标签者不得销售。
版权所有，侵权必究。举报：010-62782989，beiqinquan@tup.tsinghua.edu.cn。

图书在版编目(CIP)数据

现代消费者心理与行为学/赵仕红，刘剑主编. —2版. —北京：清华大学出版社，2023.6（2024.7重印）
高等学校应用型特色教材. 经管系列
ISBN 978-7-302-63676-2

Ⅰ．①现… Ⅱ．①赵… ②刘… Ⅲ．①消费心理学—高等学校—教材 ②消费者行为论—高等学校—教材 Ⅳ．①F713.55

中国国家版本馆 CIP 数据核字(2023)第 096201 号

责任编辑：孙晓红
封面设计：李　坤
责任校对：么丽娟
责任印制：丛怀宇

出版发行：清华大学出版社
网　　址：https://www.tup.com.cn，https://www.wqxuetang.com
地　　址：北京清华大学学研大厦 A 座　　邮　编：100084
社 总 机：010-83470000　　邮　购：010-62786544
投稿与读者服务：010-62776969，c-service@tup.tsinghua.edu.cn
质量反馈：010-62772015，zhiliang@tup.tsinghua.edu.cn
课件下载：https://www.tup.com.cn，010-62791865

印 装 者：三河市天利华印刷装订有限公司
经　　销：全国新华书店
开　　本：185mm×260mm　　印　张：14.75　　字　数：356 千字
版　　次：2016 年 7 月第 1 版　2023 年 6 月第 2 版　印　次：2024 年 7 月第 2 次印刷
定　　价：45.00 元

产品编号：099454-01

前　　言

为了满足工商管理类专业学生消费者心理与行为活动课程的学习要求，撰写了本书。目前国内关于消费者心理与行为的传统教材主要包括《消费心理学》和《消费者行为学》。但消费者心理和行为具有不可分割的联系，因此，本书将消费者心理和行为纳入一个理论体系，构建了本书的框架。

本书以高等教育应用型人才的培养目标为依据，注重科学性、实用性等，使知识转化为技能。与时俱进地补充新知识、新成果，满足应用型工商管理类专业相关课程的教学需要，同时也适合从事经济管理工作的人员学习使用。

本书的特色主要表现在以下四个方面。

1. 系统性

作为工商管理类专业的教材，本书充分体现了该学科理论的系统性，全面、系统、深入地介绍了消费者心理与行为学理论的产生和发展，根据消费者的心理与行为的联系，更科学地构建和编排了本书的内容体系。本书采用了国际上工商管理类教材的流行体例，即每章包括学习目标、案例导读、本章小结、思考题及案例分析等模块。

2. 应用性

本书着重体现其理论的应用性，各个章节都附有典型案例。案例既有国内的，也有国外的；既有成功案例，也有失败案例。通过理论与案例的结合，让学生分析其中的成败得失，提高其将理论知识转化为实践应用的能力。

3. 时代性

在案例及阅读材料的选择上，除部分经典案例外，还主要从网络、报纸和杂志上选择新案例和新材料。阅读材料关注消费领域的社会热点问题，反映消费趋势的新变化，让学生学有所用。

4. 前瞻性

本书在编写体系的系统与完整的基础上，特别考虑到 21 世纪体验经济、互联网经济的发展对消费者心理与行为的影响，增加了"消费者心理与行为的新趋势"一章，并与江苏微笑品牌管理有限公司合作增添相关案例，以开拓学生的知识面和视野。

本书由赵仕红和刘剑担任主编。其他编写人员及分工如下：赵仕红编写第二、五、六、七、八、十、十三章，并参与了第九章案例的编写；刘剑编写了第一、九、十一、十二章，并参与了第六章案例的编写；岳庆如参与了第七、十、十三章案例及部分内容的编写；曹莉娜参与了第八、九章案例的编写；陈月梅参与了第三、四章的编写；谢恒义参与了第十、十三章案例的编写。

本书在编写过程中，参考并借鉴了国内外相关教材、论著的研究成果，并引用了互联网上一些具有独到见解的材料，以增强本书的趣味性与时代性，开阔学生的视野，在此，谨向有关作者、同人表示衷心的感谢。因编者水平有限，书中难免有疏漏之处，敬请广大读者和同行批评指正。

编　者

目 录

第一章 绪论 1

 第一节 消费者研究的发展历史 1
  一、消费者研究与企业的营销活动 1
  二、消费者研究的发展阶段 2
  三、消费者研究在我国的开展情况 5
 第二节 消费者心理与行为学的研究对象和研究内容 6
  一、消费者心理与行为学的研究对象 6
  二、消费者心理与行为学的研究内容 9
 第三节 消费者心理与行为学的研究方法 10
  一、观察法 11
  二、问卷法 11
  三、实验法 12
  四、投射法 12
  五、访谈法 13
 本章小结 13
 思考题 14
 案例分析 14

第二章 消费者的心理活动及过程 16

 第一节 消费者的注意、感觉和知觉 16
  一、消费者的注意 17
  二、消费者的感觉与知觉 19
 第二节 消费者的记忆、想象与思维 25
  一、记忆 25
  二、想象与联想 30
  三、思维 32
 第三节 消费者的情绪、情感与意志 34
  一、消费者的情绪与情感 34
  二、消费者的意志过程 36
  三、消费者心理活动三个过程的统一性 38

 本章小结 38
 思考题 39
 案例分析 39

第三章 消费者的个性心理特征 42

 第一节 消费者的气质 43
  一、气质的概念 43
  二、气质学说 43
  三、气质类型与消费者行为 45
 第二节 消费者的性格 47
  一、性格的概念 47
  二、性格的特征 47
  三、性格与消费者行为 48
 第三节 消费者的能力 49
  一、能力的含义 49
  二、能力的个别差异 49
  三、消费者的能力 50
 本章小结 52
 思考题 52
 案例分析 53

第四章 消费者的需要与购买动机 54

 第一节 消费者的需要 55
  一、需要的概念 55
  二、消费者需要的含义与类型 56
  三、消费者需要的基本特征 57
  四、消费者需要的基本形态 59
 第二节 消费者的购买动机 61
  一、动机的定义 61
  二、动机的功能 61
  三、消费者购买动机的具体内容 62
 本章小结 66
 思考题 67
 案例分析 67

第五章 消费者购买行为与理论 ... 70

第一节 消费者购买行为与模式 ... 70
一、消费者购买行为的概念 ... 70
二、消费者购买行为的一般模式 ... 71
三、消费者购买行为的类型 ... 71
四、消费者购买决策的过程 ... 74
五、消费者购买决策的参与者 ... 77
六、消费者购买决策的内容 ... 78

第二节 消费者购买行为理论 ... 78
一、感知风险理论 ... 78
二、效用理论 ... 80

本章小结 ... 82
思考题 ... 82
案例分析 ... 83

第六章 消费者群体的消费心理与行为 ... 85

第一节 消费者群体概述 ... 85
一、群体的概念 ... 85
二、消费者群体的形成因素 ... 86

第二节 不同年龄消费者群体的消费心理与行为 ... 86
一、少年儿童消费者群体的消费心理与行为 ... 86
二、青年消费者群体的消费心理与行为 ... 89
三、中年消费者群体的消费心理与行为 ... 91
四、老年消费者群体的消费心理与行为 ... 92

第三节 不同性别消费者群体的消费心理与行为 ... 94
一、女性消费者群体的消费心理与行为 ... 94
二、男性消费者群体的消费心理与行为 ... 96

第四节 消费习俗 ... 97
一、消费习俗的特点 ... 98
二、消费习俗的类型 ... 98
三、消费习俗对消费者心理的影响 ... 99
四、消费习俗对购买行为的影响 ... 99

第五节 消费流行 ... 100
一、消费流行的概念和成因 ... 100
二、消费流行的特点 ... 100
三、消费流行的分类 ... 100
四、消费流行的周期 ... 101
五、消费流行对消费者心理的影响 ... 101

第六节 消费者的暗示、模仿与从众 ... 102
一、暗示 ... 102
二、模仿 ... 103
三、从众 ... 103

本章小结 ... 104
思考题 ... 105
案例分析 ... 105

第七章 影响消费者心理与行为的外部因素 ... 108

第一节 经济因素 ... 108
一、随着物质的不断丰富，人们的消费观念也发生着改变 ... 108
二、电子商务逐渐改变人们的消费方式 ... 109
三、个性化消费突出 ... 109
四、对绿色产品的需求增加 ... 109
五、服务消费需求增加 ... 109
六、更加注重精神需求 ... 110

第二节 文化因素 ... 110
一、文化的概念 ... 110
二、文化的特征 ... 110
三、文化的主要方面与消费者心理及行为 ... 111
四、我国的传统文化观念 ... 114

第三节 社会阶层因素 ... 115
一、社会阶层的概念 ... 115
二、社会阶层的划分 ... 115
三、社会阶层的演变 ... 115

四、社会阶层方面的三种消费
　　　　心理及行为 115
　　五、社会阶层对消费者心理及
　　　　行为的影响 116
第四节　参照群体因素 116
　　一、参照群体的概念 116
　　二、参照群体的类型 117
　　三、影响消费者的主要参照群体 117
　　四、参照群体对消费心理及行为的
　　　　影响方式 118
　　五、参照群体对消费心理及行为的
　　　　影响程度 119
第五节　家庭因素 121
　　一、家庭的概念与结构 121
　　二、家庭消费特点 121
　　三、家庭的生命周期阶段 121
　　四、家庭购买决策 123
　　五、家庭权力结构 123
　　六、影响家庭消费行为的因素 124
本章小结 124
思考题 125
案例分析 125

第八章　商品因素与消费者心理及行为 127

第一节　新产品与消费者心理及行为 127
　　一、新产品的概念与分类 127
　　二、消费者对新产品的期望 128
　　三、消费者接受新产品的心理及
　　　　行为过程 129
　　四、新产品购买者的类型 130
　　五、影响新产品购买行为的心理
　　　　因素 131
　　六、新产品的推广 131
第二节　品牌与消费者心理及行为 132
　　一、品牌概述 132
　　二、消费者的品牌忠诚度 133
第三节　商品包装与消费者心理及行为 136
　　一、包装的概念及分类 136
　　二、包装的作用 137
　　三、消费者对包装设计的需求 137
　　四、商品包装设计的心理及行为
　　　　策略 138
本章小结 139
思考题 140
案例分析 140

第九章　商品价格与消费者心理及行为 142

第一节　商品价格的心理功能 142
　　一、商品价值认识功能 142
　　二、自我意识的比拟功能 143
　　三、调节需求的功能 144
第二节　商品价格与消费者心理及
　　　　行为 144
　　一、消费者价格的心理与行为
　　　　特征 144
　　二、价格变动与消费者心理及
　　　　行为 146
第三节　商品定价与调价的心理及行为
　　　　策略 147
　　一、商品定价的心理与行为策略 147
　　二、商品调价的心理与行为策略 150
本章小结 152
思考题 152
案例分析 153

第十章　消费情景与消费者心理及行为 155

第一节　营业场所外部环境与消费者
　　　　心理及行为 155
　　一、周边环境与消费者心理及
　　　　行为 155
　　二、营业场所建筑与消费者心理及
　　　　行为 156
　　三、营业场所的门面装饰与消费者
　　　　心理及行为 157
　　四、营业场所的橱窗 158

第二节　营业场所内部环境与消费者
　　　　心理及行为 159
　　一、营业场所内部的整体布局与
　　　　消费者心理及行为 160
　　二、商品陈列与消费者心理及
　　　　行为 160
　　三、营业场所内的音响与消费者
　　　　心理及行为 162
　　四、营业场所内的照明与消费者
　　　　心理及行为 163
　　五、营业场所内的温度、湿度与
　　　　消费者心理及行为 164
　　六、营业场所内的色彩与消费者
　　　　心理及行为 164
第三节　网络消费情景与消费者心理及
　　　　行为 164
　　一、网站设计与消费者
　　　　心理及行为 165
　　二、直播平台设计与消费者心理及
　　　　行为 166
本章小结 168
思考题 169
案例分析 169

第十一章　广告与消费者心理及行为 171

第一节　广告的作用机制及功能 171
　　一、广告的作用机制 171
　　二、广告的心理与行为功能 175
第二节　广告策划与消费心理及行为 176
　　一、广告创意 176
　　二、广告诉求 178
第三节　广告媒体选择、实施与消费
　　　　心理及行为 183
　　一、广告媒体 183
　　二、基于消费心理与行为的广告
　　　　媒体选择 186
本章小结 188

思考题 188
案例分析 188

第十二章　营销服务与消费者心理及
　　　　　行为 190

第一节　售前、售中、售后服务与
　　　　消费者心理及行为 191
　　一、营销服务的特点与心理效应 191
　　二、营销服务三个阶段与消费者
　　　　心理及行为 192
第二节　销售人员对消费者心理及
　　　　行为的影响 197
　　一、销售人员影响力与消费者
　　　　心理及行为 197
　　二、销售人员仪表和行为对消费者
　　　　心理及行为的影响 199
　　三、销售人员的接待步骤与服务
　　　　方法 201
第三节　营销服务中的冲突与处理 203
　　一、消费者的权益与保护 203
　　二、消费者投诉心理与行为 205
　　三、消费者投诉的沟通与处理 206
本章小结 208
思考题 208
案例分析 209

第十三章　消费者心理与行为的
　　　　　新趋势 211

第一节　消费者体验心理及行为 212
　　一、体验与体验经济 212
　　二、体验经济时代消费者需求
　　　　特征 213
　　三、消费者体验的心理与行为
　　　　基础 214
　　四、消费者体验行为分类 215
　　五、体验营销的含义和特征 216
　　六、实施体验营销的策略 217

第二节　网络消费心理及行为..................218
　一、网络消费模式的特点..................218
　二、消费者网络消费的心理与行为
　　　特征..219
　三、影响消费者网络消费心理与
　　　行为的主要因素........................220
　四、网络消费购买决策过程..............221
本章小结..222
思考题..222
案例分析..223

参考文献..224

第一章

绪 论

学习目标：通过本章的学习，了解消费者心理与行为学的发展历史；掌握现代消费者心理与行为学的研究对象与基本内容；熟悉消费者心理与行为学的基本研究方法。

案例导读

快时尚品牌发展进入慢车道

近年来，曾经遍布各大商圈的ZARA、GAP等快时尚品牌销量频频走低，New Look、TOPSHOP等更是相继退出中国市场。曾经连试衣间都需要排队许久的快时尚品牌门店为啥突然"不香"了？

ZARA、H&M等快时尚品牌在市场中"遇冷"已是不争的事实，更多快时尚品牌门店门可罗雀。例如，从2018年起我国就成为优衣库全球第二大销售市场，但优衣库母公司讯销集团发布的2022财年上半年公告显示，其报告期内已有133家大中华区门店暂时关闭。近几年，不断有快时尚品牌宣布退出中国市场。

"以往去逛街，遇到门店人流高峰期，需要在试衣间等很久，现在路过却经常看到店内没有多少顾客。"1991年出生的莉莉曾是快时尚品牌的忠实顾客，"随着年龄的增长，我会趋向于买一些品质更高、更有设计感的服饰，不再单单追求衣服的数量了。"莉莉说道。

忠于某类服饰品牌的消费者，一旦有了更高的收入或者上升到不同的社会层次，就有可能改变审美水准或对服装品质有更高的追求，因此不一定还会继续购买原来的品牌，快时尚产品的这种流动性是不可避免的。此外，消费者对服饰商品的性价比、质量方面的要求越来越高，除新鲜有趣的消费场景外，品牌还需回归产品的质量把控及款式的差异化。品牌要从过去以目的性购买为设计理念，转变为给消费者带来具有独特体验的设计理念，包括店铺环境设计、产品设计、产品形象定位以及企业文化设计等。只有从消费者需求的角度出发不断发展、改变，才能维持企业的核心竞争力。

(资料来源：王小月. 快时尚"慢"下来，新兴潮牌机会来了. 中国消费者报(N). 2022-06-24. 中国消费网. https://www.ccn.com.cn/Content/2022/06-22/1715010384.html.)

第一节 消费者研究的发展历史

一、消费者研究与企业的营销活动

对消费者的研究是随着市场经济的发展而产生的，最早发端于早年的美国商界，并随着企业市场营销活动的需要而逐步深入。在商品匮乏、小商品不断生产的情况下，生产者和商人无须考虑如何扩大商品的销路，客观上没有专门研究消费者心理与行为的需要；在资本主义工业革命的初期，商品经济虽然有了很大发展，但总体上商品还是供不应求的，多数商品处于卖方市场，企业在生产和经营的过程中无须因为担心产品的销路而考虑消费者的需求，因此有关消费者心理的问题在这一时期自然也不会引起人们的重视；直到19世纪末20世纪初，资本主义经济进入繁荣发展阶段，机器大工业生产方式的确立，以及生产社会化程度的提高，使物质产品极大地丰富起来，买方市场开始形成，产品市场的有限性使企业之间的竞争越来越激烈，因此，许多企业主开始把目光转向寻求和开拓市场的途径。为了使自己生产的商品更加适销对路，他们开始关注和了解消费者的需求、兴趣和购买欲望，这促使一些具有远见卓识的人对消费者的心理和行为进行专门的研究。

对消费者的分析是企业营销策略形成的基础，它会影响企业产品或服务目标市场的选择、市场定位及客户满意等。市场营销策略涉及众多方面，包括确定产品、定价、促销、分销和服务等，将所有这些相关特性组合起来，呈现给目标顾客，可以提高其生活水平或工作绩效。消费者对企业营销策略的反应，决定了这些营销策略的成绩，会使某一企业的产品形成自己的形象，从而决定该产品的销售情况及消费者对其的满意度。

因此，在市场经济条件下，企业市场占有率的高低和企业竞争力的大小，归根结底，取决于消费者是否乐于购买商品。企业要想在激烈的市场竞争中立于不败之地，就必须比竞争对手更多地了解自己的目标顾客，了解市场需求的变化，明确消费者的需求心理与行为。

【案例 1-1】完美日记的成功之道

随着生产力的发展，人类社会逐渐进入消费社会。与农业社会物质资料匮乏的情况相反，现代社会中的人特别是现代城市中的居民，被丰盛的系列化的或杂乱无章的商品和服务包围、诱惑。消费是以消费者为主体的经济活动，消费活动的效果如何，不仅受社会经济发展水平、市场供求情况、企业经营活动的影响，而且更多地取决于消费者个人的决策水平和行为方式，而这些，又与消费者自身的个性特点、兴趣爱好、认知方式、价值观念等有着密切关系。人们在消费活动中，既会追求能带来感官刺激和物质享受的产品，也会追求具有象征意义或符号化的产品。物质主义、消费主义逐渐成为具有主流地位的思想意识；获取收入、积极消费、从消费中获取快乐成了现代社会的重要行为。通过传播和普及有关消费心理与行为的理论知识，可以帮助消费者认识自身的心理特点，提高自己的购买决策能力，使其消费行为更加科学、合理。

二、消费者研究的发展阶段

不了解消费者，就无法预测其需求与欲望，也无法对其需求与欲望做出恰当的反应。发现消费者需求与欲望是一个复杂的过程。对消费者心理与行为的研究是随着生产力和商品经济的充分发展、市场供求矛盾日益尖锐、竞争日益加剧而形成和发展起来的，大体上可以分为萌芽、创立、深化、变革与重构四个阶段。

(一)萌芽阶段

19世纪末到20世纪50年代,心理学的发展为消费者心理与行为的产生提供了可能。1899年美国社会学家托斯丹·邦德·凡勃伦(Thorstein B Veblen)在《有闲阶级论》(*The Theory of the Leisure Class*)中提出了炫耀性消费及其社会概念。从19世纪末德国心理学家威廉·冯特(Wilhelm Wundt)创立第一个心理实验室开始,心理学理论得到迅速的发展,出现了众多的流派,创立了各种各样的心理分析方法,正是这些理论和方法为消费者心理与行为的研究奠定了科学的基础。

越来越多的心理学研究者不满足只在实验室从事纯学术研究,而是纷纷把其研究扩展到工业、军事、教育、医学等领域,尝试运用心理学的理论和方法来解释和指导人们的社会实践活动。1901年美国心理学家沃尔特·D.斯科特(Walter D. Scott)提出可以将心理学应用到广告活动中,其后,斯科特将有关理论进一步系统化,出版了《广告心理学》一书,《广告心理学》的出版开创了消费者心理与行为研究的先河。在以后很长的一段时期,美国的许多心理学家根据当时的经济形势的需要,积极从事消费者心理的研究和实验,出版了多部相关著作,从不同侧面探讨消费者心理与行为的有关问题,丰富了消费者心理与行为的研究内容,使消费者心理与行为的理论体系逐步完成。由此可见,消费者心理与行为的产生,一方面是商品经济产生和发展的客观要求,另一方面是心理学的相关学科研究成果扩展和深化的产物。

20世纪30年代,资本主义生产过剩导致的经济大危机,使需求问题成为企业面临的头号问题。为了促进销售,企业纷纷加大了广告、促销力度,产业界对运用消费者心理与行为研究成果表现出越来越浓厚的兴趣。第二次世界大战后,随着经济的恢复和发展及消费者收入的持续提高,消费者心理与行为日益多样化、个性化。企业经营观念开始发生重大转变,企业主逐步重视和加强市场调研,预测消费趋势,刺激消费者的消费需求,从而推动消费者心理与行为的研究。

20世纪50年代,消费者心理与行为研究最引人注目的成果是需要和动机理论。1950年,心理学家梅森·海尔(Mason Haire)通过对两组不同的消费者在购买速溶咖啡问题上的回答进行研究,找出了家庭主妇不喜欢购买速溶咖啡的真正原因,从而揭示了消费者潜在的购买动机。1951年,美国著名犹太裔人本主义心理学家亚伯拉罕·马斯洛(Abraham Maslow)提出了"需求层次理论"。此外,M.谢里夫(M. Sherif)、哈罗德 H.凯利(Harlod H. Kelley)和谢把托尼(Shibutoni)等开展了对参照群体的研究,L.盖斯特(L. Cuest)和乔治 H.布朗(George H. Brown)(1953)对消费者品牌忠诚的研究等都有一定的影响。

(二)创立阶段

20世纪60年代到70年代,消费者心理与行为研究被广泛地应用于市场营销活动中并得到迅速发展。1960年,美国心理学会成立消费者心理学分科学会,消费者行为学作为一门独立学科逐渐得到承认。感知风险最初的概念是由哈佛大学的保尔(Bauer,1960)从心理学中延伸出来的,他认为消费者任何的购买行为,都可能无法确知其预期的结果是否正确,而某些结果可能令消费者不愉快。这一时期,消费者心理与行为研究的范围逐渐扩大,并开始关注消费者行为的情感和非理性心理决策,关注家庭购买决策,关注消费者行为的社会决定因素。同时,研究方法日益多样化,并向定量化方向发展,研究成果呈加速增长趋势，消费心理方面的研究居首位。1968 年，第一部消费者行为学教材《消费者行为学》由俄亥俄州立大学的詹姆斯·恩格尔(James Engel)、大卫·科拉特(David Kollat)和罗杰·布莱克维尔(Roger Blackwell)合作出版。1969 年，美国消费者研究协会(Association for Consumer Research)正式成立。

20 世纪 70 年代以来，有关消费者心理与行为的研究进入全面发展阶段，除学术团体外，许多大企业也设立研究机构，专门从事消费者心理与行为的研究，有关消费者心理与行为的理论和知识的传播日益广泛，并受到社会各界的高度重视。1974 年，《消费者研究杂志》(JCR)创刊。消费心理与行为研究日益深入，研究方法趋向多样化。除运用传统的定性分析外，还运用统计分析技术、信息技术、动态分析等现代科学的研究成果，建立精确的消费心理与行为模型，对消费者心理现象进行定量分析，从因果关系、动态发展、数量变化上揭示各个变量之间的内在联系，从而把消费心理与行为的研究推进到一个新的阶段，使消费者心理与行为的研究内容更加全面，使其理论分析更加深入，使其学科体系更加完善，消费者心理与行为的研究成果在实践中得到越来越广泛的应用。

(三)深化阶段

20 世纪 80 年代到 2000 年，对消费者的研究进入深度理解消费者的时期。1982 年，J. M. 瑟吉(J. M .Sirgy)的论文——《消费者行为中的自我》的发表，标志着自我概念被引入消费者行为的研究之中。"自我"成为研究和理解消费者的重要核心概念。

在这一时期，研究手段与方法更为先进。有关专家和研究人员不仅使用了先进的计算机技术，而且拥有先进的分析消费者心理的工具，拥有基于消费者心理行为理论的模型及专门为研究消费者心理和行为而开发设计的计算机软件。由于国外市场的运行机制较为完善，外国学者还习惯于通过收集大量的资料来建立消费者行为模式，用这些模式去预测消费者下一阶段的消费心理和行为，从而为商品的生产和销售制定相应的策略。由于具备先进的现代化研究手段，反馈消费者心理体会变得十分迅速，为企业提供了有益的研究报告，便于企业迅速地调整或做出生产和经营管理方面的决策。

企业非常重视对消费者心理和行为的研究。在产品的设计、研制和开发过程中，为了了解消费者对于该产品的看法、购买商品的过程和消费心理的体会，不惜投入大量的人力和物力进行研究，而且投入这类研究的费用占产品开发费用的比例很高。一般用于研究市场和消费者心理的费用，占到产品推广费用的 5%～15%。这种高比例的研究投入，有助于提高研究结果的实用性和可信度。

(四)变革与重构阶段

2000 年以来，互联网和移动终端的广泛应用，使理解、分析消费者的方法都在发生根本性的变革。相对以往的消费者研究而言，重构移动互联网时代的消费者心理与行为势在必行。2004 年，当代美国消费者行为学研究专家 L. G·希夫曼(L. G Schiffman)和 L. L·卡纽克(L. L Kanuk)教授新著的《消费者行为学》(第八版)在信息网络技术趋于成熟、经济全球化进程进一步加速的背景下面世了。这一版的最大亮点就是作者着力考察了信息技术与全球化环境对消费者行为的影响。

目前，研究消费者心理与行为的主要趋势表现在四个方面。其一，研究数字化革命对消费者行为的影响。关注消费者的网络购买行为，研究互联网对消费者信息收集、决策制定和购买选择带来的冲击，以及互联网既作为一种信息渠道又作为一种分销渠道的重要性及其影响力。其二，研究重心更集中在消费者自身，特别是消费者体验更受到重视，同时，对新一代各种消费者的研究也是热点。研究对象从单个人转变为人与人形成的网络关系，如消费者虚拟社交网络。其三，研究方法的多元化。在主流实证方法的基础上，各种新的定性研究方法被运用，同时，基于高科技的大数据分析方法已经出现。其四，研究与应用并重。对于消费者的研究，既注重学术也注重应用。这是因为研究消费者的目的，就是赢得消费者信任使其购买商品和解决市场问题。

三、消费者研究在我国的开展情况

我国科学、系统地研究消费者心理与行为的规律，开始于 20 世纪初。国内的学者开始介绍西方的有关研究结果，吴应国曾翻译出版过斯科特的《广告心理学》。此外，我国学者自己撰写的著作也开始出现对消费者心理与行为的专门论述，如潘菽的《心理学概论》、孙科的《广告心理学概论》等。

1949 年之后，我国进行了社会主义改造，从社会主义改造的完成到改革开放的一段时间里，我国绝大部分商业经营单位为国家所有。这段时期消费者的消费行为受到许多限制，商品基本上处于供不应求的状况，商业零售单位对顾客的服务态度也不够重视，消费者的许多愿望也难以实现。由于商品供应不足，有的售货人员常常对顾客做出无礼的行为，消费者的权益很难得到保障。一方面，那一时期，我国在消费者心理与行为领域的研究非常薄弱，很少有人从心理学的角度研究消费和消费者，计划经济体制下，企业服从于国家计划，没有直接面对市场和消费者，也没有关注和研究消费者心理与行为的必要；另一方面，有的人受极左思想的影响，把个人消费与资产阶级生活方式等同起来，研究人员匮乏，加之长期的商品短缺，消费水平低下，消费观念陈旧，这些都在客观上阻碍了消费者心理与行为相关理论在我国的研究和应用。

改革开放以来，随着社会主义市场经济体制的建立和完善，我国消费市场迅速发展，买方市场逐步形成，消费者在消费水平、消费观念、消费结构、消费方式等方面也发生了巨大的变化，消费者的自主意识、成熟程度远远强于以往的任何时期。与此同时，企业之间的竞争越来越激烈，企业从其经营实践中，越来越深刻地认识到：消费者是上帝，消费者是企业利润的来源，消费者的货币选票投向哪里，哪里就决定着企业的生存和发展。为了自身的经济利益，为了争夺消费者手中的货币选票，研究消费者的心理与行为便成为企业营销管理的主要内容，同时也成为理论界探讨的重要课题。

20 世纪 80 年代中期，我国开始系统、大量地从国外引进有关消费者心理与行为的研究成果。随着研究工作的深入，在引进国外研究方法和经验的同时，还针对我国市场特点，进行有的放矢的研究。例如，针对我国城乡差别的扩大，对我国城乡不同的消费水平和消费者结构的研究；针对我国实行独生子女政策后的家庭结构，对独生子女这个特殊消费群体的消费者心理与行为的研究等。从事消费者心理研究的专门研究人员和研究机构日益增多，我国高等院校的相关专业还纷纷开设"消费心理学""消费者行为学"课程，并将其作为学生必修的专业课。目前，工商企业对消费者心理与行为研究的重视程度越来越高，企业经营决策者对消费者信息的依赖性越来越强，消费者心理与行为学在我国已经由介绍和传播期，进入普及和应用期。

党的十九大报告明确指出："中国特色社会主义进入新时代，我国社会主要矛盾已经转化为人民日益增长的美好生活需要和不平衡不充分的发展之间的矛盾。""完善促进消费的体制机制，增强消费对经济发展的基础性作用。"党的十九大报告表明了党的全新历史方位，符合中国经济发展的实际和社会发展需要，顺应人民群众广泛和多样化的社会需要，提供了制定新时代方针政策的依据，进一步指明了社会主义现代化强国的实质。

习近平在亚太经济合作组织(Asia-Pacific Economic Cooperation，APEC)工商领导人峰会上的演讲中指出："中国经济发展正在从以往过于依赖投资和出口拉动向更多依靠国内需求特别是消费需求拉动转变。""中国不断拓展的内需和消费市场，将释放巨大需求和消费动力。"

进入新时代，企业只有更深入地了解消费者，才能更好地顺应人民群众广泛和多样化的社会需要。伴随着关于消费者主权、绿色消费、数字消费等消费热点问题的出现，需要对消费者的心理与行为进行与时俱进的深入研究。

第二节　消费者心理与行为学的研究对象和研究内容

一、消费者心理与行为学的研究对象

(一)消费与消费者

1. 消费

人类的消费行为与人类的生产相伴而生，是人类赖以生存和发展的古老的社会活动和社会行为，是社会进步与发展的基本前提。从社会再生产的过程看，消费是社会再生产中"生产、分配、交换、消费"四大环节之一，也是最终环节。

从广义上看，消费是指人类为了某种目的消耗各种资源的过程。资源包括：①人类生存环境中的任何物质和能量；②人类劳动作用过的各种物质产品、劳务、信息等。消费是利用社会产品来满足人们各种需要的过程。消费是一种行为，是消费主体出于延续和发展自身的目的，有意识地消耗物质资料和非物质资料的能动行为。随着生产的发展和人类心理活动的日益复杂化，人类行为活动的总体水平也在不断地提高。

人类的消费行为可以划分为生产消费和个人消费两大类。生产消费是指人们在生产过程中对劳动力及其他各种生产要素的使用、消耗及其磨损，它包括在生产过程之中，是生产过程连续进行的基本条件。个人消费是指人们为了满足自身需要而对各种生活资料、劳务和精神产品的消费，它是人们为了维持生存和发展进行劳动力再生产的必要条件，也是人类社会最大量、最普遍的经济现象和行为活动。个人消费是一种最终消费，狭义的消费就是指个人消费，消费者心理与行为学研究的范畴就是消费者的个人消费。

2. 消费者

消费者是指购买、使用各种产品或服务的个人。从消费过程考察，消费者是各种消费品的需求者、购买者和使用者。消费过程是一个动态运行的过程。购买者本身不一定是需求者或使用者，如为他人代买商品；而使用者也不一定是购买者，如尚无生活能力的孩童使

用父母为他们买来的商品。如果把消费过程作为需求、购买、使用过程的统一体，那么，处于这三个过程中的某一环节或全过程的人都称为消费者。消费者就是指实际参与消费活动的某一环节或全过程的人。例如，菲利浦电动剃须刀的营销人员——漂亮的店内促销员，她们对新产品的推广作用并不大。这个高价位的新产品的目标消费者是"成功男士"。但问题是所谓的"成功男士"又有多少时间去大卖场呢？他们的个人护理用品大多由太太代买，所谓的"美女营销"自然效果不大。

从在同一时空范围内对某一消费品的态度看，可以把消费者分为现实消费者、潜在消费者和永不消费者。现实消费者，即通过现实的市场交换行为，获得某种消费品并从中受益的人；潜在消费者，即目前对某种消费品尚无需要或购买动机，但在将来有可能转变为现实消费者的人；永不消费者，即指当时或未来都不会对某种消费品产生消费需要和购买愿望的人。作为具体的某一消费者，在同一时点上，面对不同的消费品，可以同时以不同的身份出现。例如：在同一时点上，某消费者面对A商品是现实消费者；面对B商品是潜在消费者；面对C商品可能又是永不消费者。

从消费单位的角度考察，可以把消费者划分为个体消费者、家庭消费者和集团消费者。个体或家庭消费者是指为满足个体或家庭对某种消费品的需要而进行购买和使用的人。这种消费行为与消费者个人的需要、愿望和货币支付能力密切相关。集团消费者是指为满足社会团体对某种消费品的需要而进行购买和使用的人。集团消费者的消费行为作为团体行为，不一定反映消费者个人的愿望或需要，也与个人支付能力没有直接的关系。

(二)消费者心理与行为

1. 消费者心理

消费者心理是指消费者在购买、使用、消费商品及劳务的过程中反映出来的心理态势及其规律，是消费者产生的一切心理活动，以及由此推动的行为动作，包括消费者观察商品、收集商品信息、选择商品品牌、决策购买、使用商品形成心理感受和心理体验、向生产经营单位进行信息反馈等。心理活动是人脑对客观事物或外部刺激的反应，是人脑所具有的特殊功能。消费者在消费过程中的偏好和选择、各种不同的行为方式无一不受其心理活动的影响。例如，消费者是否购买某种商品，购买哪种品牌款式，何时何地购买，采用何种方式购买，以及怎样使用等，都和消费者的思想、情感、气质、性格、价值观念、思维方式及相应的心理反应密切相关。

消费者心理具有较强的目的性，常表现为消费者满足消费需要、实现消费动机、得到期望的消费体验。消费者心理具有明显的自觉性，任何购买行为都是在人们自觉地支付了相应的货币之后才能实现的。心理活动本身的复杂性与多样性也决定了消费者心理具有复杂性与多样性。当消费者满足一种消费需要、实现一种消费动机的时候，为了得到更加满意的消费效果而对另外的商品产生消费需要和消费动机，表现出消费者心理的关联性。消费者心理还会随着消费者自身背景、社会环境、家庭状况等方面的变化而变化。

2. 消费者行为

恩格尔(Engel)将消费者行为定义为，为获取、使用、处置消费物品所采取的各种行动，以及先于且决定这些行动的决策过程。莫温(Mowen)认为，消费者行为是购买单位在获取、消费和处置商品时发生的交换过程。所罗门(Solomon)则认为，消费者行为是指一系列过程，这一系列过程是由个人或团体在选择、购买、使用或处置商品、服务、计划和体验以满足其需求和欲望时所引起的。美国市场营销学会(American Marketing Association，AMA)把消费者行为定义为"感知、认知、行为以及环境因素的动态互动过程，是人类履行生活中的交易职能的行为基础"。在这一定义中，至少包括三层含义：①消费者行为是动态的；②它是感知、认知、行为及环境因素的互动过程；③它涉及交易，企业通过系统地制定和实施营销战略，实现与消费者的交易。

消费者行为是在人类行为这个大背景下提出来的，是与市场相联系的人类行为。一般人类行为反映到消费领域，其主要特点有以下三点。①偏好和能力的多样性。由于地理、人口、心理和行为存在差异，人们的偏好是多样的，消费能力也是高低不同的。尽管经济学家对人的偏好能否得到显示及如何显示存在争议，但对偏好和能力的多样性是基本肯定的。②有限理性。西蒙(Simon)把它描述为"有达到理性的意识，但又是有限的"。人们在消费活动中总是力争做到有理性，但由于环境因素和自身能力的制约，他们不可能知道关于未来活动的全部备选方案，不可能将所有的价值考虑到统一的、单一的综合性效用函数中，也无力计算出所有备选方案的实施后果。③追求自身利益最大化。消费者利用尽可能少的花费购买尽可能多的消费品，最大限度地满足自己的需要，达到消费的均衡。

3. 两者的关系

消费者心理与行为均以消费者在消费活动中的心理和行为现象作为研究对象。消费者行为则是消费者在一系列心理活动的支配下，为实现预定的消费目标而做出的各种反应或行为。从这两个概念的历史发展过程来看，它们的主要区别在于心理与行为这两个概念的内涵。在心理学的发展历史中，曾经出现过把人的心理(主要是指人的意识)与人的行为分别看待的情况，但是这已经是历史了。心理与行为是每个具体的人所思所想、所作所为的两个方面，两者在范围上有一定的区别，但更主要的是两者有不可分割的联系。心理和行为，用来描述人的内外活动时，较为习惯的做法："心理"这个概念主要用于描述人的内部活动，但心理活动不仅指人的内部活动，也包括一部分外部活动，如人的表情等；"行为"这个概念主要用于描述人的外部活动，但人的任何外部行为均是发自内部的心理活动。

人的消费活动不是一种简单的机械行为，而是表现为某种需要的行为冲动，这种行为冲动总是在不同心理、社会诸因素的影响下产生、发展和变化。一般来说，人的消费行为往往受两种心理的影响。一种是本能性消费心理，主要由人的生理因素所决定，属于自然状态下的心理反应。例如，人们饥则食渴则饮的行为，就是以消费者生理因素为基础的一般现象，本能性消费心理的反应强度和表现方式又取决于不同消费者的个性因素，如消费者的气质、性格、意志和能力。另一种影响人们消费行为的是社会性消费心理。社会性消费心理即消费心理的社会性，是指由人们所处的社会环境因素决定的心理需要，它是随着社会经济的发展而不断发展、变化的，它使人类的消费活动由简单地满足生理需要，变为具有特定含义的社会行为，并且在内容和质量上不断提高。例如，人们对服装的要求从最初的遮蔽、御寒到现在赋予其服饰文化、个人身份地位表现的内涵，并且加入了流行、时尚的诸多元素。

本能性消费心理表现为基础的、初级的心理活动，它是人类心理活动的自然流露与反映，社会性消费心理是在本能性消费心理的基础上发展出的人类较高级的心理需求，它是以社会政治、经济、文化的进步为前提的。在社会政治、经济、文化飞速发展,以及人们生活水平不断提高的今天,在人们的消费活动中,本能性消费心理反应越来越为社会性消费心理活动所掩盖,从对人们消费行为的影响来看,社会性消费心理成为影响和支配人们消费行为的主要因素。

【案例1-2】国潮美妆大热

二、消费者心理与行为学的研究内容

消费者心理与行为学是以市场营销活动的主体——消费者的心理与行为活动的产生及发展变化规律为研究主线的边缘学科。如今已成为经济和工商管理专业最有影响的学科之一。消费者心理与行为学是借鉴不同学科的多种研究方法,通过对消费者心理活动及其行为过程的观察、记述、分析和预测,探索和把握消费者行为的规律性,以便引导、改善和优化消费者行为,为政府部门制定宏观经济政策、为工商企业制定营销战略和策略提供依据和有益的支撑。消费者心理与行为作为一种客观存在的社会经济现象,如同其他事物一样,有其特定的活动方式和内在规律,对消费者心理与行为进行专门研究,目的就是发现和掌握消费者心理与行为现象产生、发展、变化的一般规律,以便更有针对性地开展营销活动,最终取得事半功倍的效果。消费者心理与行为的研究包括以下内容。

(一)消费者心理过程、心理状态和个性心理的研究

心理学研究心理的发生、发展和活动的规律;消费者心理与行为研究消费者消费行为的心理规律。因此,心理学有关感觉、知觉、记忆、需要、动机、情绪、情感和个性的研究成果和相关理论,能为解释人的消费行为提供帮助。任何心理活动都有它产生、发展和完成的过程,这些过程包括认识过程、情感过程和意志过程,通过研究每个过程的发生、发展和表现形式等的规律以及三个过程之间的联系,可以发现消费者行为中包含的心理现象的共性。人们在兴趣、能力、气质、性格等方面反映出来的个人特点和差异,是形成消费者不同购买动机、购买方式、购买习惯的重要心理基础。通过研究消费者的个性心理特征,可以进一步了解产生不同消费行为的内部原因,掌握消费者购买行为和心理活动的规律。

(二)消费者购买决策与行为的研究

消费者购买行为就是消费者为了满足某种需要,在购买动机的驱使下进行的购买商品和劳务的活动过程,它是消费者心理与购买环境、商品类型、供求状况、服务质量等交互作用的结果。购买行为是消费者心理活动的集中外现,是消费活动中最有意义的部分。消费者购买决策是消费者为解决自己的问题或满足其某方面的需求,而对产品购买的一系列行为进行的决策。就消费者的购买行为来说,它是由一系列环节、要素构成的完整的活动过程,而购买决策在这一过程中起主导作用。在消费者行为的研究中,需要将影响消费者的心理因素与其行为表现紧密联系起来,从而深入探讨消费者的购买行为过程及购买决策的

制定。

(三)影响消费者心理与行为的外部因素的研究

消费者的心理和行为不仅受个人因素影响,而且受所处的社会历史条件的制约和社会因素的影响,因而人与人之间的消费活动又有相同之处。例如,消费者所处的社会环境,大到政治制度、社会风气、社会习俗、家庭结构、经济发展水平、市场供求等,小到消费者购物的场所、购物环境、服务方式与态度、广告宣传、企业声誉、商品品牌等,上述诸多因素,都直接或间接地影响、制约着消费者消费心理活动的发展和变化过程,这些外部因素如何影响消费者的心理行为同样是消费心理与行为不可忽视的研究内容。

(四)消费者的需求动态和人们消费心理与行为变化趋势的研究

随着社会主义市场经济的发展,人们的消费水平和消费结构发生了很大的变化,消费"胃口"越来越大,消费行为与消费动机越来越复杂,消费的内容和形式日趋多样化。物质产品的丰富和人们生活水平的提高,使人们的需求层次发生了明显变化,从过去的满足于吃饱穿暖、衣食无忧转变为现在的注重生活质量、生活品位的提高及精神方面需求的满足。按照马斯洛的需求层次理论,当生理需求基本满足之后,人们便会向往更高一层次的需求。在温饱问题基本满足后,归属的需要、感情的需要、自我实现的需要已经处于与一日三餐同等重要的位置。

从我国居民消费的变迁可以看出,居民消费从追求物质消费向追求精神消费和服务消费转变,从满足基本生存需求向追求生活的全面发展转变。人们将更注重品牌消费,大众餐饮、健康养生、文化娱乐将成为消费的热点,智能、环保、国潮将成为人们的消费时尚。营销者只有敏锐地洞察和把握住消费者心理与行为的变化,及时推出顾客需要的产品,才能在市场竞争中处于不败的地位。

第三节 消费者心理与行为学的研究方法

方法是人们研究解决问题、实现预期目标所必需的途径和手段。研究消费者心理与行为,如果方法正确,就会收到事半功倍的效果。消费者心理与行为学是一门研究人的心理与行为活动的科学,是与社会科学、自然科学和哲学密切联系的科学。因此,研究消费者心理与行为离不开社会实践、自然科学原理和哲学方法。由于消费者心理与行为的研究对象是营销活动中的心理与行为现象和心理与行为规律,具有一定的特殊性,这就决定了其研究方法的特殊性。它不像许多自然科学那样,借用精密的仪器和测量工具,营造一个典型的环境,进行科学观察和试验,测定数据,进行精确计算,最后得出研究结论。消费者心理与行为的研究只能在马克思主义唯物辩证法的指导下,运用心理学、社会学等人文科学所使用的方法,即主要通过社会调查的方法、社会统计分析的方法,科学地概括出消费者心理与行为发生和变化的理论和规律。人是万物之灵,人的消费心理具有复杂性、多样性及多变性,由于消费者心理与行为研究问题的性质、内容的区别,因此采用的方法也各不相同。研究消费者心理与行为,通常采用以下几种方法。

一、观察法

观察法是科学研究中最一般、最简易和最常用的研究方法,也是研究消费者心理与行为最基本的方法。它是指在购买现场或日常消费活动中,有目的、有计划地观察消费者的动作、表情、语言等外部表现,并把观察结果按时间顺序记录下来,然后分析其原因和结果,从而揭示消费者心理活动规律的方法。

自然观察法就是研究者依靠自己的感觉器官,有目的、有计划、主动地观察研究对象在营销活动中的语言、行动、表情等,并把观测结果按时间顺序系统地记录下来,然后分析其原因与结果,从而揭示其心理与行为活动规律的研究方法。这种观察,既可以凭借人的视觉器官直接对事物或现象进行感知或描述,也可以利用仪器或其他现代技术手段间接地进行观察。这种方法的优点是直观,观察到的材料真实、可靠,这是由于被观察者是在没有任何外界影响、没有受到任何干扰的情况下做出的行为,其行为是其心理活动的自然流露。其不足之处是有一定的片面性、局限性和被动性,观察的材料本身具有一定的偶然性。

自我观察法就是把自身确定为研究对象,将自己摆在营销活动的某一位置上,充当消费者或营销人员,根据自己的生活体验或工作经历,设身处地地去感受消费者或营销人员的心理与行为变化,从而分析研究营销活动中的心理与行为变化规律。

观察法主要用于研究消费者现期行为,如对广告、商标、包装、橱窗、柜台等设计效果的反应。观察法在消费者对价格反应、品牌及新产品被接纳的程度等方面,均有较好的成果。

【案例 1-3】神秘顾客法

二、问卷法

问卷法是通过研究者事先设计的调查问卷,向被研究者提出问题,并由其予以回答,从中了解被研究者心理与行为的方法。这是研究消费者心理与行为常用的方法。根据操作方式,问卷法可以分为入户问卷法、拦截问卷法、集体问卷法和网络问卷法等。

入户问卷法是研究者或访问员依据抽取的样本挨家挨户上门访问,要求受访者对每个问题做出回答,访问员当场做好记录;也可以由访问员挨家挨户地发放问卷,然后离去,由受访者自行填写,到时再收回问卷。拦截问卷法是由访问员于适当地点,如商场出口、入口处等,拦住适当受访者进行访问。集体问卷法是由研究者对一群人同时进行访问,它适合于受访者相对集中的情况。网络问卷法是目前使用较为广泛的一种调研方法,网络问卷具有效率高、成本低、统计方便及调查范围广等优点,但由于网络工作的特点,也会存在问卷回收率与问卷质量等方面的问题。

问卷法调查研究,不是以口头语言传递信息,而是通过文字传递信息。其优点是能够同时取得许多被研究者的信息资料,可以节省大量调查时间和费用,而且简便易行。但问卷法也有其局限性，主要是它以文字语言为媒介，研究者与被研究者没有面对面交流，无法彼此沟通；如果受访者没有理解问题，或是不负责任地回答，甚至不予以协作，放弃回答，问卷结果就失去了意义。

三、实验法

实验法是指有目的地严格控制，或者创造一定条件来引起某种个体心理活动的产生，以进行测量的一种科学方法。它又可分为实验室实验法和自然实验法两种形式。

实验室实验法是在人为的情况下严格地控制外界条件，在实验室借助各种仪器和设备进行研究的方法。这种方法所得的结果一般准确性较高，但只能研究营销活动中比较简单的心理与行为现象，例如，商业广告心理与行为效果的测定等。

自然实验法是在营销活动的实际中，有目的地创造某些条件或变更某些软件，给研究对象的心理与行为活动一定的刺激或诱导，从而观察其心理与行为活动的方法。这种方法具有主动性的特点，既可研究一些简单的心理与行为现象，也可研究人的个性心理与行为特征，应用范围比较广泛。例如，让被试者扮演某个角色，然后以这个角色的身份来表明对某一事物的态度或对某种行为做出评价。例如，将一幅绘有一位家庭主妇面对各种罐头食品陈列架的图片出示给被试者，要求其说出图中家庭主妇的购买想法。由于被试者不知道图上的人到底在想什么，往往根据自己的想象说出图上家庭主妇的想法。其回答，无疑反映了被试者本人的想法。

与观察法相比，实验法的研究设计与操作难度相对较大，对设施、设备的要求也比较高，所需人力、物力也比较多，因而花费的代价也比较大。

【案例 1-4】阿希实验

四、投射法

投射法是研究者以一种无结构性的测验，引出被试者的反应，借以考察其所投射出的人格特征的心理测验方法。也就是说，投射法不是直接对被试者明确提出问题以求回答，而是给被试者一些意义不确定的刺激让其想象、解释，使其内心的动机、愿望、情绪、态度等在不知不觉中投射出来。消费者心理与行为学研究常用的投射法主要是主题统觉测试法、角色扮演法、造句测试法等。

主题统觉测试法是让被试者看一些内容模糊、意义模棱两可的图画，让被试者看图编一段故事，并加以解释，以此来掌握消费者的购买动机。由于主题统觉图本身没有特定含义，让消费者把它的"意义"讲出来，往往就会把消费者的性格结构强加在图上，即把"意义"投射到这些图上，测试者就可以根据消费者对图画的解释，判断其内心的活动，掌握消费者的潜在购买动机。

角色扮演法就是让被试者扮演某个角色，然后以这个角色的身份来表明对某一事物的态度或对某种行为做出评价。

造句测试法是由研究者提出某些未完成的句子，要求被试者填上几个字将句子完成。

例如，"____牌电视最受欢迎""____牌西服最潇洒""假如买空调，应该选择____牌""口渴时最想喝的饮料是____"等。研究者通过被测试者填写的内容，可推知其爱好、愿望和要求，从而了解消费者对某商品的评价和看法。

投射法能够探究人的内心世界和潜意识，从而得到有价值的心理活动资料。但投射法技术性很强，因此实际操作的难度较大。

【案例1-5】罗夏克墨迹测验(RIBT)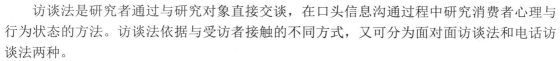

五、访谈法

访谈法是研究者通过与研究对象直接交谈，在口头信息沟通过程中研究消费者心理与行为状态的方法。访谈法依据与受访者接触的不同方式，又可分为面对面访谈法和电话访谈法两种。

面对面访谈法又可分为结构式访谈和无结构式访谈两种。结构式访谈又称为控制式访谈，是研究者根据预定目标，事先撰写好谈话提纲，访谈时依次向受访者提出问题，让其逐一回答。这种访谈组织比较严密，条理清楚，研究者易于掌握整个谈话过程，所得的资料也比较系统。但由于受访者处于被动地位，容易拘束，双方感情不易短时沟通。无结构式访谈也称自由式访谈，这种访谈可以使研究者与受访者比较自然地交谈。它虽然有一定的目标，但谈话没有固定的程序，结构松散，所提问题的范围不受限制，受访者可以较自由地回答。采用这种方式，受访者比较主动，因而气氛较活跃，容易沟通感情，并可达到一定的深度。但这种方式费时较多，谈话进程不易掌握，对研究者的访谈技巧要求也比较高。

电话访谈法是借助电话这一通信工具与受访者进行谈话的方法，它一般是在受空间距离限制，受访者难以或不便直接面对研究者时采用的访谈方法。电话访谈是一种结构式的访谈，访谈内容要事先设计和安排好。

访谈法的优点是较容易取得所预期的资料，准确性高。但此方法所耗费用较多，对进行访谈的人员的素质要求也比较高。

本 章 小 结

消费者心理与行为学的研究是随着市场经济的发展而产生，并随着市场营销的需要而逐步深入的，是市场经济条件下使企业经营与消费者需求实现最佳结合的基础。消费是消费主体出于延续和发展自身的目的，有意识地消耗物质资料和非物质资料的能动行为。消费者是指在不同的时空范围内参与消费活动的个人或集体。

消费心理是指消费者在购买、使用、消费商品过程中的一系列心理活动。消费者行为是感知、认知、行动及环境因素的动态互动过程，是人类履行生活中的交易职能的行为基础。消费者心理与行为学是以消费者在其消费活动中的心理和行为现象作为分析研究的对象的。消费者心理与行为作为一种客观存在的社会经济现象，有其特定的活动方式和内在规律，对其进行专门研究，目的就是发现和掌握消费者心理与行为现象产生、发展、变化的一般规律，更有针对性地开展营销活动，以取得事半功倍的效果。消费者心理与行为的研究方法有观察法、问卷法、实验法、投射法、访谈法等。

思 考 题

1. 如何理解消费者？消费者心理与行为学的研究内容有哪些？
2. 举例说明对消费者的心理与行为进行研究有什么现实意义。

案 例 分 析

年轻人的消费观，变了？

最近，"年轻人不想买车"的相关话题冲上了热搜榜，引发很多网友的关注。联想到不久前类似的话题——"年轻人不想换手机了"，不禁感叹：如今的年轻人，确实不一样了。

有人问，年轻人没有了买车的欲望，是不是因为汽车的价格太贵了？事实正相反，近年来，汽车的价格正在逐渐下跌，尤其是国产品牌的强势崛起，给合资品牌带来了比较大的压力。市场激烈竞争的结果，其实是对消费者有益的。

更何况，新一代年轻人的收入水平仍在增长，对于汽车，不存在"能不能买"的问题，只有"想不想买"的选择。那么，究竟是什么打消了他们买车的念头呢？

首先是个人观念的变化。曾经，买一辆家用车，也是一种"身份"的象征。似乎拥有的汽车越高档，自己的"身价"也会越高。然而，这种观念在当代年轻人群体中已不再流行。他们更看重的是实际的生活品质，是如何去追求梦想和目标，而非一些浮夸却又虚无的"标签"。

其次是消费理念的变化。买一辆汽车是不是划算，这不能光看汽车本身的价格，而要看整体的花销。尤其是对居住在大城市的年轻人来说，驾车出行本来就是一项复杂的系统性工程。所在小区的车位是不是足够，车位的价格是不是合理，出行之后交通状况是否理想，到市中心能不能找到停车的位置，还有油价成本能不能承受得起……一系列因素都会制约如今年轻人的"冲动消费"。他们会用更理性和科学的眼光去审视自己的消费计划，买车当然也不例外。

最后是生活观念的变化。在很多人的传统印象里，拥有一辆私家车意味着出行更方便，活动范围更广。但如今，城市的公共交通系统十分发达，可以说是触及城市的每个角落。因此，乘坐地铁或公交出行，既可以免去堵车、费时之苦，也可以身体力行地来一回"绿色出行"，何乐而不为呢？

而且，不依靠汽车，用自己的双脚丈量大地，多接触新鲜空气，何尝不是一种健康的生活方式呢？所以，年轻人对购买汽车并不太"感冒"，也就不难理解了。

更重要的是，如今的年轻人也更懂"理财""存钱"，更愿意为未来做打算。富达国际发布的2021年《中国养老前景调查报告》显示，年轻一代每月储蓄比例正在上升，月储蓄金额均值为1624元,储蓄率创3年来新高;2022年春节期间,有机构统计,在购买黄金的人群中,"95后"和"00后"两大群体占比过半,成为网购黄金的主力人群。这些数据都说明,再用"月光族""过把瘾就死"等过时的概念来形容新一代年轻人,显然已经不合时宜了。

当然,这并不是说,现在的年轻人不喜欢汽车,或者一定不愿意为汽车掏钱。这一切,都取决于个人的实际生活状况和消费计划。因此,汽车生产商应该好好思考一下,如何设计出物美价廉而又符合年轻人品位的新产品,争取赢得更多市场。

(资料来源:阿宝. 年轻人的消费观,变了. 光明日报,2022-04-09.
https://baijiahao.baidu.com/s?id=1729560718032625390&wfr=spider&for=pc.)

问题:
1. 年轻人的购车心理发生了哪些变化?
2. 汽车生产企业该如何应对年轻人购车心理的变化?

【阅读资料】家电消费去性别化带来市场变化

第二章

消费者的心理活动及过程

学习目标：通过本章的学习，掌握注意、感觉、知觉、记忆、想象与思维等基本概念的含义；熟悉它们在营销活动中的作用及应用；了解消费者心理活动的认识过程、情感过程和意志过程的具体内容；理解认识过程、情感过程和意志过程三者之间的关系。

案例导读

> "娃哈哈"的故事
>
> 杭州娃哈哈集团公司选择我国民歌"娃哈哈"作为其产品的品牌名称，如今娃哈哈品牌已是国内知名品牌之一。娃哈哈品牌能够被消费者接纳和喜爱，也在于其名称适应了消费者的心理活动过程。首先，娃哈哈产品的目标消费人群主要是儿童，而同名的新疆儿歌以其特有的欢乐明快的音调和浓烈的民族色彩，早就唱遍了天山内外和大江南北，品牌名称非常吸引消费者的注意；其次，"娃哈哈"三字中的元音a，是孩子最早学习且最易发的音，极易模仿，且发音响亮，音韵和谐，容易记忆，故容易被孩子接受；最后，从字面上看，"哈哈"是各种肤色的人表达欢笑喜悦之状的文字，易让人产生美好的联想和积极的情感体验，而心理活动是消费者行为的基础。
>
> （资料来源：根据娃哈哈品牌资料整理。）

心理活动是消费者行为的基础。在现实生活中，消费者的行为表现千差万别，但总是受到消费者个体特定的心理活动支配。

消费者的心理活动及过程，是指消费者在其购买行为中的心理活动的全过程，是消费者的不同心理活动现象对商品的动态反映，包括认知过程、情感过程和意志过程，这三个过程互相影响、互相渗透，构成消费者的一般心理活动过程。

第一节 消费者的注意、感觉和知觉

在复杂的消费活动中，消费者购买商品的心理活动一般是从对商品的注意开始，经过感觉、知觉形成对商品的粗略印象，然后通过深入的观察和分析，并借助自己的知识与生活经验，对所购买的商品进行加工、整理、存储，从而形成对商品的认知过程，这也是消费者心理活动的认知过程。认知过程是消费者心理过程的起点，也是消费者行为的主要心理基础，离开了认知过程就不会有消费行为。

一、消费者的注意

(一)注意的概念

注意是消费者获得商品信息的前提条件,并且与其他的心理活动紧密相连,注意就是人的心理活动对一定对象的指向和集中。指向,就是指消费者心理活动的对象和范围。人在注意时,心理活动总是有选择地接收一定的信息,这样才保证了注意的方向。集中,是指心理活动倾注于被选择对象的稳定和深入的程度。集中不但使心理活动离开了一些无关的对象,而且也是对无关活动的抑制。指向和集中相互联系,密不可分。如当面对大量商品信息时,消费者的心理活动因人的反应容量的限制,只能集中在要购买的商品上,并且忽略其他商品,排除噪声等干扰,以获得对所购商品清晰、准确的反映。与认识过程的其他心理机能不同的是,注意本身不是一种独立的心理活动,它是伴随着感觉、知觉、记忆、思维和想象等产生的一种心理状态。

(二)注意的功能

1. 选择功能

注意的首要功能是选择那些对人有意义的、符合其活动需要和任务要求的刺激信息,避开、抑制或排除那些无关的、与当前活动不一致的各种影响和刺激。消费者在选购商品时,不可能对所有的对象做出反应,只能把心理活动集中和反映在少数商品或信息上,这样消费者才能清晰地感知商品,并进行分析、思考和判断,在此基础上做出购买决策。

2. 保持功能

保持功能就是使注意对象的内容能长时间保持在主体意识中,以便心理活动对其进行加工,完成相应的任务。如果对选择的商品对象不加注意,头脑中的信息很快就会在意识中消失,相关的心理活动也就无法展开,进而影响人们正常的生活和学习。

3. 加强功能

注意最重要的功能是对活动进行调节和监督的功能。注意使人的心理活动沿着一定的方向和目标进行,通过排除干扰,不断地促进和提高消费心理活动的强度和效率。在注意的情况下,消费者可以排除无关因素的干扰,克服心理倦怠,使心理活动根据实际需要做出适当的分配和及时的转移,从而使心理活动更加准确和高效地进行。

(三)注意的类型

根据注意的产生和保持有无特定目的及是否需要意志努力,可以将注意分为无意注意、有意注意和有意后注意三种类型。

1. 无意注意

无意注意也叫不随意注意,是指没有预定目的,也不需要任何意志努力而产生的注意。无意注意一般是在外部刺激物的直接刺激作用下,个体不由自主地给予关注。刺激物的强度、对比度、活动性、新异性等,是引起消费者无意注意的主要因素。例如,模特儿身上的服装、包装色彩鲜艳的商品、闪烁变换的霓虹灯广告等，总是容易引起消费者的无意注意。

无意注意的产生也与主体状态有关。一般来说，符合人的需要和兴趣的事物容易成为无意注意的对象，此外，消费者潜在的欲望及消费者的精神状态，也是形成无意注意的重要条件。消费者在无目的地浏览商品时，经常会被商家举行的降价促销活动吸引，无意之中不由自主地对某些外部刺激产生注意。

2. 有意注意

有意注意也叫随意注意，是指有预定目的，需要经过一定的意志努力而产生的注意。有意注意的客体不易吸引人的注意，但又是应当去注意的事物，消费者需要在意志的控制下，主动把注意力集中起来，直接指向消费对象。因此，有意注意受人的意识的调节与支配，是注意的高级阶段。有意注意可以使消费者迅速、准确地感知商品，做出决断，提高购买效率，但有意注意目的明确，在实现过程中需要有持久的意志努力，容易使个体产生疲劳。

引起和保持有意注意的条件和方法如下。

(1) 加深对活动的目的和任务的理解。人们对活动目的理解得越清楚、越深刻，完成任务的愿望就越强烈，也就能够长时间地把注意集中在有关事物上。

(2) 培养间接兴趣。间接兴趣是人对活动的结果感兴趣。间接兴趣是引起和保持有意注意、克服困难的重要条件。间接兴趣越稳定，就越能够对活动保持有意注意。

(3) 合理地组织活动。在明确活动目的和任务的前提下，合理地组织活动，有助于个体保持有意注意。例如，消费者在购买不了解的商品时，营销人员可以帮助他们自己动手操作，了解商品的结构、功能和使用方法，这是维持有意注意的重要手段。

3. 有意后注意

有意后注意是指有预定目的，但不经意志努力就能维持的注意。有意后注意是注意的一种特殊形式，是在有意注意的基础上产生的。消费者早期对消费对象不感兴趣，需要一定的意志努力才能保持注意，经过一段时间以后，逐渐对该对象产生兴趣，即使不进行意志努力，仍能保持注意。

(四)注意的特征

消费者注意的心理活动，主要表现出以下几种特征。

1. 注意的范围

注意的范围是指消费者在同一时间内所能清楚地把握的对象数量，亦称为注意的广度。对象数量越多，注意的范围越广。例如，在 1/10s 的时间内，成年人一般能够注意到 4~6 个互不关联的物体或符号，而幼童只能注意到 2~3 个。如若注意的对象位置集中，排列有序，相互关联，则注意的范围就会相应扩大。与此同时，注意主体的知识经验、信息加工任务等因素也会影响注意的范围。扩大注意的范围，可以提高学习、工作效率。

2. 注意的稳定

注意的稳定是指对同一对象或同一活动注意所能持续的时间。注意的稳定性与主体精神状态和刺激物特点有关。消费者对相关活动兴趣浓厚、态度积极、精神状态良好、意志坚定，则注意的稳定性就高。刺激物的特点也对注意的稳定性有着显著的影响，过于单调或者过于复杂的消费对象均不利于消费者注意的稳定。

3. 注意的分配

注意的分配是指消费者在同一时间内把注意分配到两种或两种以上不同的对象上。注意的分配是有条件的：同时进行的两种活动中，有一种是消费者不熟悉的，需要集中注意进行感知和思考，另一种则只需熟悉和了解，不必过多注意；或者同时进行的几种活动"是自动化了的"联系，形成某种反应系统，这样注意的分配也就容易做到。例如，司机驾驶汽车的复杂动作，经过训练后形成一定的反应系统，所以他能把注意分配到与驾驶有关的各种活动上。

4. 注意的转移

注意的转移是指消费者主动把注意从一个对象转移到另一个对象上。例如，消费者在商场对比不同品牌的服装后，又去了解手机的相关信息。注意转移是一种有意识的、有目的的，需要意志加以控制的注意状态。注意转移的快慢和难易，往往取决于原对象或活动吸引注意的强度和新注意对象的性质特点。

(五)注意在市场营销活动中的应用

注意在消费者的心理活动中具有重要作用。正确地运用和发挥注意的心理功能，可以使消费者从无意注意发展到有意注意，继而引发消费者的购买行为。因此，许多商家在广告中充分利用刺激物的大小、强度、色彩等因素来吸引消费者的无意注意，往往收到事半功倍的效果。通过明确消费目标，广泛地利用各种宣传媒体，采取多样的促销方式，帮助消费者充分了解商品的性能和优势，维持消费者的有意注意，进而向有意后注意发展。

【案例2-1】网络时代最稀缺的资源：注意力

二、消费者的感觉与知觉

心理学研究的结果表明，人脑对客观世界的认识是从感觉和知觉开始的。消费者通过感觉、知觉、记忆、想象和思维等心理活动去实现对商品的认识过程。

(一)感觉

1. 感觉的含义

感觉是指人脑对直接作用于感觉器官(眼、耳、鼻、舌和皮肤)的客观事物的个别属性的反应。任何一个商品都有许多个别属性，如颜色、形状、声音、气味、软硬、味道、温度等，当消费者与商品发生接触时，商品的各种属性作用于消费者的眼、耳、鼻、舌、皮肤等感觉器官，引起神经冲动，这种神经冲动再由神经传导至大脑皮层，产生对商品的各种感觉，包括视觉、听觉、嗅觉、味觉、皮肤觉，其中皮肤觉是一种综合性的感觉，细分为冷觉、温觉、触觉和痛觉。例如，人们购买水果时，用眼睛看到水果的形状、大小、颜色，用鼻子嗅到水果的香味，用舌头品尝水果的滋味，用手触摸水果的软硬、轻重、表皮光滑等，由此产生对水果的感觉。

感觉是消费者接触商品最简单的心理活动过程，只能反映直接作用于感觉器官的物体的个别部分、个别属性，消费者通过感觉获得的只是对商品属性的表面、个别、片面的认识，因此，若仅仅依靠感觉对商品做出全面评价和判断显然是不可靠的。但是，感觉又是一切比较高级、比较复杂的心理现象和行为的基础和起点。

2. 感受性和感觉阈限

感受性是感受器官对适宜刺激的感受能力，它是消费者对商品、广告、价格等消费刺激有无感觉、感觉强弱的重要标志。感受性通常用感觉阈限的大小来度量。在生活中，并不是所有的刺激都能引起主体的反应，主体只在一定的适宜刺激强度和范围内产生感觉。凡是能引起某种感觉持续一定时间的刺激量，称为感觉阈限。消费者感受性的大小主要取决于消费刺激物的感觉阈限值的高低。一般来说，感觉阈限值越低，感受性就越大；感觉阈限值越高，感受性就越小。二者成反比关系。消费者的每种感觉都有两种感受性，即绝对感受性和相对感受性。那种刚刚能够引起感觉的最小刺激量(有 50%的次数能引起感觉、有 50%的次数不能引起感觉的刺激强度)，称为绝对感觉阈限。绝对感觉阈限又分为下绝对阈限和上绝对阈限。下绝对阈限、上绝对阈限是指能引起人感觉的最小刺激量和最大刺激量，两者之间的距离是感觉性的范围。例如，人耳可以听到的最低频率约为16Hz，最高频率约为 20 000Hz。凡是没有达到绝对感觉阈限值的刺激物，都不能引起人的感觉。因此，要使消费者形成对商品的感觉，企业进行产品开发、市场调研、商品推介时，必须了解他们对各种消费刺激的绝对感受性和绝对感觉阈限值，使刺激物达到足够的量。例如，电视广告的持续时间若少于 3s，就不会引起消费者的视觉感受。

在刺激物引起感觉之后，如果刺激的数量发生变化，但变化极其微小，则不易被消费者察觉。只有刺激量增加到一定程度时，才能引起人们新的感觉。这种刚刚能够觉察的刺激物的最小差别量(有 50%的次数能觉察出差别、有 50%的次数不能觉察出差别的刺激强度的增量)称为差别感觉阈限。人们感觉最小差别量的能力即差别感受性。19 世纪，德国生理学家韦伯·E. H.(Weber, E. H.)注意到，不管刺激量多大，两个刺激之间能被觉察到的变化的比例总是保持恒定。例如：对于 50g 的重物，如果其差别阈限是 1g，那么该重物必须增加到 51g 我们才刚能觉察出稍重一些；对于 100g 的重物，则必须增加到 102g 我们才刚能觉察出稍重一些。因此，差别感觉阈限与差别感受性成反比，即原有刺激量越大，差别阈限值越高，差别感受性越小，反之亦然。也就是说，最初刺激越强，要感觉第二种刺激就越不容易。在生活中，各种商品因为效用、价格等特性不同而有不同的差别阈限值，消费者也对其有不同的差别感受性。比如，冰箱等大件家电提价或降价几十元往往不为消费者所注意，而一些价格低廉的小食品价钱浮动 1~2 元，消费者却十分敏感。了解消费者对不同商品的质量、数量、价格等方面的差别感受性，对合理调节消费刺激量、促进商品的销售具有重要作用。

由于主体的机能状态和知识经验存在差异，感觉阈限是因人而异的，不同人的感受性是有所差别的。即使是同一个人，他的各种感受性也不是一成不变的，受内外条件的影响，如适应、对比、感官之间的相互作用、生活需要和训练等，都能使其产生相应的感受性的变化。

3. 感受性的变化

(1) 感觉适应性。当刺激持续作用于人的感官时，人对刺激的感觉能力就会发生变化，这种现象叫感觉适应。其既可以增强人的感受性，也可以降低人的感受性。俗话说："入芝兰之室，久而不闻其香；入鲍鱼之肆，久而不闻其臭。"这就是嗅觉的适应现象。通常，弱刺激可以增强人的感受性，强刺激可以降低人的感受性，如从暗处走到明处，受到阳光刺激，起初几秒钟什么也看不清，但很快视力就恢复正常，这是感受性降低的明适应。在各种感觉中，视觉、嗅觉、味觉适应比较明显，痛觉的适应很难发生，正因为如此，痛觉才是机体的警报系统。

为改变感觉适应引起的消费者感受性降低这一情况，商家需要调整消费信息刺激的作用时间，经常变换刺激物的表现形式，通过特别的营销活动使消费者保持对信息刺激具有较强的感受性。

(2) 感觉对比性。感觉对比是指同一感受器在不同刺激作用下，感受性在强度和性质上发生变化的现象。感觉对比有两种：同时对比和先后对比。同时对比是指几个刺激物同时作用于同一感受器产生的感受性的变化。例如，放在白背景上的灰布的颜色似乎比放在黑背景上的灰布的颜色要深、"月明星稀"等。先后对比又叫继时对比，是指刺激物先后作用于同一感受器时产生的感受性的变化。例如：吃了糖果后吃苹果觉得酸，吃了中药后吃苹果觉得甜；初冬刚穿上小棉袄觉得厚重，肢体活动拘束，开春只穿小棉袄却觉得轻薄，肢体行动自如。因此，商家需要充分利用感觉的对比性刺激消费者的需求。

(3) 联觉。联觉即一种感觉器官接受刺激产生感觉后，还会对其他感觉器官的感受性产生影响，这种现象就是联觉。联觉有多种表现，最明显的是色觉与其他感觉的相互影响。色觉可以引起不同的温度觉。例如：红、橙、黄等颜色使人联想到阳光和火焰而产生温暖的感觉，所以这些颜色被称作暖色；蓝、青、绿、白使人联想到蓝天、草木、海水、白云而产生清凉的感觉，故这些颜色被称作冷色。消费者在接受多种刺激时，经常会出现由感觉间相互作用引起的联觉现象，如在进餐时赏心悦目的各色菜肴会使人的味觉感受增强，巧妙运用联觉，可以有效地对消费者行为进行调节和引导。

4. 感觉在市场营销活动中的应用

要抓住消费者的心，就要抓住消费者的感觉。感觉是消费者认识商品的起点，通过感觉，消费者可以获得对商品的第一印象，取得进一步认识商品的必要材料，形成知觉、记忆、思维、想象等较复杂的心理活动，从而获得对商品属性全面正确的认识。也正是以感觉为基础，消费者才能在认识商品的过程中产生各种情感变化，确认购买目标，做出购买决策。因此，商家应充分地利用感觉的各种特性，如产品的设计、命名、包装、广告、促销方式等，较好地诉诸消费者的感觉，如此才有可能达到预期目的。

【案例 2-2】如何通过全感官营销，让消费者主动买单？

(二)知觉

1. 知觉概述

知觉是人脑对直接作用于感觉器官的客观事物的各个部分和属性的整体反应。对同一事物的各种感觉的综合，就形成对这一事物的整体的认识，也就形成对这一事物的知觉。由此可见，感觉是知觉的基础，知觉是感觉的深入。

知觉是各种感觉的结合，但知觉并不是感觉数量的简单机械相加，而是把感觉所得到的零碎印象借助人的知识经验，组成一个有机整体。例如，一个番茄就是由一定的颜色、大小、形状和滋味等个别属性组成的，在综合这些属性印象的基础上，形成对番茄的整体印象，就形成我们对番茄这一事物的知觉，由于知识经验的差异，营养学家和普通人在对番茄的认识上存在很大差异。另外，人的兴趣爱好、情绪、个性特征和需要也使知觉具有一定的倾向性。

在日常生活中，很难有单独存在的感觉，当人们形成对某一事物感觉的时候，就能引起对物体整体形象的反映，消费者对商品从感觉到知觉的认识过程，在时间上几乎是同时完成的。感觉和知觉都是事物直接作用于感觉器官产生的，反映的是事物的外部特征和外部联系，都属于对事物的感性认识。要想揭示事物的本质特征，只依靠感觉和知觉是不行的，还必须在感觉、知觉的基础上进行更复杂的心理活动，如记忆、想象、思维等。

2. 知觉的特性及其在市场营销中的应用

知觉是消费者对消费对象的主观反应过程。这一过程受到消费对象特征和个人主观因素的影响，从而表现出某些独有的活动特征。

1) 知觉的选择性

消费者置身于商品信息的包围中，随时受到各种消费刺激，在特定时间内，消费者只能感受少量或少数刺激，而对其他事物只做模糊的反应。被选为知觉内容的事物称为对象，其他衬托对象的事物称为背景。知觉对象与知觉背景是相对而言的，此时的知觉对象也可以成为彼时的知觉背景，某事物一旦被选为知觉对象，就好像立即从背景中凸显出来，被认识得更鲜明、更清晰，如图2-1、图2-2所示。

图2-1　双面花瓶

图2-2　少女与老妇

引起消费者选择的原因有以下几点。首先是感觉阈限和人脑对信息加工能力的限制。凡是低于绝对感觉阈限和差别感觉阈限的较弱小的信息刺激，均不被感觉器官接受，因而也不能成为知觉的选择对象，只有达到足够强度的刺激，才能被消费者感知。人脑对信息加工的能力是有限的，消费者不可能在同一时间内对所有感觉到的信息都进行加工，只能对其中的一部分加以综合，形成知觉。其次是消费者自身的需要、欲望、态度、偏好、价值观念、情绪及个性等对知觉选择也会产生直接的影响。凡是符合消费者需要的刺激物，往往会成为首先选择的知觉对象，而与需要无关的事物经常被忽略。另外，消费者的防御心理也潜在地支配着他们对商品信息的知觉选择。当某种带有伤害性或于己不利的刺激出现时，消费者会本能地采取防御姿态，关闭感官通道，拒绝信息的输入。

商家在对消费者进行营销刺激时，应充分分析消费者特点，采取适当的营销策略，使营销商品的信息达到适当的强度，强化营销对象和背景之间的差异，使营销对象成为消费者选择的对象并留下清晰而深刻的印象，形成有利于本企业的知觉反应。

2) 知觉的整体性

知觉对象是由许多部分组成的，虽然各个组成部分具有各自的特征，但是，人们并不会把知觉的对象感知为许多个别的、孤立的部分，而总是把对象感知为一个完整的整体，这就是知觉的整体性(见图 2-3)。刺激物的性质、特点和知觉主体的知识经验是影响知觉整体性的两个重要因素。一般来说，刺激物的关键部分、强的部分在知觉的整体性中起着决定作用，有些物理、化学强度很弱的因素，因与人的生活实践密切相关，也会成为很强的刺激成分。当人感知一个熟悉的对象时，只要感觉了它的个别属性或主要特征，就可以根据以往的知识和经验知道它的其他属性或特征，把它知觉为一个整体，以便全面地、整体地把握该事物(见图 2-4)；如果感觉的对象是不熟悉的，知觉会更多地依赖感觉，并以感知对象的特点为转移，把它知觉为具有一定结构的整体。

图 2-3　知觉的整体性　　　　　　　　图 2-4　中间是什么

在认知商品的过程中，消费者经常根据消费对象的特征及其各个部分之间的结构进行整体性知觉，如人们通常把某种商品的商标、价格、质量、款式、包装等因素联系在一起，形成对该商品的整体印象，同时获得完整、圆满、稳定的心理感受。故商家在营销过程中，把着眼点放在与商品有关的整体上，有利于消费者获得商品的充分信息，把该商品与其他商品区别开来，形成一个整体、协调的商品形象。

3) 知觉的理解性

人们在感知客观事物时，不仅可以知觉到对象的某些外部特征，还可以用自己的知识经验对知觉的对象按意图做出解释，并赋予它一定的意义，这就是知觉的理解性。人的知觉的理解性受知觉者的知识经验、实践经历、接收到的言语指导及个人兴趣爱好等的影响。因此，不同的人对同一事物可以表现出不同的知觉结果。人的知识和经验越丰富，对事物的感知就越完整和深刻。例如，一张检验报告，病人除知觉一系列的符号和数字之外，并不知道什么意思；而医生看到它，不仅了解这些符号和数字的意义，而且可以做出准确的判断。

根据知觉理解性的特点，商家在营销过程中，采用的商品广告的方式、方法和内容等，必须与信息接收者的知识经验和理解能力相吻合。要引导消费者准确地理解商品信息，避免出现片面的，甚至是错误的理解。

4) 知觉的恒常性

当物体的基本属性和结构不变，只是外部条件(如光源、角度和距离等)发生一些变化时，自己的印象仍能保持相对不变，这就是知觉的恒常性。例如，一个人站在离我们不同的距离处，他在我们视网膜上的成像大小是不同的，但是我们总是把他知觉为一个同样大小的人；一个圆盘，随着倾斜旋转等角度的不同，我们看到的可能是椭圆，甚至是线段，但仍然当它是圆盘。

知觉的恒常性能使消费者在复杂多变的市场环境中避免外部因素的干扰，保持对某些商品的一贯认知，如消费者对传统商品、名牌商标、老字号商店的认同感。知觉的恒常性可以增加消费者选择商品的安全系数，减少购买风险；但同时也容易使消费者对传统产品产生心理定式，阻碍其对新产品的接受。商家在产品营销过程中，可通过强调名牌商品或畅销的老商品与新商品之间的联系，进而带动新商品的销售，如五粮液集团当初推出新产品"五粮春"白酒时，利用五粮液名酒在消费者心中的特殊地位，通过广告宣传及广告语"系出名门，丽质天成"强调"五粮春"和"五粮液"之间的联系，迅速打开市场，创造了单品销售名列前茅的良好业绩。

3. 消费者的错觉

生活中，由于某些因素的作用，人们的知觉经常会偏离事物的本来面目而发生知觉偏差。错觉就是对客观事物的一种不正确或歪曲的知觉。错觉是由多方面因素引起的，其中知觉具体事物时受到同时并存的其他刺激的干扰是形成错觉的主要原因，人的主观因素如经验、情绪、年龄和性别等也对错觉的形成有重要作用。例如：用手去比较500g铁块和500g棉花的重量，常常错以为铁块比棉花重；在黑夜里，人走路时总觉得月亮在跟着走，而当云在月亮前面移动时，又会觉得是月亮在穿过云层。在一定条件下，错觉是很难避免的，而且也是完全正常的，只要产生错觉的条件具备，任何人都可能会产生同样的错觉。

错觉的种类很多，如视错觉、听错觉、嗅错觉、味错觉、运动错觉、时间错觉等。生活中，最多见的是视错觉(见图2-5)。

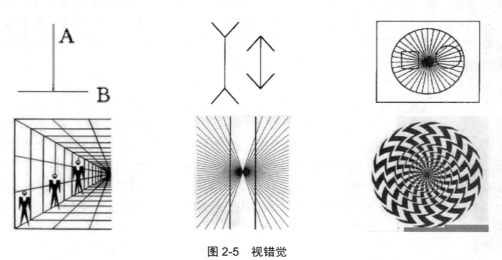

图2-5 视错觉

错觉现象在生活中的应用非常广泛。由于人们在需要、经验和思想方法等诸多方面存在差异，人们的知觉常常与客观事物的实际不一致，从而在知觉过程中产生多种错觉。营销者巧妙利用消费者的错觉吸引消费者的注意、刺激消费或购买行为，有时可以取得意想不到的效果。例如：较小的店堂若在墙壁装饰镜面，可以通过光线折射使消费者产生店堂宽敞、商品陈列丰富的视觉效果；对身材略胖的人推荐选购深色、竖条衣服会使其身材显得苗条一些；两瓶同样容量的酒，扁平包装会比圆柱形包装显得多些。消费者在生活实践过程中，也要采取措施来识别错觉和利用错觉。例如，消费者在选购商品时，既要注意主观和客观两个方面原因产生的错觉，防止受骗上当，买到货真价实、实惠的商品，也可以利用错觉效果选择适合自己、美化自己的商品，给自己的生活带来愉悦。

【案例2-3】神奇的颜色错觉

第二节 消费者的记忆、想象与思维

消费者通过感觉和知觉对商品的外部特征和直观形象有了感性认识。如果要想对商品有进一步的客观的理性认识，还需要通过记忆、想象、思维等较高级的心理活动来完成。

一、记忆

(一)记忆的含义

记忆是过去的经验在人脑中的反映。它是人脑的重要机能之一，是主体接受客体的刺激以后，在大脑皮层留下的兴奋过程的痕迹。具体地说，就是人们对感知过的事物、思考过的问题、练习过的动作、体验过的情感及采取过的行动的反映。和感知相同，记忆也是人脑对客观事物的反映。二者的不同之处在于：感知是人脑对当前直接作用的事物的反映；而记忆是人脑对过去经验的反映。

记忆在消费者的心理和行为活动中具有重要作用。正是有了记忆，消费者才能把过去的经验保存起来，经验的积累推动了消费者心理的发展和行为的复杂化。例如，消费者曾经购买过某品牌商品，用过以后，这个商品就会给消费者留下一个整体好或不好的印象，下次看到这种商品时，过去的印象便会重现，指导消费者是否再去购买这个品牌商品。因此，通过记忆，人的感觉、知觉和思维意识等各种心理活动才成为一个统一的过程。

(二)记忆的心理过程

记忆是消费者对过去经验的反映，它是要经历一定过程的。心理学研究表明，这一过程包括识记、保持、再认或再现三个基本环节。

1. 识记

识记是消费者为了获得对客观事物的深刻印象而反复进行感知，从而使客观事物的印迹在头脑中保留下来的心理活动，它是整个记忆过程的开端。例如，在购买活动中，消费者通过反复查看商品，多渠道了解商品信息，加强对商品的印象，并在头脑中建立商品之间的联系。

2. 保持

保持是过去经历过的事情在头脑中得到巩固的过程。保持是识记的延续，是对识记的材料做进一步加工、储存的过程。保持的对立面是遗忘，遗忘就是识记的内容在一定条件下提取不了或被错误提取的现象。保持是否稳定持久是记忆力强弱的体现。随着时间的推移和后来经验的影响，保持的识记在数量和质量上会发生某些变化。一般来说，一方面，随着时间的推移，人对其经历过的事物总是要忘掉一些，保持量呈减少的趋势；另一方面，储存材料的内容、概要性、完整性等，也会发生不同程度的改变。

识记保持的数量或质量变化有的具有积极意义，如消费者在识记商品的过程中，逐渐了解并概括出商品的基本特性，对无关紧要的细节忽略不计，从而把有关的必要信息作为经验在头脑中储存起来；但有的变化也会产生消极作用，如把主要的内容遗漏，或者歪曲了消费对象的本来特征。后者主要表现为遗忘。

3. 再认或再现

再认是对过去感知过的事物重新出现时能够识别出来。例如，消费者能够很快认出购买过的商品、光顾过的商店、观看过的广告等。一般来说，再认比再现简单、容易，能再现的事物通常都能再认。

再现就是回忆，是对不在眼前的、过去经历过的事物表象在头脑中重新显现出来的过程。例如，消费者购买商品时，往往把商品的各种特点与其在其他商店见到的或自己使用过的同类商品在头脑中进行比较，以便做出选择，这就需要回想。这个回想的过程就是回忆。根据回忆是否有预定目的或任务，可以分为无意回忆和有意回忆。无意回忆是事先没有预定目的，也无须意志努力的回忆。有意回忆则是有目的、需要意志努力的回忆。例如，消费者在做出购买决策时，为慎重起见，需要努力回忆以往见过的同类商品或了解到的有关信息。消费者对消费信息的回忆有直接性和间接性两种。直接性就是由当前的对象唤起旧经验。例如，一见海尔兄弟广告，就想起家里的海尔家电产品，这种直接的回忆或再现相对比较容易。间接性，即要通过一系列中介性联想才能唤起对过去经验的回忆，可能很快回想起来，也可能需要较大的努力、经过一番思索才能完成，这就是追忆。追忆是利用事物多方面的联系去寻找线索，先想起有关的经验，然后通过中介联系联想起要再现的经验。运用追忆的心理技巧，如提供中介性联想，利用再认识来进行追忆，或暂时中断追忆等，有助于消费者迅速回忆起过去的经验。

记忆的三个环节紧密联系又互相制约，它们共同构成消费者完整统一的记忆过程。没有识记就谈不上对经验的保持，没有识记和保持就不可能对经历过的事物再认或再现。识记和保持是再认或再现的基础，保持是对识记的进一步加深和巩固，再认或再现是识记和保持的结果，通过再认或再现又可以进一步巩固识记并加强保持。

(三) 消费者的遗忘

1. 遗忘及其规律

在记忆过程中，消费者对识记过的内容在保持时总会发生数量和质量上的某些变化，这就是遗忘。遗忘是识记过的事物在一定条件下，不能或错误地再认和回忆。遗忘是与保持性质相反的过程，实际上是同一记忆过程的两个方面：保持住的东西，就是没有遗忘的东西；而遗忘的东西，就是没有被保持住的东西。消费者的遗忘有两种情况：暂时性遗忘和永久性遗忘。前者指遗忘的发生是暂时的，一时不能再认和回忆，但在某些条件下还可能恢复记忆的遗忘；后者指不经重新学习就不可能恢复记忆的遗忘。

最早对遗忘现象进行研究的是德国著名的心理学家赫尔曼·艾宾浩斯(Hermann Ebbinghaus)，他以自己为被试者，把无意义音节作为记忆材料，用节省法计算出保持和遗忘的数量(见表2-1)。他用表内数字制成一条曲线(见图2-6)，这条曲线被人称作"艾宾浩斯遗忘曲线"。

表2-1 不同时间间隔后的记忆成绩

时间间隔	记忆量(%)
刚刚记忆完毕	100.0
20分钟后	58.2
1小时后	44.2
8~9小时后	35.8
1天后	33.7
2天后	27.8
6天后	25.4
1个月后	21.1

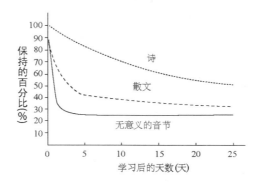

图2-6 艾宾浩斯遗忘曲线

艾宾浩斯的研究结果表明：遗忘在学习后立即开始，遗忘进程是不均衡的，在识记的最初遗忘很快，以后逐渐缓慢，到了相当的时间，几乎就不再遗忘了，也就是说，遗忘的发展是"先快后慢"。

继艾宾浩斯之后，许多人用不同的学习材料做过类似的实验，虽然数据有差异，但基本的趋势还是大同小异的。但是，随着时间的推移，科学家发现，除刚开始学习外语音节可能像艾宾浩斯所说的那样外，学习其他有意义材料后的回忆成绩都比艾宾浩斯所说的好，从图2-6我们可以看到，人们对无意义的音节的遗忘速度快于对散文的遗忘速度，而对散文的遗忘速度又快于对诗的遗忘速度。而像骑自行车这类动作技能的学习，一旦学会就不大会忘记。这一点大家都有深刻体会。

2. 影响遗忘进程的因素

遗忘的进程不仅受时间因素的制约，还受许多其他因素的影响。

1) 识记材料的性质

科学家通过用不同的学习材料研究遗忘现象发现：人们容易记住的是那些能够理解的、材料之间有内在联系的有意义材料，而对死记硬背、无意义的材料记忆的时候比较费力气；形象性、独特性的材料比抽象的、大众化的材料较容易长期保持记忆。

企业在给商品命名或做广告时，要突出识记材料的意义和作用，尽量避免生冷的词汇和费解的字句，加强对商品信息整理，充实其意义成分，广告尽量生动形象、新颖突出、别具一格，激发消费者的好奇心理，以增强消费者的记忆效果。例如，胃药"斯达舒"广告借助谐音"四大叔"，很容易让观众记住商品的名字。

2) 识记材料的数量

当学习材料数量超过记忆广度时，就会引起记忆的难度。在学习程度相同的情况下，识记材料数量越多，遗忘得越快；识记材料越少，则遗忘较慢。

企业在传递商品信息时，要考虑消费者接收信息的记忆广度，把输出的商品信息限制在记忆广度极限范围之内。广告应简明扼要、短小精悍、重点突出，在可能的情况下，尽量减少不必要的识记材料。

3) 学习的程度

一般认为，对材料的识记没有一次能达到无误背诵的标准，称为低度学习；如果达到恰能成诵之后还继续学习一段时间，称为过度学习。实验证明，低度学习的材料容易遗忘，而过度学习的材料比恰能背诵的材料记忆效果要好一些。当然过度学习有一定限度，研究发现，过度学习达到50%～100%，记忆效果最佳，所花的时间也最经济；而花费时间太多，会造成精力和时间的浪费。

商家在传递商品信息时，特别是新产品上市时，应尽可能多地重复有关内容，延长信息存储时间，以加深消费者对商品信息的记忆。但应注意表现形式的多样化和重复时间的间隔性与节奏性，以避免引起消费者的厌烦心理。

4) 识记材料的序列位置

识记材料的序列位置不同，遗忘的情况也不一样。在研究中，实验者用单词做实验发现：在回忆的正确率上，最后呈现的词遗忘得最少，其次是最先呈现的词，遗忘最多的是中间部分。这种在回忆序列材料时发生的现象叫作序列位置效应。最后呈现的材料最易回忆，遗忘最少。最先呈现的材料较易回忆，遗忘较少。之所以这样，是因为前面学习的材料受到后面学习材料的干扰，后面学习的材料受到前面学习材料的干扰，中间学习的材料受到前、后两部分材料的干扰，所以更难记住，遗忘最多。

商家在向消费者宣传商品信息时，广告中的关键信息应放在广告的开头和结尾，不宜放在中间的位置，以突出产品的优势，给消费者留下良好的深刻印象。

5) 学习时的情绪和态度

心情愉快时习得的材料，保持时间更长，学习者也愿意回忆这样的愉快体验，而焦虑、沮丧、紧张时所学习的内容更易被遗忘。学习者积极主动地注意事物，并对事物表现出极大的兴趣，记忆就会长久保持。在人们生活中不占重要地位的、没有太多价值的材料，容易出现遗忘。人们努力、积极加以组织的材料遗忘得较少。而单纯地重述材料，识记的效果较差，遗忘得较快。

企业在进行营销活动时，应通过有趣的诉求形式、生动感人的情节激发消费者的兴趣，努力营造一种良好的营销氛围，使消费者在接触或接收有关企业产品与服务的信息时，产生一种愉快的、积极的情绪。

【案例2-4】如何让消费者快速记住你？

(四)记忆的分类

1. 根据记忆的内容或映像的性质不同划分

由于记忆的内容或映像的性质不同，记忆可以分为形象记忆、逻辑记忆、情绪记忆和运动记忆。

1) 形象记忆

形象记忆，是指以感知过的事物的具体形象为内容的记忆。例如，对商品的形状、大小和颜色的记忆。心理学的研究表明，人脑对事物形象的记忆能力往往强于对事物内在的逻辑关系的记忆，二者的比例为 1000:1，因此，形象记忆是消费者最主要的记忆形式。其中，视觉形象记忆和听觉形象记忆又起着主导作用。

2) 逻辑记忆

逻辑记忆，是指以概念、判断和推理等为内容的记忆，这种记忆是对事物的意义、性质、关系和规律等的记忆。例如，消费者对商品的商标、功能、质量标准和价值等的记忆。这种记忆是通过语言的作用和思维过程来实现的，它是人类所特有的，具有高度理解性、逻辑性的记忆，是记忆的高级形式。它对消费者的逻辑思维能力要求较高，在传递商品信息时要慎用。

3) 情绪记忆

情绪记忆，是指以体验过的某种情绪为内容的记忆，这种记忆保持的是过去发生过的情感体验。例如，消费者对过去某次购物活动的喜悦心情或欢乐情景的记忆，它能够激发消费者重新产生曾经体验过的情感，再现愉悦的心境，产生购买冲动。情绪记忆一般比其他记忆更加持久，甚至可能终生难忘。因此，营销者在对商品进行宣传时，恰当地调动消费者的情绪体验，可以使消费者形成深刻的情绪记忆。

4) 运动记忆

运动记忆，是指以过去的运动或动作为内容的记忆，例如，游泳、骑自行车等项目运动的记忆。运动记忆是一切运动、生活和劳动技能形成的基础。

2. 根据记忆保持时间的长短划分

根据记忆保持时间的长短，记忆可分为瞬时记忆、短时记忆和长时记忆。

1) 瞬时记忆

瞬时记忆也称作感觉记忆，是指当事物的刺激停止后，人们在一个很短的时间内保持对它的印象。根据研究，视觉的瞬时记忆在 1 秒以内，听觉的瞬时记忆在 4～5 秒。瞬时记忆的信息是未经加工的原始信息，消费者在购物场所同时接收的大量信息，多数呈瞬时记忆状态。瞬时记忆中的信息如没有受到注意，很快就会消失；如果受到注意，则转入短时记忆。

2) 短时记忆

短时记忆保持的时间比瞬时记忆的时间要长，一般不会超过1分钟。短时记忆是正在工作、活动着的记忆，因此又叫作工作记忆。例如，查询一个电话号码，当时能够记住，时间一长，就忘记了。短时记忆中储存信息的数量是有限的，大约是 7 ± 2，"7 ± 2"不仅指绝对数量，也指组块的数量。因此，在告知消费者数字和符号等信息时，不宜过长或过多。

3) 长时记忆

长时记忆是指 1 分钟以上直至数日、数年甚至保持终生不忘的记忆。短时记忆的信息经过多次重复或编码，与个体经验建立丰富而牢固的意义联系，可以成为长时记忆；也有极少是由于印象深刻一次获得的。这些信息在个体需要时可以被检索并被提取，从而得到再现。长时记忆是一个复杂和重要的记忆系统，它的容量是相当大的，包括人们后天获得的全部经验，人们一生都能对长时记忆增添信息。长时记忆对消费者知识和经验的积累具有重要的作用，它会直接影响消费者的购买选择和决策。对企业来说，运用各种宣传促销手段的最佳效果，就是使消费者对商品品牌和本企业形象形成长时记忆。

(五)记忆对营销活动的作用

记忆与消费者收集商品信息、做出购买决策有着密切的关系。消费者的每次购物活动不仅需要新商品的信息，还需要参照以往有关商品的情感体验、知识和使用经验。因此，企业要想更多地销售商品，必须让消费者记住自己的商品。

企业在传达商品信息时，必须考虑消费者接收各种信息的识记极限范围。消费者的信息加工能力是有极限的，一般只能记住 7 ± 2 个单位的信息，超出这个范围的信息则容易被遗忘。企业的广告宣传尽量把输出的重要信息限制在记忆的极限范围之内，广告语应简短、押韵上口，如"要想皮肤好，早晚用大宝"等。在对商品信息进行重复宣传时，应注意在空间和时间上有一定的距离。同时，还应采取多种宣传渠道或表现形式，不断增添新的信息，从新的角度使旧的内容再现，诉诸新的刺激，这样才能为消费者所乐意接受，并加深理解和记忆。

企业在传递商品信息时，还要考虑消费者的情绪与情感因素的影响。当消费者处于兴奋、激动、高兴等积极情绪状态时，对商品的有关信息会形成良好的记忆。不仅如此，气愤、屈辱的情绪，也能加强消费者记忆的印象，如顾客在商店里和营业员吵架了，受了气，这种恶劣记忆也是难以忘怀的，并且会提醒自己长期避免与这样的营业员和商店打交道。因此，营销活动应当尽量发挥积极、愉快的情绪策略来影响消费者。

二、想象与联想

(一)想象

想象是人脑对过去形成的表象进行加工改造而产生新形象的心理过程。表象是指曾经感知过的事物形象在人脑中保留的印象。对于已经形成的表象，经过人脑的加工改造，创造出并没有直接感知过的事物的新形象就是想象，如"嫦娥奔月""大闹天宫"等。想象的内容有许多是"超现实"的，但绝不是凭空产生的，想象无论多么新颖、独特，构成新形象的一切材料都来源于客观现实。例如，神话小说《西游记》中的孙悟空、猪八戒的形象，在生活中并不存在，是作者把人与猴、人与猪的形象经过加工改造后产生的新形象。因此，客观现实是想象的源泉。

想象活动必须具备三个条件：①必须有过去已经感知过的经验，这种经验既可以是个人的感知，也可以是前人、他人积累的经验；②想象的过程必须依赖人脑的创造性，须对表象进行加工；③想象必须是新形象，它可以是主体没有感知过的事物，也可以是世界上根本不存在或还未出现的事物。想象虽然是人人都有的一种心理活动，但表现在每个人身上各不相同。不同类型的消费者，想象力是不同的。

(二)联想

联想是由一种事物想到另一种事物的心理活动过程，是消费心理的一种重要心理活动。联想可以由当时的情景引起，如当人们看到一件感兴趣的衣服时会想：这件衣服穿在自己身上是什么效果呢？也可以由内心回忆等方式引起。在营销心理学中，主要着重于对由注意、感知等因素所激发的联想的研究，因为开展营销活动时，可以通过控制消费者所处的购物环境，使用各种方法来激发消费者积极地联想。

联想的主要表现形式如下。

1. 接近联想

由于两种事物在位置、空间距离或时间上比较接近，因此看到第一种事物时，很容易联想到另一种事物。例如：到了北京，人们一般会联想到长城、故宫、天安门；到了中午11:30，人们一般会联想到要吃中午饭了。

2. 类似联想

两种事物在大小、形状、功能、地理位置及时间背景等方面有类似之处，人们认识到一种事物时就会联想到另一种事物。例如，外国游客会在游览中国的江南水乡时联想到意大利的"水城"威尼斯。

3. 对比联想

两种事物在性质、大小及外观等方面存在相反的特点，人们在看到一种事物时会马上联想到与其相反的另一种事物。例如，化妆品的广告宣传会使消费者产生皮肤的黑与白、粗糙与细腻、年轻与衰老的对比联想。

4. 因果联想

两种事物之间存在一定的因果关系，人们由一种原因会联想到另一种结果，或由事物的结果联想到它的原因。例如，"为什么海狸先生具有这样坚固的牙齿？""因为他用了全新的高露洁牙膏！"这则广告就利用了因果联想。

5. 色彩联想

色彩联想是由商品、广告和购物环境等给消费者提供的色彩感知，联想到其他事物。

色彩联想在人们的日常消费活动中十分普遍，尤其是在购买服装、化妆品、手工艺品、装饰品，以及其他一些需要展现外观的商品时，消费者通常会由商品的色彩产生相应的联想。例如：红色、橙色和黄色等暖色调使人联想到热烈、温暖；白色和蓝色等冷色调使人感到明净且清爽；黑色、灰色和咖啡色给人的感觉比较庄重。

6. 音乐联想

音乐给人的联想形式比较多，如：慢节奏的古典音乐或民族音乐使人联想到优雅、美妙；节奏明快的音乐使人联想到活泼和朝气。

(三)想象、联想在营销活动中的作用

想象、联想对于发展和深化消费者的认识、推动消费者的购买行为等具有重要作用。

1. 想象、联想对消费者的作用

消费者在评价和选购商品时，常常伴有想象、联想活动的参与。消费者是否购买某种商品，常常看购买对象与想象中追求的是否相吻合，相吻合就购买，不相吻合则拒绝购买。由于联想往往带有感情色彩，积极的联想会使消费者对未来产生美好的憧憬，对商品往往持肯定态度，在某些情况下可能会使消费者产生冲动性购买。因此，商家及营销人员可以通过品牌的名称、企业的广告和广告语等引起消费者一定的联想，如品牌"金利来"服装，不仅名称好，广告语"男人的世界" 更是准确体现了金利来定位于成功、有身份男士的核心价值，使产品建立起特定的象征意义。联想让消费者深入认识商品的实用价值、欣赏价值和社会价值，成为消费者购买的关键因素。

2. 想象、联想对企业营销人员的作用

营销人员的工作需要一定的想象力。在为顾客服务的过程中，营销人员能根据不同顾客的需要，想象出适合他的商品，提高商品的成交量。营销人员在介绍商品、陈列橱窗、布置展厅等方面也可以发挥想象的作用，可以利用事物之间的内在联系，通过巧妙的象征和生动形象的比喻等表现手法，丰富促销内容，加深顾客对商品功能的理解，激发消费者有意识地联想，从而提高促销量。

【案例2-5】如何解决消费者对品牌联想的问题？

三、思维

(一)思维的含义

思维是人脑对客观事物概括的、间接的反映。它是大脑运用分析、综合、比较、抽象、概括等一系列活动，把握事物的特征和规律，在既定经验的基础上认识和推断未知事物的过程，它是人的认识活动的高级阶段。思维是在感知的基础上产生和发展的，是人们从对事物的感性认识发展到理性认识的复杂心理活动，具有概括性和间接性。

(二)思维的分类

(1) 根据思维活动的性质和方式，可分为形象思维和逻辑思维。

① 形象思维。形象思维是指利用事物的直观表象来进行分析、比较、综合、抽象、概括等内部的加工，从而解决问题。例如，消费者在购买家用沙发时，会把眼前商品的颜色、款式与自己客厅的颜色、摆放位置等进行形象思维，从而决定是否购买。

② 逻辑思维。逻辑思维也称抽象思维，是利用概念、推理和理论知识来认识客观事物，达到对事物的本质特征和内在联系的认识。消费者的购买活动同样离不开抽象思维。例如，消费者在购买商品房时，需要了解房子的结构、性能和发展趋势及贷款方式等，这就是一个抽象思维的过程。

(2) 根据思维的创新程度，可分为常规性思维和创造性思维。

① 常规性思维又称再造性思维，指人们运用已获得的知识经验，按照现成的方案或程序，用惯常的模式或方法来解决问题的思维方式。常规性思维缺乏新颖性和独创性。

② 创造性思维是指以新颖独到的方式来解决问题的思维，其主要特征是具有新颖性，是人类思维的高级形式。它是发散思维与聚合思维、直觉思维与分析思维、形象思维与抽象思维等多种思维形式的综合。在产品设计和企业营销策划等活动中，特别需要创新意识和创新思维。

(三)消费者的思维过程

1. 分析过程

分析是指在头脑中把整体的事物分解成各个部分、不同特性和各个方面。消费者对商品的分析过程是在掌握一定量感性材料的基础上进行的，尽量将购买目标范围缩小，从中选出购买目标。例如，购买汽车时，可选择的各种品牌较多，但消费者首先要通过分析确定购买汽车的价位、车型、是进口的还是国产的等，在这个基础上确定购买目标。

2. 比较过程

比较是在头脑中把各种事物加以对比，并确定它们之间异同的过程。消费者通过初步分析，确定所购买的目标后，还会在商品之间进行选择，通过比较来进一步鉴别商品质量的优劣、性能的高低。

3. 评价过程

在确定了商品的购买目标后，消费者要运用判断、推理等思维方式，综合多种信息，对商品的内在属性和本质进行概括，为做出购买决策做好心理准备。

购买商品后，消费者在使用商品的过程中，还会对其进行购买后分析、比较及评价，获得对商品更为深刻的理性认识，并为以后的购买行为提供经验积累。

(四)消费者思维的特性与购买行为

在购物过程中，由于消费者个体存在差异，思维方式上会表现出不同的特点。

(1) 思维的独立性。有的消费者在购物过程中有自己的主见，不轻易受外界的影响，根据自己的实际情况权衡商品的性能和利弊等，独立做出购买决定；而有的消费者缺乏思维的独立性与批判性，容易受到外界的影响，易被偶然暗示动摇。

(2) 思维的灵活性。有的消费者能够依据市场变化，运用自己已有的经验，灵活地进行思维并及时地修订原来的计划，做出变通的决定；有的消费者遇到变化时，往往呆板，墨守成规，不能做出灵活的决策或不能变通。

(3) 思维的敏捷性。有的消费者能在较短的时间内发现问题和解决问题，遇事当机立断，能迅速做出购买决定；相反地，有的消费者遇事犹豫不决，不能迅速地做出购买决定而错失良机。

(4) 思维的创造性。有的消费者在消费活动中，不仅善于求同，更善于求异，能通过多种渠道收集商品信息，在购买活动中不因循守旧，有创新意识，有丰富的创造想象力。

可见，绝大多数消费者经过对商品的思维过程而做出的购买行为是一种理智的消费行为，是建立在对商品的综合分析基础上的。正因为不同消费者的思维能力有强弱的差异，所以他们具有不同的决策速度与行为方式。

第三节　消费者的情绪、情感与意志

消费者的心理过程是一个完整的、统一的过程，除认识过程外，还包括情感过程与意志过程。三者之间互相制约、相互渗透、不可分割，在消费者的心理与行为活动中发挥着特殊的影响和制约作用。

一、消费者的情绪与情感

(一)情绪与情感的概念

情绪与情感是人们对客观事物是否符合自己需要所产生的一种主观体验。消费者在消费时，不仅通过注意、感觉、知觉、记忆等认识了解消费对象，而且对它们表现出一定的态度。当外界事物符合人的需要时，就会引起喜悦、满意、愉快等积极的情绪与情感体验；否则，便会产生不满、忧愁、憎恨等消极的情绪与情感体验。可见，消费者的情绪与情感反映的是客观事物与人的需要之间的关系，这种情绪反应不具有具体的现象形态，但可以通过人的动作、语言、表情等方式表现出来，"七情"即喜、怒、爱、哀、恶、欲、惧，就是情绪情感的具体表现形式。例如，当消费者终于买到自己盼望已久的某商品时，面部表情和语言会表现出欣喜、兴奋；而当发现商品存在质量问题时，就会表现出懊丧、气愤等表情。

在日常生活中，人们对情绪与情感并不做严格的区分，但在心理学中，情绪和情感是有区别的两种心理体验。情绪一般指与生理需要和较低级的心理过程(感觉、知觉)相联系的内心体验。例如，消费者选购衣服时，会对它的颜色、款式、长短、价格等可以感知的外部特征产生积极或消极的情绪体验。情绪一般由特定的情境引起，并随着情境的变化而变化。因此，情绪表现的形式是比较短暂和不稳定的，具有较大的情境性和冲动性。某种情境一旦消失，与之有关的情绪就立即消失或减弱。

情感是与人的社会性需要和意识紧密联系的内心体验，如理智感、荣誉感、道德感、美感等。它是人们在长期的社会实践中，受到客观事物的反复刺激而形成的内心体验，因此与情绪相比，具有较强的稳定性和长期性，它不会随着活动的结束而消失，反而会长期存在并可能得到发展。在消费活动中,情感对消费者心理与行为的影响相对长久和深远。例如,人们在挑选服装的过程中,实际上就体现了自己的审美观。

情绪和情感是可以转化的。情绪长期积累,会转化为情感;而情感在一定条件下,会以鲜明的、爆发的情绪形式表现出来。因此,可以从某种意义上说,情绪是情感的外在表现,情感是情绪的本质内容,在实践中,二者经常作同义词使用。

(二)消费者购买活动的情绪过程

消费者在购买活动中的情绪过程大体可分为以下四个阶段。

1. 悬念阶段

在悬念阶段,消费者产生了一定的购买需求,但并未付诸购买行动。此时,消费者处于一种不安的情绪状态。如果需求非常强烈,不安的情绪就会上升为一种急切感。

2. 定向阶段

在定向阶段,消费者已面对所需要的商品,并形成初步印象。此时,情绪获得定向,即趋向喜欢或不喜欢、满意或不满意。

3. 强化阶段

如果在定向阶段消费者的情绪趋向喜欢和满意,那么,这种情绪在强化阶段会明显强化,强烈的购买欲望迅速形成,并促成购买决策的做出。

4. 冲突阶段

在冲突阶段,消费者对商品进行全面评价。由于多数商品很难同时满足消费者多个方面的需求,因此消费者往往要体验不同情绪之间的矛盾和冲突。如果积极的情绪占主导地位,就可以做出购买决定并付诸实现。

(三)影响消费者情绪和情感变化的主要因素

影响消费者情绪和情感变化的因素是多方面的,既有客观外界事物变化的刺激因素,也有消费者自身的生理因素和心理因素,具体表现在以下几个方面。

1. 商品

商品是消费者的情绪和情感形成与变化的重要因素。商品作为一个整体,其使用价值、外观和附加利益往往会使消费者的情绪和情感处于积极、消极或矛盾的状态中。也就是说,商品是"商品整体",它不仅是一种有形的物体,还包含着一些无形的、看不见的因素,如商品的欣赏性及消费者感觉到的心理满足性等,这些都影响消费者对某种商品或某家商场的喜好程度,从而进一步影响消费者的购买行为。因此,在企业的经营活动中,应当尽量为消费者提供能充分满足其需要的整体商品,促使消费者积极情绪和情感的形成与发展。

【案例2-6】做好情绪营销,事半功倍,情绪营销就是这么厉害

2. 服务

消费者的情绪和情感除受到商品因素的影响外，还受到服务因素的影响。服务的影响主要包括两个方面。其一，现场服务员的服务质量。如果服务员主动热情、耐心周到地为顾客服务，那么顾客就会觉得受到尊重，产生安全感和信任感，"高兴而来，满意而去"，故高质量的服务能够提高企业的知名度和美誉度，产生比广告宣传更好的效果。其二，商家或厂家的售后服务。消费者买完商品后，如果商品出现了问题，消费者能得到商家或厂家及时有效的售后服务，消除消费者的后顾之忧，在这种情况下，消费者才会心情舒畅，真正体会到什么是"顾客至上"。

3. 环境

消费者的购买活动总是在一定的环境中进行的，消费者在进行购物活动时的情绪，受到环境氛围的影响。美观整洁的商场、品种齐全的商品、清新的空气、适宜的温度、轻松的音乐、热情周到的服务等，都会使消费者处于舒畅且愉悦的情感状态中，容易激发其购物的欲望。相反地，脏乱和嘈杂的环境会使消费者产生烦躁和压抑的消极情绪，以致唯恐避之不及，匆匆离去。因此，商业企业一般都很重视店堂和门面的装修以及商场内温度的控制、色彩的搭配、灯光的明暗、商品的摆放等，营造一种舒适、和谐的气氛以吸引更多的顾客。

二、消费者的意志过程

消费者心理活动的意志过程，是消费者心理在认识过程、情感过程的基础上，做出购买决策，进而购买的过程。

(一)意志的概念

意志就是指消费者自觉地确定购买目的并主动支配、调节其购买行动，克服各种困难，实现预定目标的心理过程。在消费活动中，消费者不仅要通过感知、记忆及思维等活动来认识商品，并伴随对商品的认识产生一定的情感和态度，而且要依赖意志过程来确定购买目的，并排除各种主、客观因素的影响，实现购买的目的。如果说消费者对商品的认识活动是由外部刺激向内在意识的转化，那么意志活动则是内在意识向外部行动的转化。只有实现这一转化，消费者的心理活动才能真正地支配其购买行为。

(二)消费者意志过程的基本特征

1. 消费者有明确的购买目的

消费者在购买过程中的意志活动是以明确的购买目的为基础的，因此消费者为了满足自己的需要，总是经过思考后明确提出购买目的，然后有意识、有计划地根据购买目的去支配和调节其购买行为。消费者的意志过程是以一定的行动为基础的，它实质上是消费者内部心理活动向外部行动的转化，是人的心理活动的自觉能动性的集中体现。

2. 与排除干扰和克服困难相联系

消费者在确定购买目标之后，还会遇到各种干扰和困难，这些干扰和困难既有消费者思想方面的矛盾和冲突，也有外部环境的障碍和阻挠。消费者克服困难、排除干扰的过程就是意志行动的过程。消费者排除的干扰和克服的困难越多，说明他的意志越坚强。

3. 调节购买行为全过程

意志对行为的调节，包括发动行为和制止行为两个方面。前者表现为激发积极的情绪，推动消费者为达到既定目的而采取一系列行动；后者则表现为抑制消极的情绪，制止与达到既定目的相矛盾的行动。这两个方面的统一作用，使消费者得以控制购买行为发生、发展和结束的全过程。

(三)消费者意志过程分析

消费者在购物过程中的意志过程分为以下三个阶段。

1. 做出购买决策阶段

消费者做出购买决策阶段是消费者意志开始参与的准备阶段，包括动机的冲突和动机的确立、购买目的的明确、购买方式的选择和购买计划的制订等一系列购前准备工作。现实中，消费者在同一时间内往往会产生多种购买动机，当购买动机的方向不一致时，就会陷入购买动机冲突的境地，这要求消费者根据需要的轻重缓急，选出最主要的购买动机，确立购买对象。消费者在选择购买对象的过程中，因同类商品在品牌、质量、档次、价格方面存在差异，需要广泛收集商品信息、比较权衡、排除干扰，从自身的需要出发，确定最符合自己目的和意愿的购买目标，然后面对多种实现目标的途径，以意志的努力和理智的思维，选择一个比较满意的解决方法，做出包括购买时间、购买地点、购买方式等的购买决策，所有这些都包含着意志活动。

2. 执行购买决策阶段

执行购买决策阶段是意志行动过程的关键阶段，这一阶段是把购买决策变为现实的购买行动的过程，需要消费者做出更大的意志努力，自觉地排除和克服各种因素的干扰，以便顺利地完成购买活动。在这一转化过程中，仍然可能遇到来自外部和内部的困难和障碍。比如商品的质量、价格、款式、性能等并不是十全十美，家庭成员之间的意见分歧，需要消费者反复进行比较权衡，或者以意志努力自觉地排除干扰，进行购买；或者是重新修正原来的购买计划，制定和执行新的购买决策。消费者必须通过意志努力自觉地排除内外因素的干扰，才能顺利地完成购买。

3. 评价购买决策阶段

评价购买决策阶段是消费者意志行动过程的最后发展阶段。消费者通过对商品的使用及相关群体的评价，对商品的性能、质量、价格、外观等有了更为实际的认识，并以此检验、评判其购买决策正确与否。意志的这种体验和反省是通过思维来进行的。如果通过思考认定比较满意，消费者就可能在意志的支配下再次惠顾，产生重复购买行为；如果引起消费者的不满，他们就会减少或抑制自己的购买行为。所以这种对购买决策的检验和评判，直接影响消费者今后的购买行为。

三、消费者心理活动三个过程的统一性

消费者心理活动在购买商品时所发生的认识过程、情感过程和意志过程，是消费者购买心理过程统一的、密切联系的三个方面，在消费者购买心理活动中，认识、情感、意志这三个过程彼此渗透，互为作用，不可分割。情感依靠感知、记忆、联想、思维等活动，同时，情感又左右着认识活动。积极的情感可以促进消费者认识的发展，消极的情感可能抑制消费者认识的活动。认识活动是意志的基础，且认识活动离不开意志的努力，对待商品的情感可以左右意志，可以推动或者阻碍购买的意志和行为。意志又能够控制情绪，从而进行客观冷静的分析。当消费者购买某一商品后，又将根据新的需要，进入新的认识过程、情感过程、意志过程，如此循环往复。

认识、情感和意志三者关系，如图2-7所示。

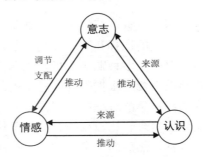

图2-7　认识、情感和意志三者关系

本 章 小 结

消费者的心理过程是指消费者在其购买行为中的心理活动的全过程，是消费者的不同心理活动现象对商品的动态反映，是人的心理活动的基本形式，是每个人都具有的共性心理活动，它包括认识过程、情感过程和意志过程。

认识过程是消费者心理过程的起点。消费者通过感觉和知觉对商品的外部特征和直观形象有了感性认识，通过记忆、想象、思维等较高级的心理活动对商品有进一步的客观、理性的认识。在整个认识活动中，尽管注意本身不是一种独立的心理活动，但它与各个心理活动紧密相连，注意是伴随着感觉、知觉、记忆、思维和想象产生的一种心理状态。

情感过程是认识过程与意志过程的中介，是消费者在认识客观事物过程中的主观体验，外界事物符合消费者的需要，就会引起喜悦、满意等积极的情绪与情感体验；否则，便会产生不满、忧愁等消极的情绪与情感体验，人的消费活动实际上是充满情感体验的活动过程。

意志过程是消费者心理在认识过程、情感过程的基础上，做出购买决策、采取购买行动的过程，消费者为实现购买目的，往往要排除各种主、客观因素的影响。

消费者心理活动的认识过程、情感过程和意志过程是购买心理行为过程的统一的、密切联系的三个方面。

思 考 题

1. 什么是注意？注意如何分类？如何发挥注意在市场营销中的作用？
2. 什么是感觉？什么是知觉？感觉与知觉之间的区别和联系是什么？
3. 举例说明知觉的特性及其在市场营销中的应用。
4. 可以通过哪些方式增强消费者对企业广告内容的记忆？
5. 什么是情感？举例说明情感对消费者购买心理活动的影响。
6. 什么是意志？消费者意志过程的三个阶段是什么？

案 例 分 析

情怀营销的关键要素

如今观察互联网上各类的营销方式能够发现，利用情怀进行产品包装的越来越多，甚至有很多小型普通个体，借助情怀瞬间引爆成为"网红"。当然，这样的实例并不具备普及性，但也能看出情怀的威力。那么，品牌如何使用情怀辅助营销呢？

"情怀"并不是一个新词，从早年刷爆各大电视台的哈药集团制药六厂蓝瓶的"洗脚"广告到"世界这么大，我想去看看"而爆红的普通的辞职老师，都能使我们切身地感受到情怀的力量。情怀存在于每个人身上，就像导火线一样，只要方式、条件准确，就能带来爆炸式的传播效果。

情怀营销为什么越来越火？其实，情怀营销是一直存在的，只是由于互联网的发展产生了强大的"粉丝"效应。

因为情怀营销常常与某个特定情绪的个体绑定在一起。在过去，互联网还未曾普及，公众哪怕被引爆了心中的情怀，那也是单独的，因为传播能力不强，无法形成"粉丝"效应。如今的传播速度比过去的快了不知道多少，情怀传播的能力自然不同往日了。

品牌要做好情怀营销，要注意两点。

首先，情怀相关性。

情怀相关性，即营销的产品或者内容是否和情怀相关联。一个好的情怀营销一定是情怀与产品相契合的，强行走心目的性太过明显，只会招来用户的反感。

大家回顾近年来周某某的电影，就是很好的情怀营销的案例。对很多现在的"80后""90后"而言，周某某这三个字代表的可不仅仅是演员的名字，更多的是陪伴了他们成长，这十多年来，多少曾经的小粉丝长成了如今的青年，而这群人，如今便是撑起他票房的中坚力量。

哪怕多年不常上镜，周某某在公众心目中仍然有着不可忽视的分量，这三个字代表的情怀是欢笑、上进。这个情怀出现在他的几乎每个影片中，而他的新片的发行方显然更加了解这一点。

拍片前的预热，首先就公示了周某某这三个字，引发了公众的期待，同时策划一系列能够唤醒公众情怀的活动。

上映前的宣传方向是将公众的关注点由电影的好坏转向周某某曾经带给公众的快乐，进一步引发公众的怀旧情感，引导回忆。公众产生哪怕电影再不好，为了周某某这三个字去趟电影院也值的心理。

上映后，电影元素与情怀联系紧密，成功让公众完成一次情怀旅程。也许有些情节老套，但由于之前对公众的有意引导，在公众的意识中仍然是情怀大于影片质量。

其次，产品是否走在情怀的前面。

任何营销手段的基础永远是产品，要明白，产品是1、营销是0的道理。公众熟知的锤子手机，就是很典型的营销走在了产品的前面。

在公众的认知中，对于锤子手机的理解更多的是其创始人罗某某的情怀，对于锤子手机本身的配置、外观和体验却没有任何特殊的记忆。这是很尴尬的。

各个品牌的领导人起到的偶像效应是非常大的，如苹果的乔布斯、小米的雷军、腾讯的马化腾等。以创始人罗某某身上的偶像光环带动的情怀营销这本身并没有问题，关键问题出在产品上，虽然风声放出去了，但产品到不了位，最终出现了雷声大雨点小的局面。这样的内容营销，对公众来说，是失望的，品牌的情怀引发了公众的期待，产品却达不到期待值，最终，也就不可能完成价值转化。

很显然，情怀营销的效果并不能改变产品，而公众最终花钱得到的，是产品不是情怀。永远别让情怀走在产品的前面。只有真实的情怀和企业品牌调性匹配，才是最好的情怀营销。

最近，华为推出了一支广告短片——《致敬承诺》。短片阐述的核心是创业者在光鲜外表下所隐藏的不为人知的彷徨和无助，以及创业者在面对困难的时候仍然咬牙坚持的勇气，影片表达的也是对于这种创业精神的敬佩。

创业的艰辛，很难用言语表示。没有人随随便便成功，在普通公众看到的光鲜外表下，是多少个日日夜夜的暗自较劲、坚持不懈。创业的过程中，要克服很多看似无法跨越的大山，面对多变的市场、人才的流失、对手的竞争和打压等普通公众无法想象的困难，哪个创业成功的人不是经过了一段黑暗中独自前行的过程。史玉柱曾经从辉煌跌落谷底，借钱创业。甚至如今广为人知的华为创始人任正非，也曾在创业时失声痛哭过，因此，对于无数还在坚持的创业者而言，华为是从心底理解的。

短片中，华为运用画面的方式将创业者从初创业时的自信，到创业过程中的彷徨、失措，再到跌入谷底时的绝望、坚持和近乎盲目的执着，到最后创业成功的辉煌等整个创业的过程表现得淋漓尽致，在基于现实的基础上覆盖了品牌的价值观。

如今，随着华为的用户群体越来越大，华为特地推出这则励志广告。借广告表达对创业情怀尊重的同时，也展现了自己品牌一路走来的艰辛和面对困难和逆境永不服输的精神，引发公众产生共情的同时，也宣传了品牌产品的调性，还在用户心中建立了一个强大、可靠的品牌形象。

情怀营销是对特定公众的回忆的重现，它建立在每个人对过去美好事物的向往及痛苦的共鸣上。正是因为在现实生活中，日复一日的枯燥生活需要一个美好的向往来支撑，所以人们需要共鸣和理解。

然而"情怀营销"并不是一次性的，需要经过时间的发酵、精心的策划、整体的实施，才能达成最终的品牌目的。而最重要的，永远是走在营销前面的产品。

(资料来源：根据百度文库的相关资料整理。)

问题：
1. 进行情怀营销时，为什么产品要走在情怀前面？
2. 对比锤子手机的情怀营销和华为的情怀营销，说说你对情怀营销的理解。

【阅读资料】消费者意志过程的品质主要体现在哪些方面？

第三章

消费者的个性心理特征

学习目标：掌握消费者的气质、性格、能力的概念；理解不同消费者在气质、性格、能力方面的差异；了解针对不同消费者气质、性格、能力的购买特点，经营者所应采取的营销策略。

案例导读

消费者退换商品策略

3月15日，是世界消费者权益日，某大型零售企业为了改善服务态度，提高服务质量，向消费者发出意见征询函，调查内容是"如果您去商店退换商品，售货员不予退换怎么办"，要求被调查者写出自己遇到这种事时是怎么做的。其中，有如下几种答案。

(1) 耐心诉说。尽自己最大努力，慢慢解释退换商品的原因，直至得到解决。

(2) 自认倒霉。向商店申诉也没用，商品质量不好又不是商店生产的，自己吃点亏，下回长经验。缺少退换的勇气和信心。

(3) 灵活变通。找好说话的其他售货员申诉，找营业组组长或值班经理求情，只要有一个人同意退换就有希望解决。

(4) 据理力争。绝不求情，脸红脖子粗地与售货员争到底，不行就向报纸投稿曝光，再不解决就向工商局或消费者协会投诉。

为什么面对同样的退换商品问题，不同的消费者会表现出不同的态度和采用不同的解决问题的方式呢？其原因在于不同消费者的个性特征不同。

(资料来源：李晓霞，刘剑. 消费心理学[M]. 北京：清华大学出版社，2006.)

消费者在购买活动中所产生的感觉、知觉、记忆、思维等心理过程，体现了人类心理活动的一般规律，但在现实生活中，每个消费者的购买行为存在着明显差异，这种差异来自消费者的个性心理因素。个性是个体带有倾向性的、比较稳定的、本质的心理特征的总和，是个体独有的并与其他个体区别开来的整体特性。从内部结构看，个性主要由个性心理特征和个性倾向性两个部分组成。个性心理特征是能力、气质、性格等心理的独特结合。个性倾向性是指个人在与客观现实交互作用的过程中，对事物所持的看法、态度和倾向，具体包括需要、动机、兴趣、爱好、态度、理想、信念、价值观等。不同消费者的个性心理有很大的不同，并直接影响着消费行为。

第一节　消费者的气质

一、气质的概念

"气质"一词源于希腊语，意指"混合"，常常指一个人的风格、风度或某种职业上所具有的非凡特点。而在心理学上，气质的概念是指一个人在心理活动和行为方式上表现出的速度、强度、稳定性和灵活性等动力方面的心理活动特征。它主要表现出人的心理过程的两个方面的特点。一是心理过程的动力性(包括速度、强度和稳定性)，如大脑皮层的兴奋与抑制过程的强弱、知觉的速度、思维的灵活程度、注意力集中时间的长短、言语的速度等特征。二是心理活动的指向性。即是倾向于外部事物，从外界获得新的印象，还是倾向于内部，经常体验自己的情绪，分析自己的思想和印象等。气质是构成人们各种个性品质的一个基础，人们的气质不同就表现在这些心理活动的动力特征差异上。

气质使每个人的行为带有一定的色彩、风貌，表现出独特的风格。例如，有的人热情活泼、善于交际、行动敏捷；有的人矜持冷漠、不苟言笑、行动迟缓，内心体验较为深刻。气质的差异和影响同样存在于消费者及其消费活动中。每个消费者都会以特有的气质风格出现在他所从事的各种消费活动中，如在购买商品时，有的人决策果断、行动敏捷，有的人则优柔寡断、行动迟缓。因此，气质是消费者固有特质的一种典型表现。

气质作为个体稳定的心理动力特征，在很大程度上受先天的遗传因素影响。例如，妇产医院的新生婴儿对外界的刺激就会有不同的反应，这些特征在儿童以后的活动、游戏、学习和人际交往中都会有所表现，并直接影响其个性的形成和发展。正是由于气质的某些特征是与生俱来的，具有天赋，因此气质一经形成便会长期保持下去，并对人的心理和行为产生持久影响。气质有稳定、不易改变的特点，俗话说的"江山易改，禀性难移"就是这个意思。但是，随着生活条件和环境的变化、职业的磨炼、所属群体的影响及年龄阅历的增长，人的气质也会发生不同程度的变化，所以，它又具有可塑性。只是这种变化，较之其他心理特征的变化，要困难和缓慢得多。

二、气质学说

长期以来，心理学家对气质进行了多方面的研究，从不同角度提出了各种气质学说，并对气质类型做出了相应的分类，具体描述如下。

1. 体液说

古希腊著名医生希波克拉底最早提出气质的体液学说，他认为人体的状态是由体液的类型和数量决定的。他根据临床实践提出，这些体液类型有四种，即血液型、黏液型、黄胆汁型和黑胆汁型。根据每种体液在人体内所占比例的不同，可以形成四种气质类型。血液占优势的属于多血质，黏液占优势的属于黏液质，黄胆汁占优势的属于胆汁质，黑胆汁占优势的属于抑郁质。希波克拉底还详细描述了四种典型气质的行为表现。由于他的理论较易理解，因此这一分类方法至今仍为人们所沿用。

2. 血液说

日本学者古川竹二等人认为，气质与人的血型具有一定的联系。血型分为四种，即 O 型、A 型、B 型和 AB 型，分别构成气质的四种类型。其中，O 型气质的人意志坚强、志向稳定、独立性强、有支配欲、积极进取；A 型气质的人性情温和、老实顺从、孤独害羞、情绪波动、依赖他人；B 型气质的人感觉敏感、大胆好动、多言善语、爱管闲事；AB 型气质的人则兼有 A 型和 B 型的特点。这种理论在日本较为流行。

3. 体型说

德国精神病学家 E. 克瑞奇米尔(E. Kretschmer)根据临床观察研究，认为人的气质与体型有关。瘦长型的人具有分裂气质，表现为不善交际、孤僻、神经质、多思虑；肥胖型的人具有狂躁气质，表现为善于交际、表情活泼、热情；筋骨型的人具有黏着气质，表现为迷恋、一丝不苟、情绪具有爆发性。

4. 激素说

激素理论是由 L. 柏曼(L. Berman)提出的，他认为个体的气质特点是由其内分泌活动所决定的，人体内的各种激素在不同人身上有着不同的分布水平，从而形成不同的气质类型。哪种激素水平较高，人的气质就带有哪种特点。例如：甲状腺机能发达的人，精神容易亢奋，具有感觉灵敏、意志坚强等特征；而肾上腺分泌增多者，表现出情绪激动、爱动好斗等特征。

5. 高级神经活动类型说

苏联心理学家巴甫洛夫通过对高等动物的解剖实验，发现大脑两半球皮层和皮层下部位的高级神经活动在心理的生理机制中占有重要地位。大脑皮层的细胞活动有两个基本过程，即兴奋和抑制。兴奋过程引起和增强大脑皮层细胞及相应器官的活动，抑制过程则阻止大脑皮层的兴奋和器官的活动。这两种神经过程具有三大基本特性，即强度、平衡性和灵活性。强度，是指大脑皮层细胞经受强烈刺激或持久工作的能力。平衡性，是指兴奋过程的强度和抑制过程的强度之间是否相当。灵活性，是指对刺激的反应速度和兴奋过程与抑制过程相互替代和转换的速度。

巴甫洛夫正是根据上述三种特性的相互结合，提出了高级神经活动类型的概念，并据此划分出高级神经活动的四种基本类型，即兴奋型、活泼型、安静型和抑制型，并指出气质就是高级神经活动类型的特点在动物和人的行为中的表现。具体来说，兴奋型的人表现为兴奋过程时常占优势，且抑制过程不平衡，情绪易激动，暴躁而有力，言谈举止有狂热表现。活泼型的人神经活动过程平衡，强度和灵活性都高，行动敏捷而迅速，兴奋与抑制之间转换快，对环境的适应性强。安静型的人神经活动过程平衡，强度高但灵活性较差，反应较慢而深沉，不易受环境因素的影响，行动迟缓而有惰性。抑制型的人其兴奋和抑制两种过程都很弱，且抑制过程更弱些，难以接受较强刺激，是一种胆小且容易伤感的类型(见表 3-1)。

由于巴甫洛夫的结论是在解剖实践基础上得出的，并得到后人的研究证实，因此，其科学依据充分。同时，由于各种神经活动类型的表现形式与传统的体液说有对应关系，因此，人们通常把两者结合起来，以体液说作为气质类型的基本形式，而以巴甫洛夫的高级神经活动类型说作为气质类型的生理学依据。

表 3-1　高级神经活动与气质的对应关系

神经系统的特征		神经系统的类型	气质类型
强	不平衡(兴奋占优势)	兴奋型	胆汁质
	平衡　灵活性高	活泼型	多血质
	不灵活	安静型	黏液质
弱	不平衡(抑制占优势)	抑制型	抑郁质

巴甫洛夫关于高级神经活动的学说，为研究气质的生理基础提供了科学的途径。但实际生活中，单纯属于某一种气质类型的人并不常见，更多的是介于四种类型的中间状态，或者以一种气质为主，兼有其他气质特征，即属于混合型气质，如胆汁—多血质、多血—黏液质等。另外，人的气质主要受限于生物组织，与先天的遗传因素关系密切，无所谓好与坏。一般而言，任何一种气质类型都有积极的一面，也有消极的一面，它对人们心理活动的进行和个性品质的形成都会产生正面或负面的影响。

三、气质类型与消费者行为

气质是人典型而稳定的个性心理特征，它对人的行为活动方式影响深刻。气质类型不同的消费者，其消费行为也有独具特色的表达方式，下面分析四种典型气质类型的人及其消费行为。

1. 胆汁质

胆汁质的人，其高级神经活动反应较强，但不平衡，容易兴奋且难以抑制，属于兴奋型。一般表现为情绪反应快而强烈，言语动作急速而难以自制，热情，直爽，急躁易粗暴，缺乏耐性，抑制能力较差，不够灵活，脾气倔强，精力旺盛，不易消沉，比较外向。显著特点是具有很高的兴奋性，缺乏自制力。

胆汁质消费者在购买行为中表情喜形于色，言语易于冲动，性情急躁，情绪变化强烈，面部表情丰富，具有很强的外倾性，喜欢购买新颖奇特、标新立异、具有刺激性的商品，一旦被商品的某一特点吸引，往往会果断做出购买决定，并立即购买，不愿花费太多的时间进行比较和思考。如果购物时需要等待或是营业员的言行怠慢，便会激起烦躁的情绪甚至强烈的反应，体现出冲动型的购物行为特点。接待此种类型的消费者，营销人员要头脑冷静，眼疾手快，及时应答，不要与他们争执，万一出现矛盾应避其锋芒，言语简洁明了，态度和善，购物结束时提醒他们不要遗忘所带物品。

2. 多血质

多血质的人，其高级神经活动反应较强而且较平衡，灵活性也比较强，属于活泼型。一般表现为情绪兴奋性高，活泼好动，富于表现力和感染力，反应迅速，情绪发生快而易变，动作敏捷但显得毛躁，乐于交际，亲切但显得轻率，易接受新鲜事物但兴趣和注意力难专一。显著特点是具有很高的灵活性，缺乏稳定性、坚持性。

多血质消费者在购买行为中灵活性较强，常带有浓厚的感情色彩，对广告、营销人员等外界刺激反应灵敏，对购物环境及周围人物适应能力强，行动敏捷，善于交际，表达能力较强，易于向营销员咨询所要购买的商品，容易受外界影响，有时其兴趣与目标往往因为可选择的商品过多而容易转移，或一时不能取舍，兴趣常发生变化，表现出想象型和不定型的购物行为特点。接待此种类型的消费者，营销人员应主动与之交谈，要多向他们提供商品信息，尽量满足他们的要求，当好他们的参谋。

3．黏液质

黏液质的人其高级神经活动反应较强，较平衡，灵活性较低，属于安静型。一般表现为情绪稳定、不易外露，情绪发生缓慢，善于忍耐，埋头苦干，做事踏实，慎重细致，少言寡语，执拗，墨守成规，心理状态极少通过情绪表现出来。显著特点是有坚持性、稳定性，缺乏灵活性和果断性。

黏液质消费者在购买行为中比较谨慎、细致认真，头脑冷静，克制力强，沉默寡言，不够灵活，不易受广告宣传、包装、他人干扰等影响，喜欢清静、熟悉的购物环境，对商品比较了解，喜欢通过自己的观察、比较做出购买决定。对自己喜爱和熟悉的商品会积极购买，并持续一段时间，对新商品往往持谨慎态度，体现出理智型的消费行为特点。接待这种类型的消费者，营销人员应有的放矢，把握好服务的度，避免过多的语言和过分的热情，介绍商品时点到为止，应尽可能让顾客自己了解商品、选择商品，以免引起消费者的反感。

4．抑郁质

抑郁质的人高级神经活动反应较弱，较不平衡，抑制过程强于兴奋过程，属于抑制型。一般表现为柔弱，情绪兴奋性低，反应速度慢而不灵活情感，主观情感体验深刻，多愁善感，敏感细腻，孤僻多疑，观察细致，想象丰富，易于激动和消沉。显著特点是有高度的情绪敏感性和体验的深刻性，缺乏自制性和灵活性。

抑郁质消费者在购买行为中言行谨小慎微，腼腆，不善交际，对新环境、新事物难以适应，观察商品仔细认真，体验深刻，往往能发现商品的细微之处，决策过程缓慢、多疑，内心复杂，既不相信自己的判断，又对营业员的推荐不感兴趣或不信任，体现出谨慎性、敏感性的消费行为特点。接待这种类型的消费者，营业人员要小心谨慎，细心观察，体贴周到，熟知商品的性能、特点，及时准确地回答他们的各种提问。如果情况有变，一定要讲清原因，适当疏导，以免引起他们的猜测和不满，使他们在平和愉快的气氛中购物。

总之，了解消费者气质类型及其对消费行为的影响，有助于根据消费者的各种购买行为，发现和识别其气质特征。注意利用消费者气质特征的积极方面，控制其消极方面，促进营销工作的开展。

【案例3-1】品牌"气质"修炼

第二节 消费者的性格

一、性格的概念

性格是指个体对客观现实的态度及其习惯性行为方式所表现出来的稳定的个性心理特征。一个人如果对某些客观事物的态度和反应在生活中成为经验,得到巩固,就会成为其在特定场合中习惯表现的行为方式,并由此形成其性格特征。

性格不是与生俱来的,它是在生理素质的基础上,在社会实践活动中逐渐形成和发展起来的,它通过人对事物的倾向性态度、意志、活动、言语、外貌等方面表现出来,是一个人的心理面貌本质属性的独特结合。它受社会历史文化的影响,是一个人道德观和人生观的集中体现,有明显的道德评价意义,直接反映了一个人的道德风貌。所以,人的性格受社会行为准则和价值标准的评判,具有好坏之分。个体之间个性差异的核心是性格的差异,性格是个性特征中最具核心意义的心理特征。

二、性格的特征

性格反映了一个人一定的独特性,它是由多个侧面和不同的层次构成的复杂综合体。人的性格复杂多样,每个人的性格正是通过不同的性格特征表现出来的,各种特征有机结合,形成各自独具特色的性格统一体。具体来说,性格的特征有如下几个方面。

1. 性格的态度特征

人对现实的稳定的态度所表现出的特征,是性格特征的重要组成部分。性格的态度特征表现为个人对现实的态度倾向性特点,如对社会、集体和他人态度的差异;对劳动、工作和学习态度的差异;对自己态度的差异;等等。这些态度特征的有机结合,形成个体起主导作用的性格特征,性格的态度特征属于人的道德品质的范畴,它是性格的核心。

2. 性格的理智特征

性格的理智特征是指人们在感知、记忆、想象和思维等认知方面的个体差异。它表现为不同的个体心理活动的差异。比如在感知方面是主动观察型还是被动感知型;在思维方式方面是具体逻辑型还是抽象概括型;在想象力方面是丰富型还是贫乏型;等等。

3. 性格的情绪特征

性格的情绪特征表现为个人受情绪影响或自我控制情绪程度和状态的特点,如个人受情绪感染和支配的程度、情绪受意志控制的程度、个人情绪反应的强弱或快慢、情绪起伏波动的程度、情绪主导心境的程度等。

4. 性格的意志特征

性格的意志特征是指个体对自己的行为进行自觉调节的能力,表现在个人自觉控制自己行为及行为的努力程度方面。例如,是否具有明确的行为目标,能否自觉调节和控制自身的行为,在意志行动中表现出的是独立性还是依赖性、是主动性还是被动性,是否坚定、顽强、忍耐和持久等。

三、性格与消费者行为

消费者千差万别的性格特点，自然地表现在他们的购买活动中，从而产生千差万别的消费行为。性格在消费行为中的具体表现可从不同角度做多种划分。

1. 从消费态度角度，可以分为节俭型、保守型、自由型、顺应型

(1) 节俭型消费者，在消费观念和态度上崇尚节俭，讲究实用性。选购商品过程中以物美价廉为选择标准，经常按照自己的购物经验来购买，注重商品的实用性和质量，不在意商品的外观造型、包装及品牌，不喜欢过分奢华、高档昂贵、无实用价值的商品。

(2) 保守型消费者，在消费态度上较为严谨，生活方式刻板，性格比较内向，怀旧心理较重，习惯于传统的消费方式。选购商品时，喜欢购买传统的和有过多次使用经验的商品，对新产品、新观念持怀疑、抵制态度，不随便冒险尝试新产品。

(3) 自由型消费者，在消费观念和态度上比较浪漫，生活方式比较随意。选择商品标准往往多样化，比较注重商品的外观，容易受外界环境及广告的诱导，能接受售货员的推荐和介绍，但不会依赖售货员的意见和建议，一般有较强的购买技巧。

顺应型消费者，在消费态度上比较随和，生活方式大众化，受同事、邻居、朋友等社会群体因素的影响较大。在选购商品过程中容易接受广告与营销人员的诱导，能够随着社会发展、时代变迁不断调节、改变自己的消费方式和消费习惯。

2. 从购买行为方式角度，可以分为习惯型、慎重型、挑剔型、被动型

(1) 习惯型消费者，在购买商品时习惯性地参照以往的购买和使用经验。当他们对某种品牌的商品熟悉并产生偏爱后，会经常重复购买，不容易改变自己的观点、看法，购买行为习惯化，受社会时尚、潮流影响较小。

(2) 慎重型消费者，大都沉稳、持重，做事冷静，情绪不外露。在选购商品时，通常根据自己的实际需要并参照以往购买经验，经过慎重的权衡和考虑，并经过认真的比较和选择后，才会做出购买决定。在购买过程中，受外界影响小，不易冲动，具有较强的自我抑制力。

(3) 挑剔型消费者，大都独立性强，有的则表现为性情孤僻，具有一定的商品知识和购买经验。选购商品时很有主见，非常细致深入，有时甚至过于挑剔，很少征询或听从他人的意见，对营业员的解释说明常常持怀疑和戒备心理。

(4) 被动型消费者，比较消极、被动、内向，多数不经常购买商品，缺乏商品知识和购买经验。在选购商品过程中缺乏自信和主见，对商品没有固定的偏好，渴望得到别人的意见和建议，营销人员的宣传和推荐往往会对其购买行为产生较大影响。

需要指出的是，上述按消费态度和购买行为方式所做的分类，只是为了便于我们了解性格与人们消费行为之间的内在联系，以及不同消费性格的具体表现。现实购买活动中，由于消费者心理和行为的复杂性，以及受购物环境的影响，消费者的性格经常难以按照原有的面貌表现出来，因此在观察和判断消费者的性格特征时，应特别注意其稳定性，而不应以一时的购买表现来判断其性格类型。

【案例3-2】优衣库的"服适"人生——简单、轻松、务实

第三节 消费者的能力

一、能力的含义

能力是指人能够顺利地完成某种活动并直接影响活动效率所必须具备的个性心理特征。能力总是与人的实践活动紧密相连，人们进行任何一项活动，都需要一定的能力做保障，只有通过活动，一个人的能力才可以得到认识和发展，也只有从一个人从事的活动中，才能看出他具有某种能力。

一般来说，要成功地完成一项活动，仅仅依靠某一方面的能力是远远不够的，往往需要具备多种能力，既需要一般的能力，即在很多活动中表现出来的共性的基本能力(如观察能力、记忆能力、想象能力、思维能力和注意能力等)，也需要一些特殊的能力，即表现在某些专业活动中的能力(如绘画能力、音乐能力、鉴赏能力、组织能力等)。能力水平会影响人们掌握活动技能的快慢和巩固程度，最终影响活动的效果。

在实践活动中，要想成功地完成一项活动，就要具备多种能力，如要想推销某一产品，不能仅具备熟悉产品外观、价格的能力，还必须具备熟记产品的产地、性能、参数和经常购买人群的能力等。这样才能出色地完成产品推销任务。

二、能力的个别差异

由于能力形成和发展的一般条件不同，即人的自身素质、文化教育、社会实践和主观努力等方面存在差异，因此人与人之间在能力上存在着个别差异，这种差异表现在质和量两个方面。其中质的差异主要表现为能力类型的差异，量的差异主要表现为能力水平的差异和能力表现时间的差异。

1. 能力类型的差异

能力类型的差异主要是指每个人具有不同的优势能力。例如：有的人善于抽象思考，有的人善于形象思考；有的人在音乐方面很有才华，有的人在绘画领域很有天赋。人的能力类型的差异是客观存在的，但这并不表明某种类型的能力比其他类型的能力优越。每个人都可以根据自身的特点，发展与之相适应的能力，以适应社会实践活动的需要。

2. 能力水平的差异

人与人之间水平的差异表现在同种能力的水平高低上，能力水平的高低又集中体现在人的智商水平的高低上。根据智商分数的测试，超过130分的人属于特优智能，即"天才"；低于70分的人则属于智力低下。心理学研究表明，全部人口的智力状况基本上呈正态分布，其中特优智能与智力低下大约各占2.5%，而95%的人的智能是在正常范围内，即70~130分。

3. 能力表现时间的差异

人的能力不仅在水平和类型上存在差异，而且在表现时间的早晚上也有明显的不同。例如，有的人聪明早慧，有的人则大器晚成。这种情况古今中外皆有，不胜枚举，在艺术领域更是屡见不鲜。

三、消费者的能力

人们在消费活动中，为了得到满意而完美的消费效果需要具有相应的能力。消费能力是人们在生活当中，通过自身的消费实践和听从亲朋好友、同事邻居的介绍及受到各种广告宣传的影响而逐渐形成的一种生活技巧。不同消费者的消费能力是不同的，并影响着消费者的购买行为。一般来说，能力强的消费者，很快就能完成购买过程；相反，消费者本身消费能力较弱，做出购买决策时往往迟疑不决，因此购买过程很难尽快完成。

(一)从事各种消费活动所需要的基本能力

在实践中，消费者无论购买何种商品或从事何种消费活动，都必须具备某些基本能力，例如，消费者在购买过程中对商品的感知能力、分析评价能力、选择决策能力等。这些基本能力会直接使消费行为方式和效果产生差异。

1. 感知能力

感知能力是消费者对商品的外部特征和外部联系进行直接反应的能力。通过感知，消费者可以了解商品的外观造型、色彩、气味、轻重及其所呈现的整体风格，从而形成对商品的初步印象，并为进一步做出分析判断提供依据。因此，感知能力是消费行为的先导。

消费者感知能力的差异主要表现在速度、准确度和敏锐度等方面。同一件商品，有的消费者能就其外观和内部结构迅速、准确地予以感知，形成对该商品的整体印象，体现出较强的洞察事物的能力；而有的消费者感知速度缓慢、反应迟钝，不能迅速抓住商品的主要特征，不能形成客观而准确的认知。例如，在购买服装过程中，观察能力强的消费者能在琳琅满目的衣服中准确而迅速地发现质量、款式、色彩、面料、价格都适合自己的商品；而观察能力较弱的消费者难以对某种衣服形成较为准确的印象。

2. 分析评价能力

分析评价能力是指消费者对接收到的各种商品的信息进行整理加工、分析综合和比较评价，进而对商品的优劣做出准确判断的能力，其强弱主要取决于消费者的思维能力和思维方式。消费者在选择商品时，需要对所接收的各种商品信息进行细致分析和客观评价，根据已有信息对传播源的可信度、他人行为及消费时尚、企业促销手段的性质、商品质量做出客观的分析，在此基础上形成对商品的全面认识，对不同商品的差异进行深入比较，以及对现实环境与自身条件进行综合权衡等，这是分析评价能力较强的表现。消费者的分析判断能力与个人的知识经验也有关系，如：普通消费者购买电冰箱，仅能根据一般经验对外观、颜色、造型和规格等表层信息做出浅显的分析评价；而懂得制冷知识的消费者，可以通过观察冷凝器、蒸发器、压缩机等的性能指标和工作状况来评价冰箱的质量和先进性，进而做出深刻而准确的评价与判断。

3. 选择决策能力

选择决策能力是指消费者在充分选择和比较商品的基础上，及时、果断地做出购买决定的能力。在购买过程中，决策是购买意图转化为购买行为的关键环节，也是消费者感知和分析评价商品信息结果的最终体现。消费者的决策能力直接受个人性格和气质的影响：有的消费者在购买商品时大胆果断，决策迅速；有的消费者则常常表现出优柔寡断，易受他人态度和意见的左右，决策反复不定。决策能力还与消费者对购买商品特征的熟悉程度、购买经验和购买习惯有关，消费者对商品特性越熟悉、使用经验越丰富及习惯性购买驱动越强，购买决策能力就越强；反之，决策能力就越弱。

此外，记忆力、想象力也是消费者必须具备和经常运用的基本能力。消费者在进行商品选购时，经常要依据和参照以往的商品知识和购买经验，这就需要消费者具备良好的记忆能力，以便把过去消费实践中感知过的商品信息、体验过的情感、积累的经验等准确地回忆和再现出来。想象力是消费者以原有表象为基础创造新形象的能力。丰富的想象力可以使消费者从商品本身想象到该商品在一定环境和条件下的使用效果，从而激发其美好情感和购买欲望。

(二)从事特殊消费活动所需要的特殊能力

特殊能力是指消费者购买和使用某些专业性较强的商品所应具有的能力。通常表现为以专业知识为基础的消费技能，如鉴别古玩字画、乐器，鉴别电脑、轿车等高档消费品，就需要相应的专业知识以及分辨力、鉴赏力和检测力等特殊的消费技能。倘若不具备特殊能力而购买某些专业性商品，则难以取得满意的消费效果，甚至上当受骗，购买的商品无法发挥应有的使用价值。

此外，特殊能力还包括某些一般能力高度发展而形成的优势能力，如创造能力和审美能力等。生活中，有些消费者具有强烈的创造欲望和很强的创造能力，他们不满足于市场上已有的商品和既定的消费模式，力求发挥自身的聪明才智，对商品素材进行再加工和再创造，而网络的高度发展也为这部分消费者提供了非常便捷的平台，进而使他们在服装服饰搭配、居室装饰布置、美容美发、礼品选择等方面，充分地显示独特个性与品位，体现出较高的创造能力。

(三)消费者对自身权益的保护能力

保护自身权益是现代消费者必须具备的又一重要能力。在市场经济条件下，消费者作为居于支配地位的买方主体，享有多方面的天然权力和利益。这些权力和利益经法律认定，成为消费者的合法权益，是消费者从事正常消费活动、获取合理效用的基本保障。然而，这一权益的实现不是一个自然的过程。在我国，由于市场秩序仍然不成熟，制度结构不健全，企业商家自律较低，消费者权益受到侵犯的现象时有发生。为了保障消费者的权益不受侵害，除依靠政策法令、社会舆论、消费者组织的约束监督外，客观上要求消费者不断提高自我保护能力。消费者要保障自身的合法权益不受侵害，主要有两个方面：一是增强自己的权益保护意识，做到知法、懂法、护法，不断提高权益保护能力；二是有效发挥政策法令的法约束能力和社会舆论、消费者组织等的监督能力。

消费者应该熟知相关法律法规，做到有理有据，利用法律的强制约束力保护自身的合法权益。此外，在遇到自身权益受侵害时，也要善于运用行政的、法律的、民间的、舆论的多种途径和手段，与生产者和销售者进行交涉，通过社会舆论施压、新闻媒体披露、工商管理部门介入、消费者权益保护协会仲裁，甚至法院诉讼等方式，挽回利益损失，有效保护自身的合法权益。

【案例 3-3】网购榴梿品种不符，消费者获赔 700 元

本 章 小 结

消费者的个性心理特征是能力、气质、性格等心理机能的独特结合。不同消费者的个性心理有很大的不同，并直接影响着消费行为。

气质是指人的典型的、稳定的心理特征，是影响人的心理活动和行为的一个动力特征。这些动力特征主要表现在心理过程的强度、速度、稳定性、灵活性及指向上。一般认为，典型的气质类型有多血质、黏液质、胆汁质和抑郁质，但实际生活中，更多的人属于混合型气质。任何一种气质类型都有积极的一面和消极的一面，它对人的行为活动方式影响深刻。气质类型不同的消费者，其消费行为的表达方式也独具特色。

性格是指一个人比较稳定的对现实的态度和习惯化的行为方式。它是人的个性中最重要、最显著的心理特征，它通过对事物的倾向性态度、意志、活动、言语及外貌等方面表现出来，是个体本质属性的独特表现。性格在消费行为中的具体表现可从不同角度做多种划分。从消费态度角度，可以分为节俭型、保守型、自由型、顺应型；从购买行为方式角度，可以分为习惯型、慎重型、挑剔型、被动型。

能力是指人能够顺利地完成某种活动并直接影响活动效率所必须具备的个性心理特征。人们要顺利完成某种活动需要各种能力，需要多种能力共同发挥作用。消费者的能力主要有从事各种消费活动所需要的基本能力、从事特殊消费活动所需要的特殊能力及消费者对自身权益的保护能力。

思 考 题

1. 什么叫气质？消费者的气质类型有哪些？
2. 测试你的气质类型，并阐述气质如何影响你的消费行为。
3. 什么叫性格？从性格对购买行为方式的影响看，你认为自己属于哪种性格类型的消费者？
4. 什么叫能力？消费者的能力构成包括哪些内容？

案例分析

沉香消费的本质是提供雅致生活方式

消费,不是钱花出去就完成任务了。日本社会观察家三浦展认为:"物品即自我投射。"消费者购买任何物品,其实都是自我意识、心理需求、生活价值观在物品上的一种投射。好的消费,是美好的生活方式所需。

如今,随着消费的成熟化、数字化,选择多了,"挑剔"的消费者也越来越多,出现了能够根据自己的消费观来进行消费的群体。他们不再一味地追求低价,而是愿意为了买到更好的产品掏更多的钱,从满足刚需向追求品质转变,消费不断升级、迭代。消费群体出现了新的分散和聚合,正在演变成高度细分的族群化、小众化和个性化消费。在这一主流消费人群的观念里,物品不是越贵越好,也不是高性价比就好,他们更在意购买决策背后的用户标签。他们买东西其实是为了给自己贴标签,想成为什么样的人,就会做出与之相应的消费决策。

如今,随着人们生活水平的提高和互联网的发展,沉香文化兴盛,沉香逐渐成为大众消费品,沉香制品的消费群体已向年轻化群体转变。有钱、有闲、有文化、懂生活、会享受雅致生活的消费群体,大量投资在知识、艺术、教育、体育和雅致生活方式上,他们在产品设计上注重纯朴、简洁、环保、以人为本,关注产品和生活方式及生活态度的匹配,而不再看重"品类品牌"。

沉香消费,脱离了产品品类的界限,定位在生活方式、生活态度的共识上。沉香消费,买卖双方对生活方式、价值取向不断达成共识,进而达成效率最大化、后悔最小化。品玩沉香的没有附庸风雅的作态,亦不是繁复拘谨的仪式,一切都是生活涵养的日常流露。焚香品茗,清净身心,能拂污秽,有助睡眠,静中成友,忙里偷闲。沉香文化,是从遥远的时光里延续下来的雅事,在袅袅的轻烟中,让浮躁焦虑的心沉淀下来。当身心置于暗香浮动中,来自内心深处的声音便被更好地聆听,消极的情绪也被轻松地化解,久而久之,更好地享受闲散淡然、美好雅致的日常生活。沉香消费的人士,在别人看来是风雅,而对爱好沉香文化的消费者来说,不过是"风雅处处是平常"。所以说,沉香消费的本质,不仅仅是提供了沉香消费品,更是提供了一种雅致的生活方式,且正以更年轻化的趋势发展。

(资料来源:江晓,马光菊.消费者行为学[M].北京:机械工业出版社,2019.)

问题:
1. 为什么生活方式能够打破品牌带来的认知?
2. 查阅资料,分析沉香的消费者具有什么样的个性特点。

【阅读资料】解密新消费:品牌有个性,战略有共性

第四章

消费者的需要与购买动机

学习目标：通过本章的学习，掌握消费者的需要、购买动机的基本含义；了解消费者的需要和购买动机的类型和特性；理解消费者的需要、购买动机与消费行为之间的关系，并能运用有关理论指导企业的营销实践活动。

案例导读

泡泡玛特背后的"盲盒"孤独经济

泡泡玛特成立于 2010 年，10 年时间，其从一家杂货铺似的文创产品店，跃升为国内潮玩第一品牌。尤其是近两年来，泡泡玛特凭借"盲盒"概念进入公众视野。在手办、玩偶都极为普遍的当下，"盲盒"独辟蹊径，利用人们的好奇心赚取收益，"盲盒"概念的可持续性也引起了热议。

从 2020 年最新的统计数据来看，近几年来，"一人食""陪玩""铲屎官"等关键词搜索频率呈现越来越高的发展趋势，人们对"陪伴类"产品的需求如饥似渴，由此也推动了"孤独经济"在当下的空前高涨。对多数的"空巢"青年来说，潮玩填补了其在精神上的需求，从而完美地解决了其孤独的心理问题。潮玩产品不像一些具有故事背景的 IP，它没有情感传达，没有价值观。因此，它能够让消费者在消费的过程中代入自身的情感，将自己的灵魂注入潮玩中。这就使潮玩成功满足了孤独寂寞人群的心灵慰藉需求，而这种情感消费也是新消费时代的必然趋势之一。

"盲盒"除了在年轻人和小朋友这些群体中，在很多人心中还是知识盲区。其实"盲盒"里面通常装的是动漫、影视作品的周边，或者设计师单独设计出来的玩偶。之所以叫"盲盒"，是因为盒子上没有标注，只有打开才会知道自己抽到了什么。

心理学研究表明，不确定的刺激会加强重复决策，因此"盲盒"一时间成了让人上瘾的存在。就这点来看，买"盲盒"和买彩票颇为相像，都有赌运气的成分。据报道，"盲盒"俘获了大量忠粉的心。有一对夫妇 4 个月花了 20 万元在"盲盒"潮玩上；还有一名 60 岁的玩家，一年花费 70 多万元购买"盲盒"。2019 年 8 月，天猫发布的《95 后玩家剁手力榜单》显示，潮玩手办成为"95 后"年轻人中热度最高、最烧钱的爱好，"95 后"在天猫国际潮流玩具品类中消费额占比达到 40%。在天猫上为"盲盒"年花费超过 2 万元的"硬核玩家"，一年有近 20 万人。

2019 年年底，泡泡玛特创始人王宁在接受媒体采访时表示，打造潮玩界的 IP 帝国，像迪士尼一样成为一个快乐制造基地，是他对泡泡玛特的期待和愿景。在他看来，潮玩将像冰激凌一样，将不知不觉地融入年轻人的生活中。冰激凌虽然于充饥无益，不能当正餐，但它存在的意义就是让消费者能获得 5~10 分钟的多巴胺。

（资料来源：星代华教育.分析泡泡玛特背后的盲盒孤独经济，2020-06-08. 搜狐网.
https://www.sohu.com/a/400478947_120715844.）

泡泡玛特巧妙利用不确定机会给消费者带来的神秘感和刺激感，放大消费者对商品的期待，随后通过配套IP形象和"集齐心理"提升消费者的复购率，不仅如此，潮玩还具有一定的社交属性，可以满足消费者的社交分享需求。上瘾机制叠加社交慰藉，形成泡泡玛特的闭环营销逻辑，在这套逻辑中，消费者的消费需求从物质需求转为精神需求，促使非理性消费行为产生。

消费者的个性倾向性主要表现在消费需要、购买动机、兴趣、生活理想、信念、价值观等方面，它们共同构成消费者行为选择的诱因系统。在影响消费者行为的诸多心理因素中，需要和动机占有特别重要的地位，与行为有着直接且紧密的联系，其一般规律是，需要决定动机，动机支配行为，这是一个不间断的循环过程。消费者个体以一定的理想、兴趣、信念和价值观为基础，产生各种不同的需求，产生一定的购买动机，从而引起各种各样的购买行为。因此有必要深入研究消费者需要与动机的内容、特性，以便把握消费者心理与行为的内在规律。长期以来，消费者的需要和动机一直是消费者行为的重点研究领域。

第一节　消费者的需要

一、需要的概念

1. 需要的含义

需要是指个体在生活中感到某种物质或精神缺乏而力求获得满足的一种心理状态。人们在其生存和发展过程中会有各种各样的需要，如对食物的需要、对水的需要、对与人交往的需要等，没有需要，便没有人的一切活动。需要通常以愿望、意向、兴趣、态度和理想等形式表现出来，需要越强烈，由它引起的活动也就越有力。需要不断地得到满足，又不断地产生新的需要，从而使人们的活动不断地向前发展。

2. 需要的产生

一种叫作"均衡论"的理论认为，在正常条件下，人的生理和心理处于平衡或均衡状态。一旦生理或心理的某个方面出现"缺乏"，便会使原有平衡状态被破坏，变为不均衡。这时人的生理或心理便出现了一种不舒服的紧张感，只有减少或消除这种紧张感，人体才能恢复正常的均衡。依据这种理论，需要可以看作减少或消除紧张状态的心理反应。因此，人的需要的产生必须具备两个前提条件：一是要有不足之感，感到缺少了什么东西；二是要有求足之愿，期望得到某种东西。需要就是由这两种状态形成的一种心理现象。

需要在人的心理活动中具有重要作用。人们一旦产生某种需要，就要求获得满足，在满足需要的过程中，有时需要付出巨大的努力，克服各种各样的困难，对所遇到的各种事物进行分析、研究，探寻各种可行的途径、方法。因此，正是有了人的需要，才促进了人类认识过程的发展，同时也锻炼了人的意志，需要是人们认识客观事物并从事实践活动的内在动力。

二、消费者需要的含义与类型

1. 消费者需要的含义

消费者需要是包含在人类一般需要之中的,是指消费者对以商品和劳务形式存在的消费品的要求和欲望。具体来说,消费者需要是指消费者为了实现自己生存、享受和发展的要求所产生的获得各种消费资料(包括服务)的欲望和意愿,包括吃、穿、住、用、行、文化娱乐、医疗等方面的需要。

需要是消费行为的基础,没有需要就不会产生相应的消费行为,但并不是消费者所有的需要都对消费行为起作用。有些需要由于受经济条件和其他客观因素的制约,大都只是潜伏在消费者心底,没有被唤醒,或没有被充分意识到,这时需要对消费者行为的影响自然就比较微弱。只有当消费者的匮乏感达到了某种迫切,此时需要才会促使消费者为消除匮乏感和不平衡状态采取消费行为,不过它并不具有对具体行为的定向作用,在需要和行为之间还存在着兴趣、动机、驱动力、诱因等中间变量。比如,一个人饿了寻找食物,面对米饭、面包、馒头、面条等众多选择,到底选择何种食物充饥,则并不完全由需要本身所决定。

2. 消费者需要的类型

消费者需要的类别极其丰富多彩,这些需要可以从不同角度进行分类。

1) 按照需要的起源,可分为先天需要与习得需要

(1) 先天需要又称原发需要,是指人与生俱来的,为维持生命和延续后代而产生的需要,它是人类最根本、最原始的需求,同生理需求是一致的。先天需要如果长时期没有得到满足,就会产生强大的行为驱力,驱使人们去行动,以达到需要的满足。先天需要具有明显的周期性和重复性。

(2) 习得需要又称继发需要,是指人类为了维持社会生活、进行社会生产和社会交际而产生的需要,故又叫社会性需要。它是在人类社会历史发展过程中形成的,并且受到社会生产和社会生活条件的制约,是人类特有的高级需求,如社交需要、尊重需要、成就需要等。人是社会性的动物,只有被社会群体接纳,才会产生安全感和归属感。社会性需要得不到满足,人会产生不舒服、不愉快的消极体验和情绪,从而影响人的身心健康。

2) 按照需要的对象,可分为物质需要和精神需要

(1) 物质需要是人对衣、食、住、行及社会交往中所需要的物质产品的需要,它是人最基本的需要,既包括自然需要,也包括社会物质生活需要,如家用电器、健身器材等。随着社会的进步和经济的发展,人们越来越多地运用物质产品体现自己的个性、成就和地位,并越来越多地渗透在精神需要中。

(2) 精神需要主要是指认知、智力、审美、交往、道德和追求真理等方面的需要,这是人特有的需要。这类需要主要是由心理上的匮乏感引起的,如获得知识,提高技能,满足兴趣和友情、亲情等方面的需要。这种需要反映了消费者在社会属性上的需求。

3) 按照需要的形式,可分为生存需要、享受需要和发展需要

(1) 生存需要包括对基本的物质生活资料、休息、健康、安全的需要。满足这类需要,是使消费者的生命存在得以维持和延续的保障。

(2) 享受需要表现为要求吃好，穿美，住得舒适，用得奢华，有丰富的消遣娱乐生活。这些需要的满足，可以使消费者在生理上和心理上获得最大限度的享受。

(3) 发展需要体现为要求学习文化知识，提升智力和体力，提高个人修养，掌握专门技能，在某一领域取得突出成就等。这类需要的满足，可以使消费者的潜能得到充分的释放，可以使消费者的人格得到高度发展。

4) 按照需要的层次，可分为生理需要、安全需要、爱与归属需要、尊重需要和自我实现需要

美国人本主义心理学家马斯洛在其著作《动机和人格》中，提出了著名的人类需要层次理论。他把人的基本需要从低级到高级划分为五大类，即生理需要、安全需要、爱与归属需要、尊重需要和自我实现需要，如图4-1所示。

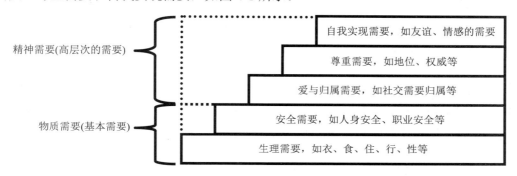

图 4-1　需要层次理论

马斯洛认为，人所具有的各种各样的需要，都包含在图 4-1 的五类需要中。他认为，人们行为的推动力，是没有得到满足的需要。当低级需要得到满足后，人们就开始追求更高一级的需要；如果某一层次的需要没有得到满足，那么这种需要就会强烈地驱使人们通过各种努力去满足它。在此需要未被满足之前，满足这种需要的驱动力会一直保持下去。一旦这种需要得到满足，它就失去了对行为的刺激作用，而被下一个更高层次的需要替代，成为人的行为的新的刺激动力。马斯洛认为，人类需要与个体成长发展密切相关。人出生时，最主要的是满足生理需要，然后逐渐考虑安全、归属和爱、尊重的需要，最后才追求自我实现的需要，因此，个人需要的发展过程是波浪式发展变化的，由一级发展变化至另一级。需要的层次越低，越具有原始自发性；需要的层次越高，受后天的教育、培养和引导等因素的影响就越大。人的需要的满足是相对的，五种层次的需要，都没有绝对的、完全的满足。越是高层次的需要(比如尊重的需要、自我实现的需要)，满足的程度就越低，自我实现的需要是人的最高层次的需要。

三、消费者需要的基本特征

尽管消费者的需要多种多样、复杂多变，但是也有一定的倾向性和规律性。消费者需要的基本特征概括起来主要有以下几个方面。

1. 需要的多样性和差异性

多样性和差异性是消费者需要的最基本特征。消费者需要的多样性和差异性既表现在

不同消费者多种需求的差异上，也表现在同一消费者多元化的需要上。一方面，由于消费者性别、年龄、民族、文化程度、职业、收入水平、社会阶层、宗教信仰、生活方式和个性心理特征等不同，在需要的内容、层次、强度和数量方面自然是千差万别的；另一方面，就同一消费者而言，其需要也是多元的。不仅有生理方面的、物质方面的需要，还有心理方面的、精神方面的需要。消费者需要的多元性还表现在同一消费者对某一特定消费对象常常兼有多方面的要求，如既要求商品质地优良、经济实惠，又要求商品外观新颖时尚、美观、具有时代感、能展示自己的独特个性。企业面对消费者千差万别、多种多样的需要，应根据市场信息和自身能力，确定目标市场，向消费者提供具有个性化特点的商品，这样才能真正满足消费者的需要。

2. 需要的发展性

消费者需要与社会经济生产及自身情况紧密相关。随着经济的发展和消费者收入水平的提高，消费者的需要呈现由低级到高级、由简单到复杂这一不断向前发展的趋势。消费者的需求还常常受到时代精神、风尚和环境等因素的影响，时代发展变化了，消费者的需求和偏好也会不同。例如，20世纪60—70年代，我国人民对耐用消费品的需要是手表、自行车、缝纫机和收音机；80年代，发展为对电视机、录音机、洗衣机和电冰箱的需要；到90年代，则发展为对电脑、住房和家用轿车的需要。随着现代化建设进程的加快，消费者对教育、科技书籍和文体用品的需求日益增多。由此可知，需要是不断发展的，当某种需要获得某种程度满足后，另一种新的需要便产生了。消费者需要的发展性，为工商企业提供了更多的营销机会，某些现在畅销的产品，有可能在一定时期以后被淘汰，而许多潜在的消费需求，不断地变成现实的购买行为。企业在生产经营中需为消费者需求发展，提供性能更好、质量更高、款式更新颖的商品。

3. 需要的层次性

消费者的需要可以划分为高低不同的层次，一般是从低层次开始满足，不断地向高层次发展。当低层次的、最基本的生活需要基本满足后，就会产生高层次的社会需要和精神需要。但在特殊情况下，需要的层次顺序也可能发生变化：在尚未完全满足低层次需要的情况下，可能会跨越低层次需要而产生高层次需要；也可能在高层次需要得到相当程度的满足之后，转而寻求低层次需要的满足。

4. 需要的周期性

消费者需要的周期性主要是由其生理机制及心理特性引起的，并受自然环境变化周期、商品生命周期和社会时尚变化周期的影响。消费者需要的满足是相对的，当某些需要得到满足后，在一定时间内不再产生，但随着时间的推移还会重新出现，显示出周而复始的特点。然而周期性并非一直低水平地循环，而是在内容、形式上都有所发展和提高。例如，消费者对服装的需要往往和自然界环境变化的周期相适应，也同商品寿命、社会风尚、购买习惯等相关，表现出很强的季节性。对一些与节日、纪念日相关的商品的需要，其周期性更为明显。研究消费者需要的周期性，可以为包括企业加强生产、经营的时间、销售方式、销售对象及销售地点等在内的产、供、购、销、存提供一定的参考。

5. 需要的互补性与互替性

消费者的需要是多种多样的,各种消费需要之间具有一定的关联性。消费者为满足需要在购买某一商品时往往购买相关产品,如买一套西装,可能顺便购买衬衫、领带。也就是说,一种消费需要会促使另一种消费需要产生,这就是需要的互补性。因此,经营互有联系或互补的商品,不仅会给消费者带来方便,还能增加商品的销售额。相反,一种消费需要也会抑制另一种消费需要,如消费者购买洗衣粉后,对肥皂的需求就下降,这就是消费需要互替性的表现。工商企业应及时地把握消费需求变化趋势,有目的、有计划地根据消费需求变化规律供应商品,以更好地满足消费者的需求。

6. 需要的伸缩性

消费者的需要受外因和内因的影响,具有一定的伸缩性。内因影响包括消费者本身需求欲望的特征、程度和货币支付能力等;外因影响主要是商品的供应、价格、广告宣传、销售服务和他人的实践经验等。两个方面因素都可能对消费需要产生促进或抑制作用。当客观条件限制需要的满足时,需要可以抑制、转化、降级,可以停留在某一水平之上,也可以以某种可能的方式同时满足几种不同的需要;在特定的情况下,人们还可能为了满足某一种需要而放弃其他需要。一般来说,基本的日常生活必需品消费需求的弹性比较小,消费者对它们的需要是均衡且有一定限度的;而许多非生活必需品或中、高档消费品的消费需求的伸缩性比较大。企业在进行生产和销售商品时,应考虑消费者当前的实际消费水平和消费习惯,注意把满足消费者的物质需要和精神需要有机地结合起来。

7. 需要的可诱导性

消费者的消费需要是可以引导和调节的,即可以通过环境的改变或外部诱因的刺激、引导,诱发消费者需要发生变化和转移。通过诱导使消费者潜在的欲望变为现实的行动,未来的消费成为即期消费,微弱的需要转变为强烈的需要。通过提供特定诱因和刺激,促进消费者某种需要的产生,正是现代市场营销理念所倡导的引导消费及创造消费的理论依据。消费者需要的可诱导性,为企业提供了巨大的市场潜力和市场机会。在实践中,许多企业不惜斥资百万元,开展广告宣传、倡导消费时尚、创造示范效应、给予优惠刺激,来影响和诱导消费行为,并且屡屡收效。

【案例 4-1】元气森林凭什么"牵手"迪士尼?

四、消费者需要的基本形态

消费者需要存在形态的差异,对其激发购买动机的强度,以及促成购买行为的方式有着直接影响。从消费需要和市场购买行为的关系角度分析,消费者需要具有以下几种基本存在形态。

1. 现实需要

现实需要是指消费者已经具备对某种商品的实际需要，且具有足够的货币支付能力。市场上具备充足的商品，因而消费者需要随时可以转化为现实的购买行为。

2. 潜在需要

潜在需要是指目前尚未显现或明确提出，但在未来可能形成的需要。潜在需要通常是由于某种消费条件不具备，如市场上缺乏能满足需要的商品、消费者的货币支付能力不足、缺乏充分的商品信息、消费意识不明确、需求强度低等。然而，相关消费条件一旦具备，潜在需要就可以立即转化为现实需要。

3. 退却需要

退却需要是指消费者对某种商品的需要逐步减少，并趋向进一步衰退。使需要衰退的原因通常为：时尚变化、消费者兴趣转移；新产品上市对旧产品形成替代；消费者对经济形势、价格变动、投资收益的心理预期变化等。

4. 不规则需要

不规则需要又称不均衡或波动性需要，是指消费者对某类商品的需要在数量上和时间上呈不均衡波动状态。比如许多季节性商品、节日礼品，以及对旅游、交通运输的需求，就具有明显的不规则性。

5. 充分需要

充分需要又称饱和需要，指消费者对某种商品的需求总量及时间和市场商品供应量及时间基本一致，供求大体趋于平衡。然而供求平衡都是暂时的、相对的，任何充分的需要都不可能永远持续下去，如新产品问世、消费时尚改变等，都会引起需求的相应变化。

6. 过度需要

过度需要又称超饱和需要，是指消费者的需要超过了市场商品供应量，呈现供不应求的状况。其通常由外部刺激和社会心理因素引起，如听信谣传，某地出现多数人对某一商品的抢购行为。

7. 否定需要

否定需要是指消费者对某类商品持否定、拒绝的态度，因而抑制其需要。之所以如此，可能是因为商品本身不能满足消费者需要，也可能由于消费者缺乏对商品性能的正确认识，还可能是因为旧的消费观念束缚、错误信息误导。

8. 无益需要

无益需要是指消费者对某些危害社会利益或有损于自身利益的商品或劳务的需要。例如，对香烟、烈酒、毒品、赌具、色情书刊的需要，无论对消费者个人还是对社会都是有害无益的。

9. 无需要

无需要又称零需要，是指消费者对某类商品缺乏兴趣或漠不关心、无所需求。无需要通常是由于商品不具备消费者所需要的效用，或消费者对商品效用缺乏认识，未与自身利益联系起来。

从上述关于需要形态的分析可以得到重要启示，并不是任何需要都能够直接激发消费动机，进而形成消费行为的，如潜在需要、否定需要等，必须给予明确的诱因和强烈的刺激，加以诱导、引发，才能达到驱动行为的足够强度；也并不是任何需要都能够产生正确、有益的消费行为，如过度需要、无益需要等就不宜进一步诱发和满足，必须加以抑制。因此，应当正确区分消费者需要的不同形态，根据具体形态的特点，从可能性和必要性两个方面确定满足需要的方式和程度，不加区分和节制地倡导满足消费者的一切需要，显然是不恰当的。

第二节　消费者的购买动机

一、动机的定义

动机是指激发和维持个体的行动，并使行动朝向一定目标的心理倾向或内部动力。动机是个体行为内在的直接驱动力量，通常人们在清醒状态下采取的任何行为都是由动机引起和支配的，并通过动机指向特定的目标。因此，人类行为实际上是一种动机性行为。

动机是内在因素和外在因素共同作用的结果。内在因素主要是指人的需要，动机是在需要的基础上产生的。当个体的某种需要未得到满足时，个体就会产生紧张不安的感觉，当这种感觉非常强烈时，就促使个体采取行为寻找满足需要的对象，以消除紧张感，从而形成个体的动机，动机实际上就是需要的具体表现。因此，动机和需要紧密联系，离开需要的动机是不存在的。外在因素就是诱因，是指能够激发个体需要或动机的外部刺激，如物美价廉的商品、个人的责任感、对正义的坚持等，在一定条件下都能成为推动人去从事某种活动的诱因。诱因分为正诱因和负诱因两种。凡是个体因趋向或接受它而得到满足的诱因称为正诱因；凡是个体因逃离或躲避它而得到满足的诱因称为负诱因。当个体的需要在强度上达到一定程度并有诱因存在时，就产生了动机。内在需要对动机有指向作用，决定着动机的方向；诱因对动机起到加速或抑制的作用。一般认为，有些动机形成时需要的作用强些，有些动机形成时诱因的作用强些。

二、动机的功能

动机作为行为的直接动因，在人的行为活动方面具有下列功能。

1. 发动和终止行为的功能

动机作为个体内在的驱动因素，其重要功能之一就是能够引发和终止行为。人类的各种活动总是由一定的动机驱使和支配的，动机对个体行为的推动力，随动机强度的不同而不同，强度越大，推动力相应也就越大。当动机指向的目标达成，原来的动机会暂时消失，个体就会终止有关的具体行为，此时新的动机又会接踵而至，从而引起许多新的行为。

2. 指引行为方向的功能

动机不仅能引起行为，而且可以支配个体的行为，使其指向一定的对象和目标。比如，在娱乐动机的支配下，个体可能去电影院、KTV、公园、茶馆等地方休闲娱乐。

3. 维持与强化行为的功能

动机促发行为是为了满足个体的某种未被满足的需要，在这个过程中，动机会对个体的行为产生一个持续的推动力，不断激励人们努力采取行动，排除各种因素的干扰，向着特定目标努力，直至最终完成。动机对人的行为还具有强化作用，即行为的结果对动机的"反馈"。行为结果对引起该行为动机的再次产生具有加强或减弱的作用。在行为产生结果后，满足行为的结果可以使行为得到维持和巩固，这叫作"正强化"；令人不满的行为结果会阻碍动机而使行为受到削弱和减退，这叫作"负强化"。需要、动机、行为和目标之间的关系如图4-2所示。

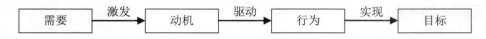

图 4-2　需要、动机、行为和目标之间的关系

三、消费者购买动机的具体内容

(一)消费者需要、动机和行为

消费者购买动机是指直接驱使消费者进行某项购买活动的内在推动力。消费者因缺乏某种目标而产生需要时，便会产生心理不均衡和紧张的感觉，此时遇上外部适宜的刺激因素，将激发消费者争取实现满足需要的目标的动力，即形成动机。在购买动机的驱使下，消费者采取购买行为以实现目标，即满足消费需要。一旦目标达到，内心的紧张状态便随之消除，消费者采取行为过程即宣告结束，但消费行为的全过程并未停止，消费者还会进一步比较最初的需要与实现的目标之间有无差距，并得出评价结果。在此基础上，消费者又会产生新的未满足的需要。这一需要不断循环往复，消费者亦在其中不断满足需要并产生着新的需要，由此推动整个社会消费和生产的发展。

(二)消费者动机的特性

与需要相比，消费者的动机较为具体直接，有着明确的目的性和指向性，但也更加复杂，具体表现为以下特性。

1. 主导性

在现实生活中，每个消费者都同时具有多种动机，这些动机相互联系，形成一个完整的、复杂的动机系统。在动机系统中，各种动机所处的地位及所起的作用各不相同。有些动机表现得强烈、持久，处于支配地位，属于主导性动机；有些动机表现得微弱且不稳定，处于依从地位，属于非主导性动机。通常，个体的行为是由主导性动机决定的，尤其当多种动机之间发生矛盾冲突时，主导性动机往往对行为起支配作用。例如，吃要营养、穿要漂亮、用要高档，是多数消费者共同的购买动机，但受经济条件所限，这些购买动机无法同时实现，此时，如果添置衣服的动机最强烈，是占主导的，则该消费者最终决定宁可省吃俭用也要满足穿得漂亮这一需要。

2. 可转移性

可转移性是指消费者在购买过程中，由于新的消费刺激出现而发生动机转移，原来的非主导性动机由弱变强、由非主导性动机转变为主导性动机的特性。例如，某消费者本想购买咖啡，但在购买现场看到茶叶在做宣传活动，在了解了喝茶的多种好处后，出于健康的考虑，转而购买茶叶。有时，由于原有动机在实现过程中受到阻碍，消费者动机也可能发生转移。例如，消费者在购买皮衣时，因价格昂贵而放弃，转而决定购买普通服装。

3. 组合性

消费者在进行某种行为时，可能是由某一种动机决定的，也可能是多种动机共同作用的结果，这种现象称为动机的组合性。换句话说，购买动机与消费行为之间并不完全是一一对应的关系。同样的动机可能产生不同的行为，而同样的行为也可以由不同的动机引起。比如，消费者购买名贵手表，往往就具有多种动机，如查看时间方便，显示身份地位，展示个性，突出个人魅力，等等。

4. 内隐性

动机的内隐性是指个体往往出于某些原因将自己的主导性动机或真实动机隐藏起来。在现实生活中，消费者的动机从外部往往难以直接观察和捕捉到，其真实动机经常处于内隐状态。在复杂的行为中，主导性动机或真实动机常被个体刻意地掩藏。比如，城市居民购置大套房产，表面动机看似是改善住房条件，但真实动机可能是彰显经济实力、炫耀富有。此外，动机的内隐性还可能由于消费者对自己的真实动机缺乏明确意识，即动机处于潜意识状态，这种情况在多种动机共同驱动一种行为时经常发生。

(三)消费者动机的冲突

动机冲突是指消费者同时具有的两个或两个以上的动机产生矛盾和冲突。这种矛盾和冲突可能是因为动机之间相互抵触或者指向不同，也可能是因为消费条件的限制。冲突的本质是消费者在各种动机实现所带来的利害结果中进行权衡比较和选择。消费动机冲突的表现形式主要有以下三种。

1. 双趋式冲突

双趋式冲突又叫"正正冲突"，是指消费者同时面对多个有吸引力的动机，但又不能同时实现，只能选择其一时所产生的动机冲突。在这种情形下，被选目标或产品的吸引力越旗鼓相当，冲突就越大。例如，某消费者获得一笔奖金，既想去旅游，又希望购置一套西服，但受经济条件的限制，他只能选择其中的一种，因而陷入不同动机双趋式冲突的困境。此时消费者通常对外界刺激十分敏感，如广告宣传的诱导、参照群体的示范、权威人士的意见及各种促销活动等，这些刺激常常会使消费者发生心理倾斜，从而做出实现其中一种利益的动机选择。

2. 双避式冲突

双避式冲突又称为"负负冲突"，指个体同时面对多个会带来不利结果的动机，但又必须选择其中一种时面临的矛盾冲突。例如，家里电视经常出现故障，消费者既不想花钱买一台新的，又觉得请人来修理不合算，消费者就面临双避式冲突，但因情境所迫又必须对其中一种做出选择，"两害相权取其轻"，此时消费者总是趋向选择不利程度较低的动机作为实现目标，以便使利益损失降到最低。这也为企业提供了新的市场机会，如果采取适当方式减少不利结果，或从其他方面给予补偿，将有助于消费者减轻这方面的冲突。比如分期付款、售出产品以旧换新，可以使消费者的购买风险大大减小，从而使动机冲突得到明显缓和。

3. 趋避式冲突

趋避式冲突也称"正负冲突"，指消费者面临着的同一消费行为既有积极后果又有消极后果的动机冲突。其中，趋向积极后果的动机是消费者极力追求的；产生消极后果的动机又是消费者极力避免的。这就使消费者处在利弊权衡的矛盾中，如许多消费者喜欢吃甜食，但又担心身体发胖，这种趋避式冲突常常使决策不协调，使消费者放弃购买。解决这类冲突的有效措施是尽可能减少不利后果的严重程度，或采用替代品抵消有害结果的影响。

(四)消费者购买动机的类型

在实际购买活动中，消费者的购买动机多样化，可以从多个角度进行划分，种类繁多。从购买行为来看，消费者的购买动机往往十分具体，与购买行为的联系也更为直接。常见的购买动机主要有以下几种。

1. 求实用购买心理动机

求实用购买心理动机就是以追求商品或服务的使用价值为主要目标的购买动机。它是消费者购买动机中最具普遍性和代表性的。在这类动机的驱动下，消费者特别注重商品的实际效用、功能和质量，讲求经济实惠和经久耐用，而不大注重商品的造型款式与外观包装。例如，人们在购买生活日用品时，往往因为追求实用而购买家庭实惠装商品。

2. 求新购买心理动机

求新购买心理动机是指消费者以追求商品的新颖、奇特、时尚为主要目标的购买动机。具有这种购买动机的消费者特别重视商品的外观设计、造型款式、色彩等是否符合时尚或与众不同，是否足够新奇，喜欢追逐潮流，不太注重商品的实用价值和价格，对设计陈旧、款式老套、功能落后的商品有所排斥。求新购买心理动机在经济条件较好的青年群体中较为常见，他们容易受社会环境或广告促销的影响，表现出冲动购买的倾向，以服装类、首饰类、电子产品类等与流行时尚相关性高的商品表现明显。

3. 求美购买心理动机

求美购买心理动机是以追求商品的艺术价值和欣赏价值为主要目标的购买动机。具有这种购买动机的消费者特别重视商品本身的外观造型、色彩和艺术品位，以及对人体的美化作用、对环境的装饰作用、对人情操的陶冶作用，追求商品的美感带来的心理体验和享受，而对商品本身的实用价值不太重视。这种心理动机在受教育程度较高的消费群体或者从事文化艺术工作的人群中较为常见，他们往往是工艺美术品、家庭装饰用品等产品的主要购买者。

4. 求名购买心理动机

求名购买心理动机是指消费者追求名牌商品或高档商品，以显示或提高自己社会地位和声望为主要目标的购买动机。具有这种购买动机的消费者特别重视商品的商标、品牌的社会声誉及象征意义，以满足显示自己的生活水平、社会地位、经济实力和生活品位等的需要。求名购买心理动机在高收入的社会阶层或者青年消费群体中较为常见。实际上求名购买心理动机形成的原因是相当复杂的，购买名牌商品，除有显示身份、地位和表现自我等原因外，也有减少购买风险、简化决策程序和节省购买时间等多方面的原因。

5. 求廉购买心理动机

求廉购买心理动机是以追求商品价格低廉为主要目标的购买动机。具有这种购买动机的消费者特别重视商品的价格，对价格变化反应特别敏感，对商家的促销、特价、折价的商品特别感兴趣，会对各商品的价格进行反复比较，不太注重商品的样式、外观、质量、时尚等。求廉购买动机与收入水平较低有关，但对大多数消费者来说，以较少的价格获取较大的收益是一种普遍持有的持久动机。

6. 从众购买心理动机

从众购买心理动机又称作模仿型购买动机，是指受众多消费者影响，而盲目跟随的购买动机。具有这种从众购买心理动机的消费者经常以相关群体中大多数成员的行为为准则，以同众人一致作为追求的目标。他们往往缺乏购买经验和商品相关信息，以为从众可以避免个人决策失误，有安全感。从众购买心理动机下的消费者行为往往具有盲目性，在购买时受购买环境和别人的经验介绍、营业员的推荐影响较大。

7. 求便购买心理动机

求便购买心理动机是指消费者以追求商品或劳务的购买便利、使用便利、售后服务便利等为主要目标的购买动机。消费者讲求节时、省力、高效，喜欢购买减小家务劳动强度和节省时间的产品或服务，选择购买过程方便和购买时间节约的购物方式。随着现代社会生活节奏的加快，消费者追求便利的动机也日益强烈。

总之，消费者的购买动机是复杂多样的，每种购买动机不是孤立地产生和发挥作用的，往往是几种购买动机相互作用、相互制约。对于不同的消费者，在不同的场合下，其主导动机各不相同，这决定着消费者行为的方向，与其他动机一起，共同驱动消费者的购买行为。

(五)消费者购买动机的激发

激发消费者的购买动机，就是要通过提高人们的消费积极性，刺激消费者的兴趣，促使潜在消费者积极地参与到消费活动中去。因此，企业只有从努力生产有特色的商品、进行积极有效的宣传、提高服务质量、注重市场购买环境等方面入手，才能有效地激发消费者的购买动机。

1. **努力生产有特色的商品**

随着社会经济和文化的发展，消费者购买能力逐渐增强。消费者具有不同的爱好、兴趣、个性和经济条件，在购买过程中所表现出来的购买动机也是多种多样的，这使不同消费者对不同品位商品的期望和要求具有复杂性和特色化。企业在设计与推出新产品时，如果不仅能使产品的质量、性能、价格等因素让消费者感到满足，还能注重突出商品的个性特色、赋予商品以某种情感、风格、努力满足目标市场上顾客的心理需求，就能以商品本身的吸引力来打动消费者，极大地提升消费者对商品的满意度。人们越来越多地利用广告宣传来了解企业和商品的信息。

【案例4-2】妙可蓝多的崛起之路

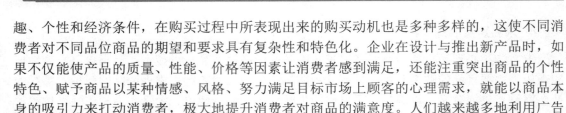

2. 利用广告宣传，向消费者传递信息

在现代社会生活中，大众传媒对人们的影响越来越大，它在指导消费、引领时尚方面时时激发消费者的购买动机。企业通过广告宣传，加强与消费者之间的沟通，能高效率地向目标顾客传递有关企业和商品的信息，引起消费者的兴趣，激发他们的购买欲望。

首先，广告能否发挥作用、产生效果，取决于它能否引起人们的注意。首先，有强烈的声响、色彩对照鲜明或变化强烈的事物，反复不断出现的事物以及诱发人感情的文字或事物，容易引起人们的注意。其次，通过商品广告激发消费者的购买欲望，要注意广告宣传的核心内容是什么。一般来说，广告宣传的核心内容主要包括产品性能、品牌形象、服务特色及价格优势等。

3. 购物环境和营业员的服务水平对消费者购买动机的诱导作用

消费者都是带有一定购买动机走进商店的，但进商店的消费者并没有都实施购买行为。据日本三越百货公司的调查，进店的顾客只有20%的发生购买行为。这是由于消费者的欲望有两种：一种是"意识的欲望"(现实需求)，即有明确购买目标的消费者；另一种是"潜在的欲望"(潜在需求)，即没有明显意识到需要某种商品因而没有做购买决定的消费者。有潜在欲望的消费者，常常由于外界的刺激激发潜在的欲望，由一个看客变为一个买者。据美国一家百货公司调查，在顾客的购买行为中，28%的来自"意识的欲望"，72%的来自"潜在的欲望"。消费者在商店里完成由潜在欲望到意识欲望的飞跃，是增加销售、提高效益的关键。实现这一飞跃，主要和营业员的仪表、神态、语言及服务等因素有关，也和购物环境、灯光装饰、商品陈列等因素有关。因此，商家应注重培训和提升营销人员的服务水平和推销技巧，使其能适时适度地为顾客提供所需的服务，使消费者对营业员产生信任感，并进而形成对商品的肯定态度。同时，加强对购物环境、商店布局的规划设计和布置，引起消费者的注意，激发消费者丰富而美好的联想，对消费者的购买行为产生影响。

本 章 小 结

需要是指个体在生活中感到某种物质或精神缺乏而力求获得满足的一种心理状态，是客观要求在人脑中的反映，是个体积极性的源泉。消费者需要是指消费者对以商品和劳务形式存在的消费品的要求和欲望，其类别极其丰富，具有多样性和差异性、发展性、层次性、周期性、互补性与互替性、伸缩性、可诱导性等特性，随着社会的发展，消费者的需求结构和内容不断地发生变化。

动机是推动人们去从事某种活动、达到某种目的、指引活动满足一定需要的意图、愿望和信念，是人们一切行为的内在动力，是人们从事某种活动的直接原因。消费者的购买动机是指直接驱使消费者进行某项购买活动的内在推动力。消费者购买动机的功能有：发动和终止行为的功能；指引行为方向的功能；维持与强化行为的功能。消费者动机的特性有主导性、可转移性、组合性和内隐性。在生活中，消费者的购买动机多样化，企业只有从努力生产有特色的商品、进行积极有效的宣传、提高服务质量、注重市场购买环境等方面入手，才能有效地激发消费者的购买动机。

思 考 题

1. 什么是需要？消费者需要是如何划分的？
2. 消费者需要有哪些基本特征？针对这些特征企业应采用哪些营销手段？
3. 什么是动机？如何利用动机冲突推动消费者购买行为的实现？
4. 试阐述消费者需要、动机和行为之间的关系。

案 例 分 析

"95后"消费者崛起 这届年轻人有哪些新消费需求

在不知不觉中，以"95后"为代表的新一代消费者，正在以惊人的成长速度和庞大的人群规模，接棒成为贡献消费的主力人群，他们的消费习惯和需求，将成为预判消费趋势的重要参考。据2017年相关数据统计，"95后"的人口数量已经接近全球人口的1/4，其中中国"95后"人数高达2.5亿。那么"95后"到底是怎样的一群人？他们是互联网原住民，热爱网购，与智能手机形影不离，习惯通过互联网获取信息；他们大多数是家里的独生子女，良好的家庭条件使他们的消费倾向更高；他们是活跃社交者，自我意识和个性较强；他们偏爱直播、短视频，内容消费更加碎片化和视觉化；"95后"也爱追星，"粉丝"经济的崛起和演出市场的暴增和他们有很大的关系；"95后"当然也爱玩游戏，但他们不仅仅关注游戏本身；另外，懒人消费、超前消费也是"95后"的特征……就是这样一群"95后"，他们究竟是如何花钱的？他们的消费习惯到底是怎样的？

"95后"出生于人均可支配收入较高的时期，他们享受了良好的经济发展福利，消费倾向较高。同时独生子女的占比较高，良好的家庭条件使他们所接触的消费观也与父辈的不同。第一财经商业数据中心发布的《2016年进口消费洞察报告》显示，"95后"对于进口品质产品的购买力远超其他年龄段人群的。另据罗兰·贝格(Roland Berger)调研发现，截至2016年年底，中国的千禧一代人均月收入6726元，人均月支出4386元，收入支出比达到3∶2。

在基本物质生活得到充分满足的背景下，与上一代相比，"95后"在消费过程中，对自我的消费需求、消费喜好非常清晰，喜欢购买适合自己的产品。他们不再只限于满足基本生活需要，而是更加注重商品和服务质量，更加注重品牌和美誉度，追求品质生活。同时，"95后"消费者也更愿意与品牌商沟通其喜好，交流关于商品和品牌的想法，并开始参与产品及服务的设计过程。

作为互联网原住民的"95后"，除了社交聊天，还要社交购物。与"80后""90后"主要聚焦微信、微博和QQ空间不同，约1/3的"95后"青睐更丰富的社交平台，比如直播类、视频类平台。短视频和社交网络偏碎片化的信息，更适合"95后"随时"刷"和分享。相关数据显示，"95后"的短视频月人均播放次数和时长均为"95前"的1.8倍；直播的月人均播放次数是"95前"的2倍。极强的分享意愿和在多平台的社交渠道，令"消费"与"社交"捆绑。在与家人、同学、朋友分享某件商品的时候，"95后"消费者更容易受到分享带来的刺激和影响，从而增加购物的冲动，俗称"被种草"。而购物之后，往往都会跟随进行分享，最后变成"分享—购买—分享—再购买"的裂变模式。对于"种草"意愿强烈，并且拥有很强的品牌传播和种草能力的"种草一代"，去中心化和点对点的传播方式将更能打动他们。此外，在社交购物中还有一个很重要的购物诱因——意见领袖(KOL)。尤其在各类自媒体、博主盛行的当下，一些社交圈子的建立大都是聚集在某个公众号、某个微博号或是某个博主上面，这在服饰美妆、时尚圈尤为明显。

"懒人消费"是"95后"消费者的另一重要特征。"懒人经济"是指一种新型消费需求，从本质上讲，是由人们省时省力、图方便的想法催生的。而随着生活节奏的加快，人们把越来越多的时间花在了工作、通勤和社交生活上，越来越不愿意花时间自己动手，再加上互联网的出现也培养了年轻人追求简单、快捷的生活方式，于是"懒人经济"应运而生。尤其是进入移动互联网时代后，网购、外卖及跑腿业务等服务如雨后春笋，持续满足"懒"人"足不出户"的全方位生活需求，促使"懒人经济"快速发展。2018年淘宝发布的《懒人消费数据》显示，2018年中国人为"偷懒"花了160亿元，较上一年增长70%。"平躺生物"的"95后"人群需求增长最快，增幅为82%，其中懒人家具用品增长了28%，肥宅快乐椅、懒人饮料帽、懒人刷牙器、懒人免洗喷雾、懒人嗑瓜子神器，位列淘宝热搜的十大懒人神器。"很多人觉得"懒"是一个贬义词，但其实我觉得懒是人类之光。因为懒代表我们对于现在做的一些事情的不满足，我们希望用更快捷、更轻松的方式去做这件事，从而获得一个更舒适的体验。"一名"95后"消费者如此表示。

此外，超前消费正在成为"95后"的生活日常。

在中国，月收入4000元以上的年轻人办理信用卡的比例已超过76%，超前信用消费已为大部分中高收入的年轻人所接受。事实上，各类互联网金融平台凭借其低门槛、高效率的特点，让许多囊中羞涩的年轻人有了更多"买买买"的资本。

而这样的"超前消费"行为，也反映出当今社会消费观念和文化的变迁。不同于走"储蓄消费"路线的父辈和祖辈，越来越多的"95后"选择"超前消费"。这种变化的根源在于，一方面"95后"这一代成长在物质相对丰富的时代，缺少贫穷的记忆。另一方面，父母多数能够在经济上给予帮助，使"95后"缺少对负债危险性的认识。

当然，超前消费也存在着许多隐患，其中存在的过度消费、盲目消费、攀比和炫耀性消费等问题，让部分年轻人充满入不敷出的还款焦虑。专家指出，"超前消费"有其存在的合理性，追求消费带来的物质和精神享受并没有错，但是不能过度，量入为出是需要遵循的基本准则。

毫无疑问,"95后"消费者崛起,将带来新的消费需求和消费趋势,这对商家来说既是机遇也是挑战。如何俘获"95后"的心,就看各商家的本事了。

(资料来源:根据联商网相关内容整理。)

问题:
1. "95后"有哪些新消费需求?
2. 结合案例,分析针对部分"95后"的过度消费、超前消费等问题,如何进行引导。

【阅读资料】"国潮"消费为何持续升温

第五章

消费者购买行为与理论

学习目标：通过本章的学习，掌握消费者购买行为的概念，熟悉消费者购买决策的过程；了解消费者购买行为的类型和特点；熟悉消费者购买行为的感知风险理论；了解消费者购买行为的效用理论。

案例导读

小王购买电冰箱

小王大学毕业后被分到风景如画的江南名城——扬州工作，不久便成立了家庭，夫妻二人，一个在研究所搞研究工作，一个在机关供职。由于两人工作都忙，不能为一日三餐花很长时间。另外，两人虽然吃得不多，但经常做饭，炎夏之时剩饭剩菜不得不经常倒掉。两人便计划买一台电冰箱。于是，他们到处打听行情，为此跑了好几家商店，掌握了大量的有关信息，并对各种信息进行了分析、比较、综合和归纳，最后决定买北京电冰箱厂生产的"雪花牌"冰箱。他们为什么要买"雪花牌"冰箱呢？据小王本人说，他是土生土长的北京人，大学毕业后，远离家乡、亲人，常揣着无限的思念，对家乡的人、物有着特殊的感情。买"雪花牌"冰箱也算对这种思念情感的补偿。同时，"雪花牌"冰箱是全国最早的冰箱品牌，物美价廉。小王在浓重的主观感情支配下确定购买"雪花牌"冰箱，他们先去了离家较近的几家商店了解销售服务情况，并选中一家能提供送货服务的大型零售商店，高高兴兴地买回一台双门"雪花牌"冰箱。

可见，小王对电冰箱的购买行为经历了对需求的确认、收集相关的信息，并对收集的各种信息进行比较评价，最终才决定购买"雪花牌"冰箱。

(资料来源：根据百度文库相关内容整理。)

第一节 消费者购买行为与模式

一、消费者购买行为的概念

行为是指人们在外部刺激的影响下，所采取的有目的的活动，它是个体与环境相互作用后的某种特定的反应。消费者行为即消费者购买行为，恩格尔(Engel)将其定义为：消费者为了获取、使用、处置消费物品所采取的各种行动，以及先于且决定这些行动的决策过程。

实际上，消费者购买行为就是消费者为了满足某种需要，在购买动机的驱使下进行的购买商品和劳务的活动，它是消费者心理与购买环境、商品类型、供求状况及服务质量等交互作用的结果。决策是人们为达到某一预定目标，对几种可能采取的备选方案进行评价、比较，最终做出合理选择的过程。消费者购买决策是消费者为解决自己的问题或满足某方面的消费需求，而对产品进行购买的一系列行为所做的决策。消费者做出购买决策的心理过程是购买行为的前奏，两者之间具有紧密的关系。就消费者的购买行为来说，它是由一系列环节、要素构成的完整活动过程，而购买决策在这一过程中起主导性的作用。在消费者购买行为之前及发生过程中，消费者要对产品购买的一系列行为进行决策，如对某种产品何时去购买、采用什么方式去购买等。

消费者购买行为的形成过程具有一定的复杂性。一方面，人们的行为都有与"饥思食，渴思饮，寒思衣"基本类似的需求，这是由共同的需求和动机引起的；另一方面，消费者又处于极其复杂的社会环境中，他们在地理环境、社会地位、经济条件、生活水平、教育程度、个性心理、消费习惯等方面都存在着诸多的差异，故不同消费者的购买行为也会存在很大差异。就决策而言，消费者购买行为过程实际上也是一个认识问题、分析问题和解决问题的过程。不仅不同消费者的购买行为会存在很大差异，同一个消费者的消费行为也会因决策类型的不同，而表现出有时会很复杂、持续时间较长，有时会很简单，在较短的时间内就可以完成购买行为。

二、消费者购买行为的一般模式

许多学者尝试对消费者购买行为的作用机制建立一种模式来进行描述，如尼科西亚模式、霍华德-谢思模式、恩格尔模式等。其实任何消费者的购买行为都脱离不了人类行为的一般模式，即 S—O—R 模式，S 是刺激，O 是个体的生理和心理特征，R 是反应。也就是说，个体通过接受刺激，经过心理活动，最后产生反应，如图 5-1 所示。

图 5-1　消费者购买行为模式

上述购买行为的一般模式表明消费者的购买行为是由刺激引起的。来自外部的刺激，如产品、价格、分销渠道、促销及社会的经济、技术、政治、文化情况等。来自内部的刺激，如生理和心理因素，包括需要、动机、个性、态度、习惯、观念等。消费者在各种刺激下，经过复杂的心理活动过程，产生购买动机，做出购买决定，采取购买行动，并进行购买评价，完成一次完整的购买行为。

三、消费者购买行为的类型

消费者的购买行为虽然千差万别，但也具有一定的规律性。可以根据不同的标准、从不同的角度来对消费者购买行为进行分类。

(一)按照消费者购买的确定性分类

1. 完全确定型

完全确定型购买行为表现为消费者在购买商品之前，已经对将要购买的商品相关信息做了比较系统的收集和分析,已经有了明确的购买目标,对于商品名称、商标、价格、规格、型号、色彩、款式、质量等都有明确的要求。因此,只要销售人员服务热情,提供的商品符合消费者的条件,达成交易是比较顺利的,购买行为的全过程都是在非常明确的目标指导下完成的。

2. 部分确定型

部分确定型购买行为表现为消费者购买商品前已经有了大致的购买目标,但具体要求还不太明确,对于产品、价格、品牌、款式等还要进一步了解、比较和明确,最终购买决定是在购买现场经过选择比较后做出的。因此,他们在销售现场表现出注意力分散、会在不同商品间犹豫,一般也难以清晰地对销售人员说出他们对所需商品的具体要求。所以,销售人员需要热情周到地接待他们,并熟悉所销售商品的性能特点,对他们的提问要能及时准确地回答,消除他们的疑虑,促使他们的购买行为由部分确定型向确定型转变。

3. 不确定型

不确定型购买行为表现为消费者购买商品前没有明确的购买目标,也没有比较迫切的购买任务,甚至只是因为顺路、散步等进入商店观看、浏览商品。因此,他们在进入商店后,经常表现为漫无目的地东走西看,顺便了解某些商品的销售状况。他们产生购买欲望,做出购买决策,主要由商店购物环境的刺激,他们对商品需求处于"潜意识"状态。购物环境的优雅舒适,销售人员主动、热情、周到、良好的服务会给这类消费者以积极的刺激。

(二)按照消费者的购买态度和要求分类

1. 习惯型

习惯型购买行为表现为消费者常常根据过去的购买经验和使用习惯进行购买,如表现为长期使用某品牌的某规格型号产品、长期光顾某商店等。习惯型购买行为形成的基础是对商品认识或信任,消费者较少受到广告宣传和时尚的影响,如日常生活用品,因消费者需要经常购买,他们对商品的性能和牌号都会比较熟悉,且经过消费使用的比较,对哪种品牌型号的产品更适合自己有清楚的认识,所以,他们在购买时一般不需要经过比较挑选,购买决策快、时间短,购买行为过程也较简单。

2. 理智型

理智型购买行为表现为消费者以理性为主,很少产生冲动的购买,他们善于观察、分析和比较,有较强的选择商品的能力。购买行为的实现往往要经过一段时间的斟酌、考虑和比较分析。特别是购买价值较大的商品,很多的消费者会表现得比较理性,在进行购买行为前,注意收集商品的各种信息,对所要购买的商品会进行反复的比较、挑选,权衡利弊后再做出购买决定,在整个购买过程中保持高度的自主性,购买行为的过程一般较长,购买决策的速度较慢。

3. 经济型

经济型购买行为表现为消费者购买商品多从经济角度考虑,对外观造型、色彩等不太在意,往往以价格作为选购商品的标准,对同类商品中价格较低者感兴趣,经济实惠,降价、优惠价和折扣价等对这类消费者有着很强的吸引力。此类消费者一般属于比较勤俭节约的人，收入水平低一些年纪较大的人更具有这种勤俭节约的生活习惯。

4. 冲动型

冲动型购买行为表现为消费者的个性心理反应敏捷，容易冲动，易受商品包装和广告等外在因素的影响，以直观感觉为主。新产品、时尚品对他们的吸引力比较大，容易在周围环境的影响下迅速做出购买决定，很少认真考虑商品的性能和质量，不太愿意做反复的选择比较。

5. 疑虑型

疑虑型购买行为表现为消费者一般个性心理内倾，购买时善于观察细小事物，行动谨慎、迟缓，体验深刻且疑虑大。他们一般不大相信销售人员的介绍，常常"三思而后行"，选购商品从不仓促地做出决定，对销售人员的介绍持怀疑态度，检查商品时小心翼翼，动作迟缓、决策犹豫，他们可能是新购买者或者是奉命购买者。

【案例 5-1】2020 年中国酒店行业消费者行为特征分析：
更加关注酒店服务和舒适度

(三)按照消费者介入程度和品牌差异程度分类

消费者的购买介入程度是指消费者对某一产品购买投入的精力程度，投入精力的大小主要由消费者对购买活动的重视程度和感知的购买风险大小决定。对不同产品的购买或对同一产品在不同情形下的购买，消费者的介入程度是不同的，其表现出的购买行为如表 5-1 所示。如果产品单价昂贵，功能比较复杂，消费者缺乏对产品有关知识的了解和购买经验，消费者购买时就会比较重视，同时也会有较大的感知风险，则消费者对这类购买行为就会投入较多的精力。相反，如果产品价格低或消费者具有产品的有关知识和购买经验，消费者购买时一般不会太重视，感知的购买风险也较小，消费者则对这类购买行为就会投入较少的精力。

表 5-1 消费者购买行为类型

品牌差异	介入程度	
	低介入程度	高介入程度
品牌差异小	习惯性购买行为	化解不满意感购买行为
品牌差异大	需求多样化购买行为	复杂的购买行为

同类产品不同品牌之间的差异，也影响和决定着消费者购买行为的复杂性。同类产品不同品牌之间的差异越大，产品价格越昂贵，消费者越是缺乏产品知识和购买经验，感受到的风险越大，购买过程就越复杂；相反，差异小，无须在不同品牌之间精心选择，购买行为就简单。例如，面包、矿泉水的购买复杂程度与照相机、汽车的购买复杂程度显然是不同的。

1. 习惯性购买行为

对于价格低廉、经常购买、品牌差异小的商品，消费者介入程度较低，消费者的购买行为就会表现出习惯性特点，他们不需要花费时间深入收集商品信息和评估品牌，购买活动的完成没有按照决策过程逐步地实施购买计划。消费者只是习惯于购买自己熟悉的品牌产品，在购买后也不一定进行购后评价，这类购买行为最为简单。

2. 寻求多样化购买行为

当消费者介入程度低而且品牌间的差异大的时候，消费者就会经常改变品牌的选择，表现为需求多样化的购买行为。有些商品品牌差异虽然较为明显，但因为产品的价格并不昂贵等，因此消费者并不花费较多的时间进行品牌的比较、评价和选择，如在购买点心之类的商品时，消费者往往不需要花长时间来选择和估价。经常改变品牌的选择也并非对原有品牌的不满意，而是因为同类产品有很多选择的品牌，在求新求异的消费动机驱使下消费者会经常不断地在各品牌之间进行变换，以达到"常换常新"的目的。

3. 化解不满意感购买行为

有些商品品牌差异不大但价格较高，消费者不经常购买，而购买时又有一定的风险，所以消费者需要高度介入才能慎重决定，通常要进行比较、挑选，消费者一般会先转几家商店看看，进行一番比较，如商品价格公道、购买方便、机会合适，就会决定购买，但在购买以后，消费者可能觉得自己购买的商品存在某些缺陷或其他同类商品有更多的优点而产生不满意感，怀疑原先购买决策的正确性，如电脑、首饰、家用电器商品的购买大多属于化解不满意感的购买行为。为了证明自己决策的正确性，此时消费者一般会积极、主动收集更多的信息，了解更多有关商品的情况，试图寻找种种理由来减轻、化解这种不满意感。

4. 复杂的购买行为

当消费者购买某种贵重的、不常用的，又非常有意义的商品时，由于消费者缺乏相关专业知识，商品品牌间的差异也较大，要承受很高的购买风险，消费者会全身心地投入，往往会产生复杂的购买行为。对于复杂的购买行为，消费者需要一个学习的过程，购买时要经历广泛的信息收集、全面的比较评估、慎重的购买决定和认真的购后评价等各个阶段。比如对很多消费者来说，私家车的购买就属于复杂的购买行为。

【案例 5-2】王太太的多元选择

四、消费者购买决策的过程

消费者购买决策是消费者为解决自己的问题或为满足某方面的需求，而对产品购买的一系列行为进行的决策，购买决策在消费者的购买行为过程中起主导性的作用。首先，购买决策的进行与否决定着购买行为发生与否；其次，决策的内容决定着购买行为的发生方式，经决策确定购买的商品、购买时机、购买地点、购买数量，决定着消费者何时、何地、以何种方式购买；最后，决策的质量决定着购买行为的效用，正确的决策可以使消费者以较少的费用、时间买到性价比高、称心如意的商品，最大限度地满足消费者特定的需要。

为有效地理解复杂而多样的消费者购买决策过程(见图 5-2)，可以根据其产生和发展的规律将其划分为几个阶段。典型的购买决策过程一般包括以下五个阶段，下面对这几个阶段消费者活动的内容和特征展开深入的分析。

图 5-2　消费者典型的购买决策过程

(一)认识需求

认识需求是消费者购买决策过程的基础。当消费者在现实生活中感觉到或意识到实际与其要求之间有一定的差距并产生了要解决这一问题的要求时，购买的决策便产生了。这种需求可以由内部刺激引发。例如，当一个人的基本需求如饥饿、干渴上升到一定程度变成一种驱动力，就会引发其购买食品和饮料。这种需求也可以由外部刺激引发，如某消费者看到朋友的照相机很新颖，自己也想买一个。消费者的需求被认识后，往往会在经过一段时间后，强度不断提高，最终促使消费者产生购买行为。

(二)收集信息

认识到的需求立即得到满足需具备若干条件，如需求很强烈、能满足需求的商品较明显、该商品可立即得到等。在很多情况下，被认识到的需求并不能立即得到满足，消费者需要寻找和收集相关信息，复杂的购买行为尤其如此，消费者要承受很大的购买风险，对所要购买的商品又不太了解，需广泛地、大量地收集商品相关信息，这些信息一般包括：产品质量、功能、价格、牌号、已经购买者的评价等。而收集信息的积极性往往因需求强度的不同而不同，当引起的需要还没有达到强烈程度时，消费者不会很积极地去寻找信息，只是接收信息；反之，就会积极地去寻找信息。

消费者的信息来源通常有以下四个：①商业来源(如来自广告、推销员的介绍、商品包装的说明、商品展销会的信息等)；②个人来源(如来自家庭成员、邻居、朋友、同事和其他熟人的信息等)；③大众来源(如来自新闻传播媒体、政府部门、消费者权益保护组织的信息等)；④经验来源(如来自自己的直接处理、检查或使用商品的信息等)。这些信息来源的相对影响会因产品和购买者的不同而不同。但总体上看，消费者获取的商业来源的产品信息最多，但个人来源的产品信息最具权威性和有效性。商业来源的信息通常只具有告知的作用，而个人来源的信息具有评估商品的作用。

(三)分析评价

当消费者从不同的渠道获取有关的商品信息后，会根据这些信息和一定的评价方法对所要购买商品的不同品牌加以分析、研究、比较和评价，在此基础上才会做出购买决定。消费者的比较评价行为一般涉及以下几个方面。

1. 分析产品属性

产品属性即产品能够满足消费者需要的特性。消费者一般将某种产品看成一系列属性的集合。例如，智能手机的外观、信息储存量、运行速度、图像显示能力、软件的适用性等，鞋的用料、款式、价格等，都是消费者感兴趣的商品属性。

2. 建立属性等级

消费者对产品有关属性所赋予的不同的重要性权数，称为商品属性权重。消费者不一定对产品的所有属性都同等重视，同一属性，对不同的消费者而言，其权重也不尽相同。比如对于手机，消费者的各属性重要性的排序可能是功能、质量、价格、外观等。另外，不同的消费者之间各属性重要性的排序也存在着一定的差异。

3. 确定品牌信念

消费者会根据各品牌的属性及各属性的参数，建立对各个品牌的不同信念，它是消费者对某品牌优劣程度的总看法。比如确认哪种品牌在某一属性上占优势，哪一属性又比较差。

4. 效用要求

效用要求是指消费者设定的商品各个属性的效用功能必须达到的标准。也就是说，某种商品的每个属性的效用功能只有达到消费者设定的标准时，消费者才会接受该商品。通过效用要求的筛选，消费者往往能够得到少数几个最终被选的商品，如购买打印机，通过对功能、价格、外观属性的效用功能标准的筛选，最终只有少数几个品牌和型号的打印机成为消费者选购的对象。

5. 评价模式

消费者在明确上述问题后，会根据一定的程序和方法对不同的品牌产品进行评价和选择。例如，某消费者想要购买打印机，他收集了A、B、C、D、E、F、G等7个品牌打印机的信息，对价格属性的要求是不超过1000元，对功能的要求是至少具有打印、复印、扫描等3种功能。假设A、B、C、G 4个品牌的打印机因不符合要求而被淘汰；对剩下的D、E、F品牌打印机，消费者会进一步根据他对打印机的属性权重对它们进行筛选，最后可能他认为F品牌某款打印机最符合他的需要。

(四) 决定购买

经过分析评价，消费者会对某个品牌产品产生偏好，进而形成购买意图，但是，购买意图形成后，并不必然发生实际的购买行为。因为，购买期间还会受以下两个因素的影响。

1. 他人的态度

消费者的购买意图会因他人的态度而增强或减弱。例如，某人已准备购买某品牌电视机，但他的家人或亲友持反对态度，就会影响他的购买意图。他人态度对改变消费者原有购买意图的影响力取决于他人否定态度的强度、他人与消费者的关系密切程度及他人的权威性等因素。他人否定态度越强烈、与消费者关系越密切、他人对这种商品的专业水准越高、越具权威性，则消费者改变其原先购买意图的可能性越大。

2. 意外情况

消费者购买意图的形成总是与预期收入、预期价格和期望从产品中得到的好处等因素密切相关。但是，在消费者将要采取购买行为时，发生了一些意外情况，如工资减少、商品涨价或亲友带来该产品不利的消息等，其预期条件发生了变化，这些都会使消费者改变或放弃原有的购买意图。

(五)购后行为

消费者购买商品后，通过自己的使用和他人的评价，会对自己购买的商品产生某种程度的满意或不满意的感受，也会因感受的影响产生一系列的购后行为活动。

依据顾客满意的期望/差异理论，消费者的满意程度取决于消费者在购买前对产品的期望与产品实际购买使用体验的对比。也就是说，如果购买后在实际消费中符合预期的效果，则感到满意；超过预期，则很满意；未能达到预期，则不满意或很不满意。实际同预期的差距越大，不满意的程度也就越大。

消费者对其购买的产品的满意感，还会影响到他们以后的购买行为。如果消费者对产品满意，则在下一次购买中可能继续采购该产品，并向其他人宣传该产品的优点。如果消费者对产品不满意，就会产生不和谐感，具有不和谐感的消费者可以通过放弃或退货来减少不和谐感，也可以通过寻求证实产品价值比其价格高的有关信息来减少不和谐感。

可见，消费者购买决策的过程是认识需求、收集信息、分析评价、决定购买和购后行为五个阶段的统一，当然这只是典型的情况。在现实的购买活动中，并非所有的购买行为的决策都需要完全经过上述五个阶段。当消费者购买行为很简单时，他从认识需求到决定购买这四个过程，几乎是同时进行的；而当消费者购买行为比较复杂时，那就不仅要经过每个阶段，甚至会出现反复。

【案例5-3】消费者购买家具产品的决策过程变了！

五、消费者购买决策的参与者

不同的购买决策可能由不同的人参加，同一购买决策也可能由不同的人参加，即使同一购买决策只有一个人参加，该购买决策人在参与购买决策过程的不同阶段也扮演着不同的角色。人们在一个购买决策过程中可能充当以下角色。

(1) 发起者：首先想到或提议购买某种产品或劳务的人。
(2) 影响者：其看法或意见对最终决策具有直接或间接影响的人。
(3) 决定者：能够对买不买、买什么、买多少、何时买、何处买等问题做出最后决定的人。
(4) 购买者：执行购买决定，从事实际购买的人。
(5) 使用者：实际消费或使用所购商品或劳务的人。

购买不同的商品，在购买决策过程中参与者扮演角色的多少也有所不同。例如，在家庭中购买汽车和洗衣机，情况就会有所不同。

六、消费者购买决策的内容

研究消费者购买行为与决策，不仅要知道购买决策的过程和参与者，还要对消费者购买决策的内容加以把握。消费者需要在商品的购买活动中对以下几个方面的内容进行决策。

（1）为什么买？即权衡购买动机。消费者的购买动机是多种多样的。同样购买一台洗衣机，有人为了规避涨价风险，有人为了节约家务劳动时间，有人则是买来孝敬父母。

（2）买什么？即确定购买对象。这是决策的核心和首要问题。决定购买目标不只是停留在一般类别上，而是要确定具体的对象及具体的内容，包括商品的名称、厂牌、商标、款式、规格和价格。

（3）买多少？即确定购买数量。购买数量一般取决于实际需要、支付能力及市场的供应情况。如果市场供应充裕，消费者不急于买，买的数量不会太多；如果市场供应紧张，即使目前不是急需或支付能力不足，也有可能购买甚至负债购买。

（4）在哪里买？即确定购买地点。购买地点是由多种因素决定的，如距离远近、可挑选的品种数量、价格及服务态度等。它既和消费者的惠顾动机有关，也和消费者的求廉动机、求速动机有关。

（5）何时买？即确定购买时间。这也是购买决策的重要内容，它与主导购买动机的迫切性有关。在消费者的多种购买动机中，往往由需要强度高的动机来决定购买时间的先后；同时，购买时间也和市场供应状况、营业时间、交通情况和消费者可供支配的空闲时间有关。

（6）如何买？即确定购买方式。例如：购买一套商品房，是采取一次性付款，还是采取银行按揭付款的方式；对网上购物，是单独下单，还是和别人一起团购；等等。

【案例5-4】你家决定买房的人是谁？

第二节　消费者购买行为理论

消费者购买行为理论是就消费者购买行为与购买决策过程中的各种现象进行解释的，其中具有代表性的为感知风险理论和效用理论。

一、感知风险理论

1. 购物中感知的风险

感知风险理论认为，任何一个消费者在他决定购买某种商品时，都会面临着这样的问题：购买商品在给他带来满足和愉快的同时，也可能带来一些他不愿意、不希望的损失或潜在的危害，甚至带来一些现实的危险性。当消费者考虑购买商品时，这些损失、危害、危险就能被消费者意识到，从而构成消费者在购买行为与决策过程中的感知风险，很显然，消费者会很自然地尽量减少或避免这些他不希望的后果出现，这种愿望对消费者的购买行为与购买决策会产生很大的影响。

2. 感知风险的类型

学者已有的研究结果显示，消费者可能感知到的风险主要有以下几种。

第一种是消费支出型的感知风险。表现为：如果消费者购买了某种商品，会对其目前的经济状况产生影响，导致经济困难，影响对其他商品的消费，所以消费者在决定购买这种商品时，会考虑较少或不能消费另外一种商品的机会损失(成本)。例如，买了大房子后，因为每个月的还贷太多会让生活变得很拮据，虽然可以享受宽敞的住宅所带来的愉悦，但今后的日常开支、旅游、孩子上学等都将受到影响。

第二种是功能方面的感知风险。表现为：产品不具备预期功能给消费者带来的风险。比如对一个赛车手来说，他购买的某种车的速度是否像其预期的那样对他的影响很大，如果没有预期的速度功能，那他将受到巨大的影响。再比如对一个要准时参加重要会议的乘客来说，飞机的准点对他来说是很重要的，他在选择不同航空公司的班机时，必然要去规避晚点的风险，选择晚点率较低的航班。

第三种是人身方面的感知风险，即产品会危害购买者的风险，在产品使用过程中可能会发生产品危害消费者的情况。比如对家用汽车来说，发生撞车时是否容易翻车；对药品来说，服用时是否存在很大的副作用；对于微波炉，使用它对食物进行加热是否会对人体产生辐射的危害；劣质的白酒会烧坏喉咙；劣质化妆品会伤害皮肤；等等。

第四种是心理方面的感知风险。表现为：产品会降低消费者自我形象的风险。比如购买某件服装，穿上后是否看起来像中年妇女，朋友或亲戚是否会嘲笑这次购买行为等。再比如在食品方面的消费，营养成分高而味道又鲜美的食品是大家都喜欢吃的，但对于爱美的女性来说，她们会考虑到这类食品吃多了会使她们长胖，让她们失去优美的身材。

第五种是社会方面的感知风险。表现为：消费者购买或使用某产品可能给其社会关系带来损害，如造成环境污染、影响邻里关系等。

第六种是时间方面的感知风险，表现为：购买过程可能花费比较多的时间，以及购买的产品需要调整、修理或退换造成的时间浪费而带来的风险。比如，很多人会选择在网上购买某些产品，就是因为线下购买需要花费太多的时间。

3. 减少风险的方法

当消费者感知到风险存在时，消费者就会通过各种行为来规避这些风险。常见的方法有以下几种。

(1) 尽可能多地收集产品的相关信息，少量购买。消费者在感知到购买行为具有很高风险时，在消费前，会多方收集有关信息，避免消费的盲目性。往往会通过亲朋好友、销售人员及大众传媒收集该产品及其类似产品的信息。尤其是在购买大件商品，如房屋、汽车、电脑时，消费者会特别注意收集相关的商品信息。同时，进行更多的思考，并比较相关替代品的信息。收集的信息量越大，消费者心中越有数，做出的购买决策就越合理，从而越能减少购买的风险。少量购买会使消费者的损失降低，如有的消费者不明白自己的肤质、发质，在购买护肤品和洗发水时容易误买不适用的产品，这时购买小瓶包装的商品的损失则比购买大瓶包装的损失要小。

(2) 尽量购买自己熟悉的产品，避免购买不熟悉的产品。由于消费者已经使用过某种品牌的产品，对该品牌有着充分的体验和了解，那么选购自己已经很熟悉的这种品牌产品也是一种规避购物风险的重要途径。此时若要购买自己不熟悉的新品牌产品的确会有风险。所以，女性消费者通常是某品牌洗发水的经常购买者。

（3）尽量购买名牌产品。一般来说，名牌产品的性能、质量等是得到市场检验和认可的，产生风险和危害的机会较少，但价格可能较高，对没有专业知识的消费者来说，他们经常通过这种方法来规避风险。

（4）通过有信誉的销售渠道来购买产品。消费者在缺乏关于产品的信息时，通过到形象好、服务好的有信誉销售渠道那里购买产品，也是减少感知风险的一种有效途径。

（5）选购价格较高的产品。人们信奉一分钱一分货，会以价格作为衡量产品各方面的尺度，来避免购买的风险。

（6）寻求安全的保障。例如，要求企业能够提供退换货的保障、产品要有权威机构的检测认证、保险公司的质量保险，或者能够免费体验试用等。

【案例5-5】聚焦"线下购物七日无理由退货"

二、效用理论

1. 效用与需要的满足

从经济学的观点来看，效用是指商品能够满足消费者某种需要并带来愉快和享受的特性。商品是否具有效用及效用的大小，取决于消费者对该商品的主观感受，因而商品的效用对不同的消费个体存在差别，它因消费者的需要不同及需要迫切程度的不同而不同。与此同时，商品的效用并不是纯主观的，因为效用是对消费者需要的一种满足，而效用的大小在于满足程度的高低。消费者的基本需要是客观的，是可以用某种手段加以测量的。

消费者购买商品是为了获得满足，满足是人们实现欲望后的一种心理上的充实感。对消费者来说，消费欲望的实现就是满足，消费者从消费某种产品中所得到的满足就是效用。在实际的生活中，人们的消费需要是不断产生的、无穷的，但消费需要的满足受到社会生产力水平、家庭和个人经济收入、商品价格等多种因素制约，欲望的无限性与其得到满足的有限性就形成矛盾。故消费者在决定购买商品时，会统筹安排，尽可能做出合理的决策，以较少的花费买到称心如意的商品，最大限度地满足自己的特定消费需要，达到最佳的购买行为效果。

2. 总效用、边际效用与消费数量的关系

总效用是消费者在一定时间内消费某种商品而获得的效用总和，是从消费一定数量的某种商品中得到的总的满足程度。虽然效用是人的主观感受，但从一般意义上来说，随着商品消费量的增加，消费者心理感受的满足也是逐渐增加的，消费者获得的总效用也是增加的。资源的有限性决定了人们在心理上总是希望自己拥有更多的社会资源或财富。所以消费数量和总效用存在着正相关的关系，消费的数量越多，心理上获得的满足程度就越大，总效用也就越大。

边际一次在经济学中通常指一个量的变化率，边际效用是消费者每增加一个单位的商品消费所增加的总效用，它是总效用的变量。

$$边际效用=总效用增加量÷商品总增加量$$

边际效用是西方经济学家分析消费者行为特点提出来的一个理论，也称效用理论，它从人的需要和需要满足这个根本角度来宏观地解释消费者的购买行为与决策问题，这种理论认为消费者购买商品就是为了用既定的钱最大限度地使个体的需要得到满足，以一定的钱来买尽可能多的商品，以达到效用的最大化。虽然随着消费商品数量的增加，给消费者带来的满足感也在增加，但在消费者满足感增加的同时，每个单位商品给消费者带来的满足感在减少，即边际效用在降低、递减。

在一定时间内，一个人消费某种商品的边际效用，随着其消费量的增加而减少的现象被称为边际效用递减规律。俗话说的"物以稀为贵"就是这个道理。这一规律普遍存在于各种商品的消费中。基于这一规则，消费者对某种商品的需要量与商品的价格量呈反方向变动关系。

3. 按边际原理进行决策

从经济学观点来看，消费者购买商品的目的是获得使用效用。因此，在购买时总要对付出的货币与能够获取的效用进行比较、衡量，以使支出的货币能够收到最大的效用。假定消费者的货币收入是固定的，那么他愿意为某商品付出的货币量(价格)就以该物的边际效用为标准。若边际效用大，他就多付，否则便少付。同种商品买得越多，该商品的边际效用在递减，愿意付出的货币量也就越少。因此，消费者一般不愿意对某种商品进行大批量购买。

对消费者而言，花同样的钱，一次性购买五块蛋糕得到的总效用不如吃两块蛋糕、买一本杂志、理一次发、给小孩买一本小人书的效用大。他们在消费时，就倾向于后一种消费方式。将这种情况应用到促销方式上，商家在采用"买一赠一"这种形式时，赠同类产品对消费者的吸引力就不如送不同类商品的吸引力大。

如何去决定货币的分配，才能使购买的商品在最大限度内满足需求，以获得效用的最大化？按照边际原理进行决策，就是在货币收入和商品价格一定的条件下，使购买各种商品的边际效用与其所付的价格比例相同。换言之，就是使购买多种类、不同数量的各种商品所花费的单位货币所能提供的边际效用相等，使货币总量能提供的总效用最大化，见式(5-1)和(5-2)。

$$P_1Q_1+ P_2Q_2+\cdots+ P_nQ_n=M \tag{5-1}$$

$$MU_1÷P_1= MU_2÷P_2 =\cdots= MU_n÷P_n \tag{5-2}$$

式中：1、2、…、n 分别表示消费的不同商品；P_1、P_2 等表示相应的商品价格；Q_1、Q_2 等表示相应的商品消费量；M 表示货币总收入；MU_1、MU_2 等表示购买相应商品的边际效用。

消费者按照这一原则进行决策的原因是，在货币收入一定的条件下，多买了 1 就要少买 2 和其他，同时多买了 1，又会使 1 商品本身的边际效用减少，而随着 2 或其他类商品消费量的减少，它们的边际效用又会增加，这就必然使各种商品消费的总效用减少，达不到最大。

通过边际效用递减规律可知，人们比较喜欢追求新鲜的事物。新产品刚上市，人们的消费热情一般会很高，有时还会有点迫不及待。当这种产品在市场上越来越多时，对它的消费也日益普遍，消费的欲望就会越来越低。如果该消费品不是生活必需品，很有可能过了一段时间，消费者就对它不再注意了。因此，要吸引消费者的注意力和忠诚度，企业需要不断推陈出新，丰富产品的种类，使企业的主打产品始终保持较高的边际效用，将其递减速度减缓。对于已经推出的产品，则要想方设法维持其对消费者的边际效用，或者改变包装，或者在原有产品上开发新功能。

【案例5-6】泡泡玛特：躲不开的下跌，看不清的人性

本 章 小 结

本章主要介绍了消费者的购买行为、购买决策过程及消费者购买行为的感知风险理论和效用理论。消费者购买行为是消费者为了满足某种需要，在购买动机的驱使下进行的购买商品和劳务的活动过程，它是消费者心理与购买环境、商品类型、供求状况及服务质量等交互作用的结果。

消费者购买决策是对产品购买的一系列行为进行的决策，它在消费者购买活动过程中起主导性的作用。消费者购买行为的一般模式表明消费者的购买行为是由刺激引起的，它是消费者对内、外界刺激的反应。按照消费者购买的确定性分类，消费者的购买行为可以分为完全确定型、部分确定型和不确定型。按照消费者的购买态度和要求分类，消费者的购买行为可以分为习惯型、理智型、经济型、冲动型和疑虑型。按照消费者介入程度和品牌差异程度分类，消费者的购买行为可以分为习惯性购买行为、寻求多样化购买行为、化解满意感购买行为和复杂的购买行为。消费者典型的购买决策过程由认识需求、收集信息、分析评价、决定购买和购后行为五个阶段构成。人们在一项购买决策过程中可能充当发起者、影响者、决定者、购买者、使用者等角色。

感知风险理论认为，消费者可能感知到消费支出型的感知风险、功能方面的感知风险、人身方面的感知风险、心理方面的感知风险、社会方面的感知风险和时间方面的风险，这会对购买行为与决策产生影响。对消费者来说消费欲望的实现就是满足，消费者从消费某种产品中所得到的满足就是效用。消费者购买商品的目的是获得效用，因此在购买时总要对付出的货币与能够获取的效用进行比较、衡量，以使支出的货币能够获得最高的效用。如何决定货币的分配，才能使购买的商品在最大限度内满足需求，以获得效用的最大化？按照边际原理进行决策，就是在货币收入和商品价格一定的条件下，使购买各种商品的边际效用与其所付的价格比例相同。

思 考 题

1. 简述消费者购买行为与消费者购买决策的概念。
2. 消费者购买行为与消费者购买决策之间有什么关系？

3. 消费者典型的购买决策过程有哪几个阶段？
4. 简述消费者购买决策的参与者及角色。
5. 消费者购买决策主要涉及哪些内容？
6. 简述感知风险理论。
7. 消费者减少风险的方法都有哪些？

案 例 分 析

喜茶：从一个三线城市草根品牌成为茶饮行业一个现象级的存在

喜茶 HEYTEA，创立于 2012 年，原名皇茶 ROYALTEA，起源于广东江门一条名叫江边里的小巷，是一个以白领阶层、年轻势力为主流的消费群体，以茶饮为主打产品的直营连锁品牌。门店现分布在广州、深圳、南宁、上海、杭州、北京等城市。

2016 年成立深圳美西西餐饮管理公司，至 2017 年 8 月总部已 200 余人，门店已 1000 余人。"90 后"创始人带领着年轻又有力的团队是要做"灵感之茶"，是为了发掘关于喝茶这件事的更多可能性。很多人关注喜茶是因为很好奇为何买一杯茶要不分时间地排长队，但真正走进喜茶，你会发现它的魅力所在。喜茶的创新特色可以用"新""式""茶""饮"四个字概括。

吸引有态度、注重体验的年轻人，让喜欢喜茶的用户得到馈赠，并进一步了解喜茶的玩酷调性，都能体现喜茶致力于将中国茶年轻化，做好用户互动的"新升级"，喜茶5年的细水长流，积累的不仅仅是用户口碑，还有传播效应。2021 年 5 月，喜茶联合电影《"吃吃"的爱》，与观众一起，边饮喜茶，边聊《康熙来了》12 年带给自己最深的记忆。喜茶与多位插画师合作，用绘画的语言表达饮茶之趣，创作出一系列有趣且符合品牌理念的系列原创插画。喜茶的全线产品包装亦遵循喜茶推崇的"酷""简约"的风格，这种风格是对品牌形象的提升，更是在与用户的交互中透露出的用心。

在一杯茶中寻找灵感，这是喜茶一直努力做的事情。

喜茶是做芝士奶盖茶起家的，但针对不同消费者对茶饮的需求，喜茶还有超级满杯水果茶系列、热茶鲜奶系列、咖啡系列、纯茶系列、传统奶茶系列等产品，尽可能地满足了消费者的需求。根据时间或者地点的不同，推出季节限定饮品和城市限定饮品。例如，在杨梅盛产的季节，喜茶会推出杨梅系列的产品；在深圳的喜茶店铺，曾经推出过金箔系列产品等。喜茶在茶饮品牌有所成就之后，开始着手打造"喜茶文化"，周边系列产品如帆布袋、水杯、手机壳、笔记本、袜子等层出不穷。喜茶作为茶饮企业，与其他行业的企业也有一定的合作，消除消费者对喜茶产品的厌倦感，刺激消费者对其他产品的需求。例如，喜茶与香港时尚潮牌 B.Duk 小黄鸭跨界合作，推出联名会员卡、礼品卡；喜茶与 WONDERLAB 联名的饱腹食品代餐奶昔；喜茶与巴黎欧莱雅合作，推出口红礼盒，"进军"美妆界等。

排队购买喜茶的震撼行为，大家应该是有所耳闻的。为了一两杯茶饮排上两三个小时的队也是习以为常的事。为了解决这个问题，喜茶官方小程序"喜茶 GO"上线了。消费者进入小程序后，选择指定的门店进入菜单页面，就可以选择"预约下单店内取茶"或者"外卖下单骑手送茶"。

　　通过小程序，可以节省消费者的购物时间；可以在购物时为消费者提供灵活性；可以节省消费者的体力支出，同时为消费者即兴或冲动性购物提供了机会；最重要的是，它可以避免店堂内排队、拥挤的现象，提高消费者购物满意程度。小程序"喜茶GO"不仅可以下单现做的茶饮，还提供一些零售食品，如茶叶、混合坚果、酸奶、夹心小饼干等。这些食品全部由喜茶出品，品种多样，口味独特，与喜茶现做茶饮巧妙搭配，在市场上富有竞争力，并且这些食品仅限线上购买，喜茶通过邮寄的方式寄到消费者的家里，这样既节省了消费者的体力支出，又提供了消费者即兴或冲动性购物的机会。

(资料来源：根据公众号"BNUZ市场学会"的相关内容整理。)

问题：
1. 作为做芝士奶盖茶起家的喜茶，为什么要向消费者提供多样化的产品？
2. 你对喜茶官方小程序"喜茶GO"有何评价？

【阅读资料】"95后"消费，从不讲道理

第六章

消费者群体的消费心理与行为

学习目标：通过本章的学习，了解消费者群体的概念及消费者群体的形成因素；掌握不同年龄及性别消费者群体的消费心理与行为的基本特征；了解如何针对不同消费者群体特征制定相应的营销策略；掌握消费习俗、消费流行的概念；理解消费习俗与流行对消费心理与行为的影响；熟悉消费者的暗示、模仿与从众。

案例导读

"奈雪的茶"的成功

近几年，"网红"茶饮"奈雪的茶"以"茶饮+欧包"的形式初次出现在市场上，吸引了大批的消费者。

奈雪的茶，创立于 2015 年，总部位于广东省深圳市，隶属于品道餐饮管理有限公司的茶饮品牌。创新打造"茶饮+欧包"的形式，以 20～35 岁年轻女性为主要客户群体，坚持茶底 4 小时一换，软欧包不过夜。奈雪的茶提倡两种美好，一杯好茶，一口软欧包。希望为都市里的年轻白领女性带来一份美妙享受。

2018 年奈雪着重发展新零售。集结各地茶，甄选每片茶叶进行组合，搭配富有创意感的茶杯，同时根据不同的节日风格设计外包装制成茶礼盒。奈雪的门店空间以四季变换流转的时间轴为主线，通过"镜、花、雪、月"四种具象载体，传达四种空间概念风格："春·镜""夏·花""秋·月""冬·雪"。空间设计概念里凝粹东方文化的同时，也与产品核心"中国茶"相互呼应。

来奈雪喝茶的顾客，喝完茶可以随手买一点别的东西带走，这样消费者的体验会更好。茶在中国有 5000 年的文化积淀，奈雪通过简单的、符合现代人生活的方式将好茶带到每个人身边。

(资料来源：中国品牌网. 奈雪の茶品牌故事：始于爱情的甜蜜邂逅，2018-10-01.
https://www.chinapp.com/gushi/177230.)

第一节 消费者群体概述

一、群体的概念

群体或社会群体，是指两个或两个以上社会成员在长期接触交往的过程中，在相互作用与相互依存的基础上形成的集合体。群体是社会生活的基础，没有群体，正常的社会生活就难以进行。群体规模可以比较大，如有数万员工的跨国集团；群体规模也可以比较小，如经常一起上街购物的两个邻居。

社会成员构成一个群体，应具备以下基本条件和特征。第一，群体成员要以一定的纽带联系起来。例如，以血缘为纽带组成氏族和家庭，以地域为纽带组成邻里群体，以业缘为纽带组成职业群体。第二，成员之间有共同目标和持续的相互交往。在车站排队上车的一群人或者自由买票进入车厢坐车的乘客都不能构成群体，因为他们是偶然和临时地聚集在一起，缺乏持续的相互交往。第三，群体成员有共同的群体意识和规范，用以调节和监督。

消费者群体的概念是从社会群体的概念引申而来的。消费者群体是指由具有某些共同消费特征的消费者所组成的群体。消费者群体的共同特征，包括消费者收入、职业、年龄、性别、居住分布、消费习惯、消费爱好、购买选择、品牌忠诚等因素。同一消费者群体中的消费者在消费心理、消费行为、消费习惯等方面具有明显的共同之处，而不同消费者群体成员之间在消费方面存在多种差异。一般来说，消费者都具有一定的群体意识和归属感，遵守群体的规范和行为准则，承担角色责任，同时也会意识到群体内其他成员的存在，在心理上相互呼应，在行为上相互影响。

二、消费者群体的形成因素

消费者群体的形成是内在因素与外在因素共同作用的结果。

(一)内在因素

内在因素主要有性别、年龄、性格、生活方式、爱好等生理或心理方面的特质。由于具有某种相同的心理特质，消费者之间容易建立社会角色认同感和群体归属感，容易形成共同的生活目标和消费意向，能够保持比较经常性的互动关系，并产生行为动机的一致性等，即"物以类聚、人以群分"。例如，男性消费者群体、女性消费者群体、儿童消费者群体、青年消费者群体和老年消费者群体等。

(二)外在因素

外在因素主要包括地理位置、气候条件等自然环境方面，以及生产力发展水平、生活环境、所属国家、民族、宗教信仰、文化传统、政治背景等社会文化方面的特质。外在因素一般会通过内在因素对消费者施加影响。例如：具有相同职业的消费者，其消费心理与行为往往表现出职业的偏好与习惯；居住在不同自然环境和人文环境中的消费者具有迥然不同的生活习惯。因此消费行为也不一样。

第二节　不同年龄消费者群体的消费心理与行为

一、少年儿童消费者群体的消费心理与行为

少年儿童消费者群体是由 0～14 岁的消费者组成的群体。这部分消费者在人群中占有较大的比例。从世界范围看，年轻人口型国家中，0～14 岁的少年儿童占30%～40%；老年人口型国家中，0～14 岁少年儿童占30%左右。我国少年儿童的比例为30%～40%，这一年

龄阶段的消费者构成一支庞大的消费大军,形成具有特定心理的消费者群体。

这一部分消费者又可根据年龄特征分为儿童消费者群体(0~11岁)和少年消费者群体(11~14岁)。接下来,分别就这两个年龄段的消费者群体的消费心理与行为特征进行探讨。

(一)儿童消费者群体的消费心理与行为特征

从出生婴儿到11岁的儿童,受一系列外部环境因素的影响,他们的消费心理变化幅度最大。这种变化在不同的年龄段有不同的表现。在乳婴期(0~3岁)、学前期(3~6岁,又称幼儿期)、学初期(6~11岁,又称童年期)这3个阶段中,儿童的心理出现3次较大的质的飞跃,即开始了人类的学习,逐渐有了认识能力、意识倾向、学习能力、爱好、意志及情绪等心理品质,学会了在感知和思维的基础上解决简单的问题。这种心理与行为特征在消费者活动中表现为以下几种情况。

1. 从纯生理性需要逐渐发展为具有社会性的需要

儿童在婴幼儿时期,消费需要主要表现为生理性的且纯粹由他人帮助完成消费的特点。随着年龄的增长,儿童对外界环境刺激的反应日益敏感,消费需要从本能发展为有自我意识加入的社会性需要。例如,四五岁的儿童学会了比较,表现出有意识的支配行为,年龄越大,这种比较也就越深入。然而,这时的儿童仅仅是商品和服务的使用者,很少成为直接购买者。处于幼儿期、学前期的儿童,已经具有一定的购买意识,并对父母的购买决策产生影响。有的还可以单独购买某些简单商品,即购买行为由完全依赖型向半依赖型转变。

2. 从模仿性消费逐渐发展为具有个性特点的消费

儿童的模仿性非常强,尤其在学前期,对于其他同龄儿童的消费行为往往有强烈的模仿欲望。随着年龄的增长,这种模仿性消费逐渐被有个性特点的消费代替,购买行为也开始有了一定的目标和意向,如自己的玩具用品一定要好于其他同龄儿童的。

3. 消费情绪从不稳定发展到比较稳定

儿童的消费情绪不稳定,易受他人影响,也易变化,这种心理特征在学前期表现得尤为突出。随着年龄的增长,儿童接触社会环境的机会增多,有了集体生活的锻炼,意志得到增强,消费情绪逐渐趋于稳定。

总之,儿童的消费心理多处于感情支配阶段,购买行为以依赖型为主,但已有影响父母购买决策的倾向。

(二)少年消费者群体的消费心理与行为特征

少年消费者群体是指11~14岁年龄阶段的消费者。少年期是儿童向青年过渡的时期,在这一时期,生理上出现第二个发育高峰。与此同时,心理上也有较大的变化,如有了自尊与被尊重的要求,逻辑思维能力增强。总之,少年消费者群体的消费心理与行为特征可以从以下几点表现出来。

1. 有成人感,独立性增强

有成人感,是少年消费者自我意识发展的显著心理特征。他们认为自己已长大成人,应该有成年人的权利与社会地位，要求受到尊重，学习、生活、交友也都不希望父母过多干涉，而希望能按自己的意愿行事。在消费心理上，表现出不愿受父母束缚，要求自主独立地购买所喜欢的商品。他们的消费需求倾向和购买行为尽管还不成熟，也时常与父母产生矛盾，却在形成中。

2. 购买的倾向性开始确立，购买行为趋于稳定

少年时期的消费者，知识不断丰富，对社会环境的认识不断深入，幻想相对减少，有意识的思维与行为增多，兴趣趋于稳定。随着购买活动次数的增加，他们的感知性经验越来越丰富，对商品的分析、判断、评价能力逐渐增强，购买行为趋于习惯化、稳定化，购买的倾向性也开始确立，购买动机与实际的吻合度均有所提高。

3. 从受家庭的影响转向受社会的影响，受影响的范围逐渐扩大

儿童期的消费者主要受家庭的影响。少年消费者则由于参与集体学习、集体活动，与社会的接触机会增多，范围扩大，受社会环境影响必然逐渐深刻。这种影响包括新环境、新事物、新知识、新产品等内容，其消费影响媒介主要是同学、朋友、艺人、书籍、大众传媒等。与家庭相比，他们更乐于接受社会的影响。

(三)面向少年儿童消费者群体的市场营销策略

少年儿童消费者构成一个庞大的消费市场。企业明确少年儿童的心理与行为特征，是为了刺激其购买欲望，满足他们的心理和物质需求，积极培养、激发和引导他们的消费欲望，从而大力开发这一具有极大潜力的消费市场。为此，可以采用以下几种营销策略。

1. 根据不同对象，采取不同的组合策略

乳婴期的儿童，一般由父母为其购买商品。企业对商品的设计要求、广告诉求和价格制定可以完全从父母的消费心理出发。商品质量要考虑父母对儿童给予保护、追求安全的心理，生活用品和服装要适应不同父母审美情趣的要求，玩具的价格要适当。学龄前期的儿童不同程度地参与了父母为其购买商品的活动。因此，企业既要考虑父母的要求，也要考虑儿童的兴趣。玩具用品的外观要符合儿童的心理特点，价格要符合父母的要求，用途要满足父母提高儿童智力及各方面能力的需要。

2. 改善外观设计，增强商品的吸引力

少年儿童虽然已具有简单的逻辑思维，但直观的、具体的形象思维仍然起主导作用，对商品优劣的判断较多地依赖商品的外观形象。因此，商品的外观形象对他们的购买行为具有重要的影响作用。为此，企业在儿童用品的造型、色彩等外观设计上，要考虑儿童的心理特点，力求生动活泼、色彩鲜明。比如用动物头像做成笔帽，用儿童喜欢的卡通形象作为服饰装饰图案等，以此增强商品的吸引力。

3. 树立品牌形象

少年儿童的记忆力很好，一些别具特色并为少年儿童所喜爱的品牌、商标或商品造型，一旦被其认识，就很难被忘记。相反，如果他们对某些商品形成不良印象，甚至产生厌恶情绪，则很难改变。因此，企业在给商品命名、设计商标图案和进行广告宣传时，要针对

少年儿童的心理偏好，使他们能够对品牌产生深刻印象，并且还要努力在产品质量、服务态度上狠下功夫，使少年儿童能够对企业及商品长期保留良好印象。

【案例6-1】儿童商业主题化——星期八小镇

二、青年消费者群体的消费心理与行为

青年是指由少年向中年过渡时期的人群。处于这一时期的消费者，形成青年消费者群体。不同的国家和地区由于自然条件、风俗习惯、经济发展水平不同，人的成熟时间也各异，青年的年龄范围也不一致。在我国，青年一般指年龄在15～35岁的人群。

(一)青年消费者群体的特点

(1) 青年消费者群体人数众多，是仅次于少年儿童消费者群体的庞大的消费者群体。

(2) 青年消费者群体具有较强的独立性和巨大的购买潜力。进入这一时期的消费者，已具备独立购买商品的能力，具有较强的自主意识。尤其参加工作以后有了经济收入的青年消费者，由于没有过多的生活负担，独立性更强，购买力也较高。因此，青年消费者群体是消费潜力巨大的人群。

(3) 青年消费者群体的购买行为具有扩散性，对其他各类消费者都会产生深刻的影响。他们不仅具有独立的购买能力，其购买的意愿也多为家庭所尊重。新婚夫妇的购买行为代表了最新的家庭消费趋势，对已婚家庭会形成消费冲击和诱惑。孩子出生后，他们又以独特的消费观念和消费方式影响下一代的消费行为。这种高辐射是其他年龄段的消费者所不及的。因此，青年消费者群体是企业积极争取的对象。

(二)青年消费者群体的消费心理与行为特征

在消费心理与行为上，青年消费者群体与其他消费者群体有许多不同之处。

1. 追求时尚，表现时代

青年人典型的心理特征之一就是思维敏捷、思想活跃，对未来充满希望，并具有冒险和创新精神。任何新事物、新知识都会使他们感到新奇、渴望并大胆追求。这些心理特征反映在消费心理与行为方面就是追求新颖和时尚，力图站在时代前列，引导消费新潮流。他们始终对现实世界中新兴事物抱有极大的兴趣，渴望更换品牌体验不同的感受。所以，青年消费者的求新、求异思维决定了他们往往是新产品、新消费方式的追求者、尝试者和推广者。

2. 追求个性，表现自我

处于青春期的消费者自我意识迅速增强。他们追求个性独立，希望确立自我价值，形成完美的个性形象，因而非常喜欢个性化的商品，并力求在消费活动中充分展示自我。

3. 追求实用，表现成熟

青年消费者的消费倾向从不稳定向稳定过渡，因此在追求时尚、表现个性的同时，也

注重商品的实用性和科学性,要求商品经济实用,货真价实。由于青年人大多具有一定的文化知识,接触信息较多,因此在选择购买过程中盲目性较小,购买动机和购买行为表现出一定的成熟性。

4. 注重情感,冲动性强

青年消费者处于少年到中年的过渡时期,思想倾向、志趣爱好等还不完全稳定,行动易受感情支配。上述特征在消费活动中表现为青年消费者易受客观环境影响,情感变化剧烈,经常发生冲动性购买行为。同时,直观选择商品的习惯使他们往往忽略综合选择的必要,款式、颜色、形状、价格等因素都能单独成为青年消费者的购买理由,这也是冲动购买的一种表现。

(三)面向青年消费者群体的市场营销策略

企业要想争取青年消费者市场,必须针对青年消费者群体的心理与行为特征,制定相应的市场营销策略。

1. 满足青年消费者多层次的心理与行为需要

产品的设计、开发要满足青年消费者多层次的心理与行为需要,用商品刺激他们产生购买动机。青年消费者进入社会后,除生理、安全保障需要外,还产生了社会交往、自尊、成就感等多方面的精神需要。企业开发的各类商品,既要具备实用价值,又要满足青年消费者不同的心理需要。例如,个性化的产品会使青年消费者感到自己与众不同。再比如,名牌皮包、时装会表现拥有者的成就感和社会地位感,特别受到青年消费者的青睐。

2. 开发时尚产品,引导消费潮流

青年消费者学习和接受新事物快,富于想象力和好奇心,因此在消费上追求时尚、新颖。每个时期,时尚是不断变化的,企业要研究预测国内消费的变化趋势,根据青年消费者的心理,开发各类时尚产品,引导青年消费者消费。

3. 注重个性化产品的生产、营销

个性化的产品、与众不同的另类商品深受青年消费者的欢迎。企业在产品的设计、生产中,要改变传统思维方式,要面向青年消费者开发个性产品。尤其是服装、装饰品、书包、手袋、手机等外显商品的设计生产,要改变千篇一律的大众化设计,寻求特性,以树立消费者的个性形象。同时,在市场销售过程中也应注重个性化。例如,在商场设立形象顾问,帮助顾客挑选化妆品、设计发型;在时装销售现场,帮助青年消费者进行个性化的着装设计,推荐购买穿着类商品和饰物。

4. 缩小差距,追求商品的共同点

青年消费者由于职业、收入水平不同,产生了不同的消费阶层。他们在商品的购买上,也有因收入不同存在的差别。但是,青年人好胜、不服输的天性又使这种差别的表现方式不十分明显。例如,城市中青年人结婚的居室布置为农村青年所模仿,房屋装修、家用电器一应俱全,但是商品的品牌、质量有所不同。企业在开拓青年消费市场时,要考虑这些不同的特点,生产不同档次、不同价格、面向不同收入水平的同类产品。这些产品在外观形式上差别不太大，但在质量、价格上能有多种选择，以满足不同收入水平青年消费者的需要。

5. 做好售后服务工作，使青年消费者成为推动市场开拓的力量

青年消费者购买商品后，往往会通过使用和他人的评价，对购买行为进行评判，把他们的购买预期与产品性能进行比较。若发现性能与预期相符，基本就会满意，进而向他人推荐此产品。如果发现产品性能超过预期，就会非常满意，进而大力向他人展示、炫耀，以显示自己的鉴别能力；相反，如果发现产品达不到预期，就会感到失望和不满，会扩散对此商品的否定评价，进而影响这种商品的市场销路。企业在售出商品后，要收集相应信息，了解顾客反应，以改进产品。同时，要及时处理好顾客的投诉，以积极的态度解决产品存在的问题，使青年消费者对企业的服务感到满意。

三、中年消费者群体的消费心理与行为

中年消费者群体指 35～55 岁的消费者组成的群体。中年消费者购买力强，购买活动多，购买的商品既有家庭日用品，也有个人、子女、父母的穿着类商品，还有大件耐用消费品。争取这部分顾客，对于企业巩固市场、扩大销售具有重要意义。

(一)中年消费者群体的消费心理与行为特征

中年消费者群体的消费心理与行为特征主要表现为以下几个方面。

1. 经验丰富，理智性强

中年消费者生活阅历广，购买经验丰富，情绪反应一般比较平稳，能理智地支配自己的行为，感情用事的现象较少见。他们注重产品的实际效用、价格与外观的统一，从购买欲望形成到进行购买往往要经过分析、比较和判断的过程，随意性很小。在购买过程中，即使遇到推销人员不负责任的介绍和夸大其词的劝诱，以及其他外界因素的影响，他们一般也不会感情用事，而是冷静、理智地进行分析、比较、判断与挑选，使自己的购买行为尽量正确、合理。

2. 量入为出，计划性强

中年处于青年向老年的过渡时期，而中年消费者大多肩负着赡老抚幼的重任，是家庭经济的主要承担者。在消费上，他们一般奉行量入为出的原则，养成了勤俭持家、精打细算的习惯，消费支出计划性强，很少出现计划外开支和即兴消费的现象。他们在购物时往往格外注重商品的价格和实用性，并对与此有关的各项因素，如产品的品种、品牌、质量、用途等进行全面衡量，然后再做出选择。一般来说，物美价廉的产品往往更能激发中年消费者的购买欲望。

3. 注重身份，稳定性强

中年消费者正处于人生的成熟阶段，他们大多生活稳定。这类消费者不再像青年时那样赶时髦、超前消费，而是注意建立和维护与自己所扮演的社会角色相适应的消费标准和内容，如中年消费者更注重个人气质和内涵的体现。

(二)面向中年消费者群体的市场营销策略

根据中年消费者群体的心理与行为特征,企业可采取以下几种市场营销策略。

1. 注重培育中年消费者成为忠诚顾客

中年消费者在购买家庭日常生活用品时,往往是习惯性购买,习惯去固定的场所购买经常使用的品牌。生产者、经营者要满足中年消费者的这种心理需要,使其消费习惯形成并保持下来。不要轻易改变本企业长期形成的历史悠久的商品品牌包装,以免失去顾客。要照顾中年消费者的购买习惯,对于商品的质量标准和性价比也不要轻易改变。

2. 在商品的设计上要突出实用性、便利性

在商品销售现场,要为顾客着想,提供良好的服务。中年消费者消费心理稳定,追求商品的实用性、便利性,华而不实的包装,奇特的造型,强烈对比、色彩炫耀的画面往往不被中年消费者喜爱。在销售中年人参与购买的商品时,应根据中年人的消费习惯,提供各种富有人情味儿的服务,如提供饮用水、休息、物品保管、代为照看小孩等,这样会收到良好的促销效果,使中年消费者成为下次光顾乃至经常光顾的忠诚顾客。

3. 切实解决购物后发生的商品退换、服务等方面的问题

中年消费者购物后发现问题,多直接找经营者解决,而且态度坚定、理由充分。经营者应切实给他们解决问题,冷静面对,切忌对他们提出的问题推诿、扯皮、不负责任,否则会失去忠诚顾客。

4. 促销广告活动要理性

面向中年消费者开展商品广告宣传或者现场促销活动要理性。中年消费者购物多为理性购买,不会轻易受外界环境因素影响。因此,在广告促销活动中,要用商品的功能、效用打动中年消费者,要用实在的使用效果、通过人的现身说法来证明。在现场促销时,营业员面对中年顾客要以冷静、客观的态度及丰富的商品知识说服顾客、推荐商品并给顾客留下思考的空间和时间,切忌推销情绪化、过分热情而招致中年消费者反感。

【案例 6-2】"70 后""80 后""90 后"的不同购车观念

四、老年消费者群体的消费心理与行为

老年消费者群体一般是指退休后离开工作岗位的,男 60 岁以上,女 55 岁以上的消费者群体。由于老年人在吃、穿、用、住、行方面都有特殊要求,因此,这个群体要求有自己独特的产品和服务。对老年消费者消费需求的满足,从一个侧面反映了一个国家的经济发展水平和社会稳定程度。因此,研究老年消费者群体的消费心理特征,满足老年消费者的消费需求是非常必要的。老年消费者由于生理演变,他们的消费心理与行为相对其他消费者群体有许多不同之处。

(一)老年消费者群体的消费心理与行为特征

1. 消费习惯稳定，消费行为理智

老年消费者在几十年的生活实践中，不仅形成了自己的生活习惯，而且形成了一定的购买习惯。这类习惯一旦形成就很难改变，并且会在很大程度上影响老年消费者的购买行为。反过来，这会使老年型商品市场变得相对稳定。因此，为争取更多的老年消费者，企业要注重"老字号"及传统商标品牌的宣传，经常更换商标、店名的做法是不明智的。由于年龄和心理的作用，与年轻人相比，老年人的消费观较为成熟，消费行为较为理智，冲动型热情消费和目的不明确的盲目消费相对要少。对消费新潮的反应多显得较为迟钝，他们不赶时髦，讲究实惠。

2. 消费追求实用

老年消费者把商品的实用性作为购买商品的第一目的性，他们强调质量可靠、方便实用、经济合理、舒适安全。至于商品的品牌、款式、颜色、包装是放在第二位考虑的。我国现阶段的老年消费者经历过较长一段时间的不富裕的生活，他们的生活一般都很节俭，价格便宜对他们选择商品有一定的吸引力。但是随着人们生活水平的提高及收入水平的提高，老年消费者在购买商品时也不是一味地追求低价格，品质和实用性才是他们考虑的主要因素。

3. 消费追求便利

老年消费者由于生理机能逐步退化，对商品消费的需求侧重于其易学易用、方便操作，以便减少体力和脑力的负担，同时还有益于健康。老年消费者对消费便利性的追求还体现在对商品质量和服务的追求上，老年消费者对商品质量，特别是服务质量的要求高于其他消费者。质量高、售后服务好的商品能够使老年消费者用得放心，用得舒服，不必为其保养和维修消耗太多的精力。

4. 需求结构发生变化

随着生理机能的衰退，老年消费者对保健食品和用品的需求量大大增加。只要某种食品或保健用品对健康有利，价格一般不会成为老年消费者的购买障碍。老年消费者在穿着等方面的支出大大减少，而对满足其兴趣、嗜好的商品购买支出明显增加。因为老年人不再追求时尚流行，所以减少了穿着类商品的购买，同时，由于有更多的休闲时间，因此老年人对旅游、休闲、娱乐、健身用品的支出会有所增加。

5. 部分老年消费者有补偿性消费心理

在子女长大成人独立、经济负担减轻之后，部分老年消费者产生了强烈的补偿心理，试图实现过去因为条件限制而未能实现的愿望。他们不仅在美容美发、穿着打扮、营养食品、健身娱乐、旅游观光等方面和青年消费者一样有着强烈的消费兴趣，还乐于进行大宗支出。

6. 注重健康，增加储蓄

对一些身体状况较差的老年人来说，健康无疑是他们最关心的问题。这些人一般更加

注重保养身体，较多购买医疗保健品。此外，老年人退休后，他们的收入都有所下降，特别是农村的老年人，一旦不再劳作，就几乎没有收入，需要依靠自己的积蓄来生活，或是由子女赡养。因此，随着年龄的增加，为了保障以后有足够的医疗支出，他们会更加节省开支以增加储蓄，为以后治疗疾病做更多的准备。

(二)面向老年消费者群体的市场营销策略

针对以上老年消费者的消费心理特点，企业不但要提供老年消费者所希望的方便、舒适、有益于健康的消费品，还要提供良好的服务。同时，要考虑老年消费者娱乐休闲方面的要求，提供适合老年人特点的健身娱乐用品和休闲方式。此外，老年消费者用品的购买者既可能是老人自己，也可能是子女、孙子女等，因此，针对老年消费者可采取以下几种市场营销策略。

(1) 生产商要针对老年消费者注重实用性、方便性、安全性及舒适性的消费心理，开发、生产适合老年消费者需要的各类商品。

(2) 帮助老年消费者增强消费信心。老年消费者由于体力和智力都处于明显的衰退状态，因此他们的心理可能会变得很脆弱、敏感、失落，在购买心理和行为上常常反复权衡、仔细挑选、犹豫不决。针对这种情况，应采取一些营销策略，帮助老年消费者恢复自信，增强消费信心。例如，选派商品知识丰富、富有亲和力、态度热情的售后人员上门为老年消费者服务，制定商品无理由退还制度、售前咨询、售后服务制度、送货上门、服务到家制度，以及免费试用、先尝后买、操作演示等，这些都是提高老年消费者购买欲望的有效措施。

(3) 广告促销活动不仅可以针对老年消费者开展，还可以针对老年消费者的子女开展。有些商品，如老年人健身用品、营养品等，不但可以面向老年人设计广告，还可以面向青年人，提倡尊老敬老的社会风尚，激发青年人孝敬老人的心理，从而产生购买行为。又如专门服务老年人的旅行团，很多情况下都是子女为父母付款，很多营养保健品也是子女购买孝敬老人的。因此，老年人用品的广告面向青年人，也常能取得较好的销售效果。

【案例6-3】老龄化带来的新市场机遇

第三节 不同性别消费者群体的消费心理与行为

一、女性消费者群体的消费心理与行为

女性消费者不仅数量大，而且在购买活动中起着特别重要的作用。女性不仅会购买自己所需的消费品，而且在家庭中她们承担了母亲、女儿、妻子等多种角色，因此，也是大多数儿童用品、老人用品、男性用品、家庭用品的购买者。

(一)女性消费者群体的消费心理与行为特征

由于女性消费者在消费活动中扮演多种角色，因而形成独具特色的消费心理与行为。

1. 情感性心理

女性消费者在个性心理的表现上具有较强的情感性特征，感情丰富、细腻，情绪变化剧烈，富于幻想和联想。这种特性反映在消费活动中，就是在某种情绪或情感的驱动下产生购买欲望从而进一步引发购买行为。这里使情绪或情感萌生的原因是多方面的，如商品品牌的寓意、款式色彩产生的联想、商品形状带来的美感、环境气氛形成的温馨感觉等都可以使女性产生购买欲望，甚至产生冲动性购买行为。在给丈夫或男朋友、子女、父母购买商品时，她们的这种心理表现得更加强烈。

2. 注重商品的实用性和细节设计

女性消费者在家庭中的地位及从事家务劳动的经验体会，使她们对商品的关注角度和男性的有所不同。她们在购买日常生活用品时，更关注商品的实际效用，关心商品带来的具体利益。商品在细节之处的设计优势，往往更能赢得女性消费者的欢心。比如家用微波炉使用的专用器皿、多用途的家庭刀具等。她们在购买商品时所表现出来的反复询问、了解使用方法等行为，使人明显感受到女性消费者的细心。

3. 注重商品的便利性和生活的创造性

现代社会，中青年妇女的就业率很高，她们既要工作，又要承担着家庭的大部分家务，因此，她们对日常生活用品的方便性有着强烈的要求。每种新的、能减小家务劳动强度、节省家务劳动时间的便利性消费品，都会受到她们的青睐。例如，多用途搅拌切片机、消毒柜等以家庭为对象的厨房用品，成为现代女性的新选择。同时，女性消费者对于生活中新的、富有创造性的事物，也充满热情。

4. 有较强的自我意识和自尊心

女性消费者一般都有较强的自我意识和自尊心，对外界事物反应敏感。在日常消费活动中，她们往往用选择的眼光、购买的内容及购买的标准来评价自己和别人。当自己购物时，希望通过明智的、有效的消费活动来体现自我价值。当别人购物时，即使作为旁观者，也愿意发表意见，并且希望自己的意见被采纳。在购买活动中，营业员的表情、语调、介绍及评论等，都会影响女性消费者的自尊心，进而影响其购买行为。

5. 选择商品更加"挑剔"

由于女性消费品品种繁多，弹性较大，加之女性特有的细腻、认真，因此她们通常在选择商品时比较细致，注重产品细微处的差别，通俗地讲就是更加"挑剔"，产品某些细微的优点或不足都会引起女性消费者的注意。在现代社会里，女性要比男性了解更多商品促销信息，并会花费更多时间来挑选商品。

6. 攀比炫耀心理

攀比心理是指脱离自己实际收入水平而盲目攀高的消费心理，炫耀就是自己的事物比别人好的满足感，通过张扬的甚至是挑衅的方式向外宣示的行为。在正常情况下，消费者满足自己消费需要的程度，取决于他们的经济收入水平，但由于受高消费的示范效应及消费者本人"面子消费"心理的影响，消费行为互相激活，因此互相攀比炫耀。当代女性，特别是家庭收入较高的中青年女性，喜欢在生活上和人攀比，通过炫耀显示自己比同事、亲友过得更舒适、更富有，获得心理上的满足感。她们在消费活动中除要满足自己的基本生活消费需求或使自己更美、更时髦外，还可能通过追求高档次、高质量、高价格的名牌产品或在外观上具有奇异、超凡脱俗、典雅大方等与众不同特点的产品或前卫的消费方式，来显示其地位上的优越、经济上的富有、情趣上的脱俗等。

(二)面向女性消费者群体的市场营销策略

女性消费者在购买活动中地位重要，影响决策力强，她们的消费心理与行为具有情感性、挑剔性、求实性等特点。根据这些特点，面向女性消费者的市场营销策略主要有以下几种。

(1) 销售环境要典雅温馨、热烈明快，具有个性化。女性消费者在购买家庭装饰品、服饰类、首饰、化妆品等商品时，会追求浪漫的心理感觉。因此销售这类商品的环境布置要符合女性消费者的消费心理，要创造一个相对安静、舒适的场所，使女性消费者能放松地观赏、浏览商品，激发她们的联想，从而使她们产生购买动机。

(2) 女性商品设计要注重细节、色彩、款式、形状，要体现流行、时尚，要使用方便。比如一些厨房刀具、小型电器、家庭日常卫生用品，多为女性消费者经常使用，所以这类商品的设计要能节省时间、减小劳动强度，款式丰富，使女性消费者有更多的选择余地，避免产生审美疲劳。

(3) 对女性消费者个人消费和经常购买的商品要进行广告宣传，并且要针对女性心理特点，注重传递商品的实用性，商品的质量、档次等信息。依靠特色和差异化营销来打动女性消费者，开拓市场。

(4) 现场促销活动要关注女性消费者的情绪变化。营业员的用语要规范、热情、有礼貌，要尊重女性消费者的自尊心，学会赞美女性消费者做出的选择，以赢得消费者的认同感和心理满足感。切忌对消费者已购买的商品进行简单或生硬的评论。

【案例6-4】厦门银行联合美团推出女性主题联名信用卡

二、男性消费者群体的消费心理与行为

男性消费者去商场购物，一般都有明确的购买目标。与女性消费者相比，他们的购买范围相对较小，但他们是家庭中高档产品购买的主要决策者。因此对于男性消费者的消费特点进行有针对性的分析研究，对于广大企业的发展具有重要的意义。

(一)男性消费者群体的特点

1. 男性消费者的消费特点

在我国，与女性相比，男性的就业率和经济收入相对较高，但在城镇里男性平均消费水平多是低于女性的。在购买活动中，男性对产品的结构与功能的了解要多于女性，这往往使他们成为结构复杂的产品及高档耐用消费品的选购者。男性购买决策的信息较多通过广告获得。对某种产品的购买动机一旦形成，他们就会迅速地付诸购买行动，实现购买，

而且男性在购买产品时，一般较少挑剔。

在我国，完全为男性独有的男性专用产品的品种数量不多，男性用品商品也较少。但是男性消费者在知识、经验、技能等有关方面表现出比女性消费者更为强烈的消费需要。

2. 男性消费者群体的消费心理与行为特征

男性消费者的消费心理与行为特征比女性消费者的要简单许多，一般表现如下。

1) 求新、求异、求癖心理

男性相对于女性而言，具有更强的支配性。这种心理使男性在消费过程中具有更强的求新、求异、求癖和开拓精神。他们对新产品的奇特性往往有较高的要求。此外，男性消费者大多有特殊嗜好，如喜好烟酒，爱养花、养鸟，酷爱收藏等，这些在女性消费者中表现得不太明显。

2) 购买产品目的明确、果断性强

男性消费者购物时往往具有明确的目标。他们进入商场后会直奔购买目标而去，能果断地做出决策，将购买愿望转化为购买行动。

3) 注重产品的整体质量和使用效果

男性消费者购物多数为理性购买，他们对产品，特别是一些价格昂贵、结构复杂的商品的性能和专业知识了解得更多，购买商品时会从产品的整体质量入手。同时男性消费者更善于独立思考，不会轻易受外界环境的影响。

4) 购买产品时力求方便、快捷

一般男性消费者很少逛商场。遇到自己中意的商品，他们一般会迅速做出购买决策，尽快离店。

(二)面向男性消费者群体的市场营销策略

男性消费市场存在巨大的市场潜力。男性消费者除选购烟酒、书报、家电、装修材料等，越来越多的男人开始主动分担家务，经常光顾超市并采购家庭消费品。由于男性购物者增加，吸引他们兴趣的促销方式及专门针对男性的广告信息就值得营销者精心策划。男性细分群体与女性细分群体对采购活动、购物计划和购买中的费用节省，都有不同的看法。与女性相比，男性基本上不太在意购物节省下的那点钱。因此，对于不同性别的消费者，商品降价策略往往会产生截然不同的效果。营销者重新设计迎合男性口味的商品包装和售点广告不失为上策。

【案例6-5】中国"男颜经济"快速崛起

第四节　消费习俗

习俗是指风俗习惯。一般来说，风俗是指历代相沿积久而形成的一种风尚。习俗是指由于重复或练习而巩固下来的并变成需要的行为方式。习俗也是一种社会现象。因此它的范围极其广泛，不仅有政治、生产、消费等方面的，也有思想、语言、感情等方面的。消费习俗是指一个地区或民族的人们在长期的经济活动与社会活动中约定俗成的消费习惯，是社会风俗的重要组成部分。

一、消费习俗的特点

1. 长期性

消费习俗都是在漫长的生活实践中逐渐形成和发展起来的。一旦形成就会世代相沿，稳定地、潜移默化地影响着人们的购买行为。

2. 社会性

消费习俗是在共同的社会生活中相互影响而产生的，是社会生活的有机组成部分，具有浓厚的社会色彩。也就是说，某种消费活动只有在社会成员的共同参与下，并随着社会的发展，才能发展为消费习俗。

3. 地域性

消费习俗是特定地域的产物，具有强烈的地方色彩，是和当地的生活传统相一致的。例如，扬州人喜欢喝早茶、湖南人喜好吃辣椒等。消费习俗的地域性使我国不同的地区形成各不相同的地域风情。

4. 非强制性

消费习俗的产生、流行，往往不是强制推行的，而是一种无形的社会习惯，通过社会约束力发挥作用，具有强大的影响力，以潜移默化的方式影响着人们，使生活在其中的人们自觉或不自觉地遵守这些消费习俗。消费习俗也会随着社会经济生活的变化而变化，一些不文明、不健康的生活习惯，只有依靠耐心的说服、长期的教育才能改变。

二、消费习俗的类型

1. 喜庆类消费习俗

喜庆类消费习俗是消费习俗中最主要的一种形式。它往往是人们为了表达各种美好愿望而产生的各种消费需求。例如，各国的传统节日等大都属于这类消费习俗。

2. 纪念类消费习俗

纪念类消费习俗是指人们为了表达对某人或某事的纪念而形成的消费风俗和习惯。这是一种十分普遍的消费习俗形式。例如，我国人民在清明节扫墓祭祀祖先，在农历五月初五划龙舟、吃粽子纪念战国时期的爱国诗人屈原等。

3. 信仰类消费习俗

信仰类消费习俗是由宗教信仰引起的风俗习惯，这类习俗受宗教教义、教规、教法的影响，并由此衍生而成。例如，由宗教信仰引起的禁食习惯、服饰习惯等。

4. 社会文化性的消费习俗

社会文化性的消费习俗是在较高文明程度基础上形成的。它的形成、变化、发展和社会经济、文化水平有着密切的关系。例如，潍坊的风筝节、青岛的啤酒节、东北的冰雪节等。

5. 地域性的消费习俗

地域性的消费习俗特定地区产生的，带有强烈地方色彩的消费风俗习惯。例如，在我国就有"南甜、北咸、东辣、西酸"的饮食习俗，反映了各地不同的饮食口味习俗。

三、消费习俗对消费者心理的影响

随着社会的进步，人们的生活方式不断发生变化。新的消费方式渗入人们的日常生活，给消费习俗带来了许多冲击，但是消费习俗对消费者心理的影响是非常深远的。

1. 消费习俗给消费者心理带来了某种稳定性

消费习俗是长期形成的，对社会生活、消费习惯的影响是很大的，据此而派生出的一些消费心理也具有某些稳定性。消费者在购买商品时，由于受消费习俗的影响，会产生习惯性购买心理，往往较长时间地去购买符合消费习俗的各种商品。

2. 消费习俗强化了一些消费者的心理

由于消费习俗具有地方性，很多人产生了一种对地方习惯的偏爱，并有一种自豪感。这种感觉强化了消费者的一些心理活动。

3. 消费习俗使消费心理的变化减慢

在日常生活的社会交往中，原有的一些消费习俗有些是符合时代潮流的，有些是落伍的，但是由于消费心理对消费习俗的偏爱，消费习俗的变化比较困难。适应新消费方式的消费心理变化也减慢了，变化时间延长了。有时生活方式变化了，但是由长期消费习俗引起的消费心理仍处于滞后状态，迟迟不能跟上生活的变化。

四、消费习俗对购买行为的影响

1. 由消费习俗引起的购买行为具有普遍性

任何消费习俗的形成都必须有一定的接受者，它能够在某些特定的情况下引起消费者对某些商品的普遍需求。比如，在中国的传统节日春节里，人们都要购买各种商品：糖果、糕点、蔬菜、禽肉及各种礼品或保健品。这一时期，消费者的需求比平时增加了好几倍，几乎家家如此。这就是由消费习俗引起的购买行为的普遍性。

2. 由消费习俗引起的购买行为具有无条件性

消费习俗是社会风尚或习惯，它不仅反映了人们的行动倾向，也反映了人们的心理活动与精神风貌。一种消费方式、消费习惯之所以能够继承相传并形成消费习俗，重要的原因是人们的从众心理。每个人都习惯做同样的事情，想同样的问题。因此，由消费习俗引起的购买行为几乎没有什么条件限制。

【案例 6-6】传统习俗"催热"端午消费，大众热衷为"家乡味"和"仪式感"买单

第五节 消费流行

一、消费流行的概念和成因

1. 消费流行的概念

消费流行是指在一定时期和范围内，大部分消费者呈现相似或相同消费行为的现象。当某种商品或时尚同时引起大多数消费者的兴趣和购买意愿时，对这种商品或时尚的需求在短时间内会迅速蔓延、扩大，并带动更多的消费者争相仿效、狂热追求。此时，这种商品即成为流行商品，这种消费趋势就成为消费流行。

2. 消费流行的成因

消费流行的产生大致有以下几种原因。①某种新产品的性能特点能满足大多数消费者的需求、欲望，所以形成流行。②由"时髦领袖"带头，引发许多人仿效，如演员、体育运动员的榜样作用。③由产品的宣传引起。

二、消费流行的特点

1. 突发性和集中性

消费流行往往突然发生，没有任何的前兆，令人始料不及，随后迅速蔓延，表现为大批消费者竞相购买；但随着人们消费热情的退却，流行商品很快受到冷落，无人问津。消费流行的这种突发性和集中性特点，给企业的生产和销售带来了不小的冲击。

2. 短暂性

从某种意义上来说，流行意味着短暂。因为人们对流行商品的追求，更主要是为了获得精神上的满足。因此，追求流行，也就是尝试新鲜事物、获得新体验。这注定了当流行商品不再是新事物时，它对人们的吸引力就会消失。

3. 周期性和重复性

曾经风靡的旗袍，在经历了短暂的沉寂后，又成了新时期东方女性衣柜中的"宠儿"。消费流行在自身运动的过程中也表现出鲜明的周期性和重复性。这种情况的发生可能受到某些因素的诱导，也可能是人们审美观念的复古。

三、消费流行的分类

1. 按照消费流行的性质分类

按照消费流行的性质分类，有吃的商品的流行、穿的商品的流行和用的商品的流行。

2. 按照消费流行的速度分类

按照消费流行的速度分类，有迅速流行、缓慢流行和一般流行。商品流行的速度既和商品的市场生命周期有关，也和商品的分类与性质有关。

消费流行的速度和商品价格有关。流行商品价格高，流行速度就慢；流行商品价格低，流行速度就快。

3. 按照流行的范围分类

按照流行的范围分类，有世界性消费流行、全国性消费流行、地区性消费流行，还有阶层性消费流行。

四、消费流行的周期

消费流行与其他经济现象一样，都有一个发生、发展和消亡的过程。尽管流行的内容不同，流行的时间有长有短，但这一过程基本都要经历酝酿期、发展期、高潮期和衰退期这四个阶段。在不同的阶段，消费者的心理、态度和表现行为都是不同的。

1. 酝酿期

酝酿期是指某种新产品刚刚投入市场，通过广告宣传及消费"带头人"的购买使用，开始为消费者所知晓的阶段。

2. 发展期

发展期是指相当规模的消费者对某种流行商品有所认识、开始接受，由羡慕、赞赏到模仿消费，产生大量需求的阶段。这一时期，消费流行迅速蔓延，消费者争相购买，时常出现供不应求或抢购的局面，竞争者越来越多，产品开始推广普及。

3. 高潮期

高潮期是指某种商品在市场中普遍流行的时期。此时流行商品已失去了新潮的意义，在市场上大量普及，流行范围扩大，但势头已经开始减弱。购买者多为经济收入低、信息获取较为迟缓的消费者。

4. 衰退期

衰退期是指某种消费流行已经进入过时或被淘汰的时期。此时人们对商品的新奇感消失，消费"带头人"转向追求另一种流行式样，消费者对商品的需求急剧下降，商店开始廉价抛售，企业销售额、利润大幅下降。

五、消费流行对消费者心理的影响

1. 认知态度的变化

按正常的消费心理来看，消费者对新商品往往在开始时持有怀疑态度。按照一般的学习模式，对这个事物有一个学习的过程，但是由于消费流行的出现，大部分消费者的认知态度会发生变化。首先是怀疑态度消失，肯定倾向增加；其次是学习时间缩短，接受新商品时间提前。

2. 驱动力的变化

人们购买商品，有时是为了生活需要，有时是为了维护社会人际关系而产生的消费需要。在消费流行中，购买商品的驱动力会发生新的变化。有时消费者明明没有消费需要，但看到时尚商品就加入了购买商品的行列，对流行商品产生了一种盲目的购买驱动力。

3. 消费心理发生反向变化

消费流行会使原有的一些消费心理发生反向的变化。在正常的生活消费中，消费者往往要对商品比值比价，心理上做出评价和比较后，再去购买物美价廉、经济合算的商品。但是，在消费流行的冲击下，这种传统的消费心理会受到冲击。虽然一些流行商品明明因为供求关系抬高了价格，但是消费者常常不予计较还踊跃购买。

4. 偏好心理受到冲击

有些消费者由于长期使用某种商品，产生了信任感，购物时非此不买，形成某种购买习惯，或者对印象好的厂家、商店经常光顾。在消费流行的冲击下，这种具体的消费心理发生了新的变化，虽然这些人对老牌子、老产品仍有信任感，但是整天耳濡目染的都是流行商品，不断受到家人、亲友使用流行商品时那种炫耀心理的感染，也会逐渐失去对老产品、老牌子的偏好心理，转向流行商品。

【案例6-7】新年"给荔"，当"红"不让

第六节 消费者的暗示、模仿与从众

一、暗示

暗示又称提示，是指在无对抗条件下采用某种含蓄、间接的方法对消费者的心理和行为施加影响，从而使消费者产生顺从性反应。暗示是一种客观存在的心理现象。暗示又分为他人暗示和自我暗示两种。

他人暗示是指被暗示者从别人那里接受了某种观念，让这种观念有意或无意间发生作用，并实现于动作或行为之中。自我暗示则是指自己把某种观念暗示给自己，并使这种观念化为动作或行为。

暗示的具体方式多种多样，如用话语和语调、手势和姿势、表情和眼神及动作等进行暗示，暗示还可以以群体动作的方式出现。例如，一些企业为了推销商品，不惜重金聘请名人做广告代言人，这就是信誉暗示；有的商场在商品销售时挂出"打折""促销"的广告牌，这是语言暗示；还有的商贩雇用通货拥挤摊点，制造热销的假象，吸引他人抢购，这是行为暗示。

暗示在消费行为中的作用是明显的，儿童、妇女和顺从性的消费者容易受到暗示的影响。营业员在接待顾客的过程中若能正确恰当地使用暗示，其效果比直接劝说的要好。

二、模仿

(一)模仿的含义

模仿就是个人依据一定的榜样做出类似的行为或动作的过程。模仿可能是自觉的,如被模仿的行为具有榜样作用,社会和群体又加以提倡和引导,此时模仿就是自觉的;但是在人们的日常生活中,更多情况下发生的模仿是无意识的或不自觉的。

模仿是一种普遍的社会心理现象。研究表明,人类在社会行为上有模仿的本能。从实质上看,模仿是一种学习的形式。人所具有的一切知识和行为,尤其是生活习惯,都是从小在家庭和社会的影响下逐渐模仿形成的。

从模仿的起因上看,多数能引起个体注意和兴趣的新奇刺激都容易引起模仿。在消费行为中,模仿现象更容易发生。

模仿的结果是流行,如发型、服饰、生活日用品的流行就是由大批消费者模仿形成的。流行的结果是形成时尚,时尚的表现是社会上相当多的人在短期内共同追求某种新奇产品的行为方式,产生某种连锁反应。

(二)模仿的特点

(1) 模仿行为的发出者,即热衷于模仿的消费者,对消费活动大都有广泛的兴趣,喜欢追随消费时尚和潮流,经常被别人的生活方式吸引,并力求按他人的方式改变自己的消费行为和消费习惯。他们大多对新事物反应灵敏,接受能力强。

(2) 模仿是一种非强制性行为,即引起模仿的心理的冲动不是通过社会或群体的命令强制发生的,而是消费者自愿将他人行为视为榜样,并主动努力加以模仿。模仿的结果会给消费者带来愉悦和满足的心理体验。

(3) 模仿可以是消费者理性思考的行为表现,也可以是感性驱使的行为结果。生疏度高、消费意识强的消费者,对模仿的对象通常经过深思熟虑,认真选择;相反,消费观念模糊、缺乏明确目标的消费者,其模仿行为往往具有较大的盲目性。

(4) 模仿行为发生范围广泛,形式多样。所有的消费者都可以模仿他人行为,也都可以成为他人模仿的对象。消费领域的一切活动,都可以成为模仿的内容。只要是消费者羡慕、向往、感兴趣的他人行为,无论流行与否,都可以加以模仿。

(5) 模仿行为通常以个体或少数人的形式出现,因比一般规模较小。当模仿规模扩大,发展成多数人的共同行为时,就衍生为从众行为或消费流行了。

三、从众

从众是指个体在群体的压力下改变个人意见而与多数人保持一致意见的倾向。与模仿相似,从众也是社会生活中普遍存在的一种社会心理和行为,以保持自身行为与多数人行为的一致性,从而避免个人心理上的矛盾和冲突。

(一)从众产生的原因

从众行为的产生是人们寻求社会认同感和安全感的结果。在社会生活中,人们通常有一种共同的心理倾向,即希望自己归属某个较大的群体,为大多数人所接受,以便得到群体的保护、帮助和支持。此外,对个人行为缺乏信心,认为多数人的意见值得信赖,也是从众行为产生的重要原因。有些消费者由于缺乏自主性和判断力,在复杂的消费活动中犹豫不决、不知所措,因而,从众便成为他们最便捷、安全的选择。

(二)影响消费者从众行为的因素

1. 群体因素

1) 群体的一致性

如果其他群体成员的意见完全一致,持不同意见者会感到巨大的压力,此时从众的可能性大大增加。与此相反,如果群体中有不同的意见,不管这种意见来自何方,也不管其合理性有多大和可信的成分有多少,个体从众的可能性都将降低。

2) 群体的规模

在一定范围内,个人的从众性随群体规模的扩大而增加。

3) 群体的专长性

群体及其成员在某一方面越有专长,个体遵从群体意见和受群体影响的可能性就越大;反之,则越小。

2. 个体因素

1) 消费者的自信心

自信心既与消费者的个性相关,也与消费者在决策时所拥有的知识和信息有关。研究发现,消费者的自我评价越高,处理事务越果断,其从众性越低。知识和信息的缺乏,会降低消费者对决策的自信心,从而增加其从众倾向。

2) 消费者的自我介入水平

如果消费者对某一问题尚未表达意见和看法,他在群体压力下可能做出和大家一致的意识表示。但如果他已经明确表达了自己的态度,此时如果屈服于群体压力而从众,他在公众面前的独立性和自我形象就会受到损害。在这种意识下,他会产生抗拒反应,从而不轻易从众。

3) 消费者对群体的忠诚度

个体对群体的忠诚度是由群体的吸引力与个体的需要两个因素所决定的。当消费者强烈地认同某一群体,希望成为它的一部分,那么与群体保持一致的压力就会越大;相反,如果他不喜欢这个群体,或认为该群体限制了他的社会生活,从众的压力就会降低。

【案例6-8】消费者从众心理及商业应用

本 章 小 结

本章主要介绍了消费者群体及不同消费者群体的心理与行为特征,以及消费习俗,消费流行,消费者的暗示、模仿与从众心理与行为。消费者群体的概念是从社会群体的概念引申而来的。消费者群体是指由具有某些共同消费特征的消费者所组成的群体。消费者群体的共同特征，包括消费者收入、职业、年龄、性别、居住分布、消费习惯、消费爱好、购买选择、品牌忠诚等因素。不同年龄与性别的消费者群体的消费心理与行为特征有明显的差异。

习俗是指风俗习惯。一般来说，风俗是指历代相沿积久而形成的一种风尚。习俗是指由于重复或练习而巩固下来的并变成需要的行为方式。习俗也是一种社会现象。因此它的范围极其广泛，不仅有政治、生产、消费等方面的，也有思想、语言、感情等方面的。消费习俗是指一个地区或民族的人们在长期的经济活动与社会活动中约定俗成的消费习惯，是社会风俗的重要组成部分。

消费流行是指在一定时期和范围内，大部分消费者呈现相似或相同消费行为的现象。当某种商品或时尚同时引起大多数消费者的兴趣和购买意愿时，对这种商品或时尚的需求在短时间内就会迅速蔓延、扩大，并带动更多的消费者争相仿效、狂热追求。此时，这种商品即成为流行商品，这种消费趋势就成为消费流行。

暗示又称提示，是指在无对抗条件下采用某种含蓄、间接的方法对消费者的心理和行为施加影响，从而使消费者产生顺从性反应。模仿就是个人依据一定的榜样做出类似的行为或动作的过程。模仿可能是自觉的，如被模仿的行为具有榜样作用，社会和群体又加以提倡和引导，此时模仿就是自觉的；但是在人们的日常生活中，更多情况下发生的模仿是无意识的或不自觉的。从众是指个体在群体的压力下改变个人意见而与多数人保持一致意见的倾向。与模仿相似，从众也是社会生活中普遍存在的一种社会心理和行为，以保持自身行为与多数人行为的一致性，从而避免个人心理上的矛盾和冲突。

思 考 题

1. 什么是消费群体？消费群体的形成因素有哪些？
2. 青年消费群体的心理特点有哪些？
3. 面向老年消费者群体的市场营销心理策略有哪些？
4. 消费流行的成因主要有哪些？
5. 消费者从众产生的原因是什么？

案 例 分 析

泸州老窖：一生情 一坛酒

最近，一部名为《生命中的那坛酒》的微电影在网上引起广大网友的热议。无独有偶，与之同期进行的"泸州老窖'生命中的那坛酒'大型认购活动"在全国范围内"开枝散叶"，短短月余，销售破亿元。

"生命中的那坛酒"是何寓意？背后蕴藏什么创新故事？泸州老窖首创的"情感+酒"模式将对当前偏冷的中国酒市产生哪些影响？为此，记者采访了泸州老窖集团总裁张良、泸州老窖集团副总经理、总工程师沈才洪。

这部名为《生命中的那坛酒》的微电影中，讲述了20世纪60年代"我"退伍、结婚、生子、嫁女、重逢的故事。在"我"每一个生命中的感动瞬间，与老战友、妻子、父母、儿女喝下见证真情故事的那一杯酒，封藏属于"我"生命中每一份真情的那一坛酒的故事。

在微电影引起广大网友关注的同时，不少网友询问"生命中的那坛酒"究竟出自何处？其寓意又是什么？

沈才洪为记者揭开了谜底："每逢农历二月初二龙抬头，泸州老窖都要举办封藏大典。来自全国各地的文化名人、艺术大师、专家学者及爱酒人士群贤毕至，出席大典。大典上的一个大型访谈互动节目叫《生命中的那坛酒》，由嘉宾讲述他们与酒的故事，每一个故事都令人难以忘怀。"

沈才洪说："因为酒，我和很多人成了朋友，从大师鸿儒到社会精英，从各界政要到市井乡邻。在和朋友交往的过程中，我听过最多的就是人与酒的故事。每个人的生命中都有那么一坛酒，盛满了情意。"

在沈才洪心中，"生命中的那坛酒"是倾听和见证；而在深圳创业成功的深圳市信宇实业有限公司总经理刘科的内心，"生命中的那坛酒"却盛满了父爱。

"从小，你就允许我在家乡的小河里游泳，教会我们一群小男孩弹弹珠、下象棋、滚铁环。第一次你送我出远门上学，看到你离开时的背影，我泪眼婆娑。你夏天卖雪糕，冬天磨豆腐，挣足了我的学费。你在厨房里和妈妈为我准备好丰盛的晚餐。你是一位了不起的丈夫、成功的父亲、慈爱的爷爷""如果父亲和母亲都不值得送去一坛'生命中的那坛酒'祝福他们健康长寿，那还有谁值得？"刘总对记者诉说自己"生命中的那坛酒"。

"一份亲情、一份孝心、一份关爱，人生总会有几次感动。'生命中的那坛酒'是你生命中每一次感动的'见证者'。"这是泸州老窖集团总裁张良对"生命中的那坛酒"的理解。

其实，每个人都有"生命中的那坛酒"，或洞房花烛，或金榜题名，或父母长寿，或功成名就。而人生的这坛美酒，积聚了挫折与失败，也沉淀了岁月和光荣。

1. 首创"情感+酒"模式

微电影《生命中的那坛酒》在各大网站热播的同时，泸州老窖"生命中的那坛酒"线下认购活动在成都、上海、广州、深圳等全国多个城市悄然展开。

在深圳举办的首场泸州老窖"生命中的那坛酒"认购会上，短短两小时，200余坛定制酒被抢购一空。这只是泸州老窖在全国开展数十场认购会中的一个缩影。有消息灵通人士透露，泸州老窖开展定制酒认购活动近一个月来，全国销售额破亿元。

自2012年开始，国内酒业进入调整期。各大酒厂无论是产能、产品结构、增长方式、品牌都在进行自我调整和重塑。与此相应，以高端白酒为代表的各大酒系价格下滑、销量缩水。此刻，泸州老窖的逆势增长，引起行业人士的广泛关注。

"将情感文化概念植入高端定制白酒的'情感+酒'，是泸州老窖首创的营销新模式，也是2013年新的增长点。"泸州老窖集团总裁张良直言不讳。那泸州老窖为何创立"情感+酒"模式？新模式将对当前偏冷的国内酒市产生什么影响？

"当前市场环境不好，很多酒品牌降价销售，这对品牌损害很大。而泸州老窖的国窖1573坚决守住价格底线，哪怕一瓶不卖，也不会损害品牌的高端性。与此同时，我们另辟蹊径创立'情感+酒'新营销模式，大力推进'生命中的那坛酒'活动来寻找新的增长点。"张良坦言。

记者调查发现，自酒业调整以来，部分酒品牌只是采用降价销售、买赠、送小礼品、开盖奖励等简单的营销手段来应对。而泸州老窖"生命中的那坛酒"通过将生命中亲情、友情、爱情等情感概念植入品牌，让高高在上的高端定制酒更具"人情味"、更加"亲民化"，开拓新市场，拉动增量。

"这是泸州老窖首创的，其他品牌虽然可以模仿，但谈到人生中第一次因酒而感动，这是任何品牌都无法取代泸州老窖的地方。在9月底之前，我们将在深圳限时限量举办多场认购会，将'生命中的那坛酒'高端定制酒超值回馈给喜爱泸州老窖的VIP客户，与深圳消费者一起分享这份高品质的喜悦和经典。"张良豪情直言。

2. 受消费者青睐

"今天，我为才15岁的女儿买了10坛酒。我会把这10坛酒都封藏起来，等10年后，女儿披上嫁衣的时候，我再开封这10坛酒，与亲朋好友一起分享这10坛'嫁女酒'。"20世纪90年代中期就南下深圳创业的宋先生在舞台上动情地对现场嘉宾说。这是泸州老窖在深圳举办的多场认购会上的一个缩影。

近一个月来，记者全程见证了多场认购会。在每场认购会现场，消费者买下的是美酒，收获的是感动和眼泪。

家住福田区的马女士，高个子、长发、端庄。2001年她离开东北老家到深圳寻梦，如今收获了爱情和事业。

说起自己的老父亲，马女士哽咽了起来："记得小时候，一个寒冷的冬天，我高烧不退。凌晨3点，父亲背着我步行4公里到镇上医院看病。那时我感觉父亲的后背温暖、宽厚。如今父亲68岁了，白发苍苍，笔直的后背已经弯曲。今天，我为父亲买下5坛长寿酒，等我父亲70岁大寿日子和亲朋好友一起分享美酒。祝愿父亲健康长寿！"

家住龙岗的安徽人马先生戴着眼镜，显得格外斯文，在观众的起哄下，马先生拉着老婆黎女士的手走上舞台。"你嫁到我们家9年了。9年来，我大部分时间都是早出晚归，一心扑在公司和事业上，而你从来没有埋怨一句。照顾父母，教育子女，你是个默默付出的人。我今天买了一坛酒，等我们结婚10周年的时候，开酒相庆，感谢你为这个家的付出！"

谈起子女，平头、矮个、皮肤黝黑的四川汉子刘先生一脸自豪。

"我小时候家里很穷，兄妹又多，所以我初中毕业就辍学了。我一辈子的遗憾就是没读过大学。我儿子很听话，从小成绩就好，不需要我操心。今天，我为读高二的儿子买两坛状元酒，希望儿子能考上北京大学或者清华大学，为我圆大学梦。"

酒不醉人人自醉。截至发稿前，泸州老窖"生命中的那坛酒"认购活动还在深圳持续上演。每一个在现场认购定制酒的消费者，都为这坛酒倾注了一份感动和真情。

(资料来源：深圳新闻网/深圳商报。 泸州老窖：一生情 一坛酒，2013-08-06.)

问题：
1. 泸州老窖在营销过程中运用了哪些新兴的营销手段？
2. 在营销过程中面对不同的消费群体，泸州老窖迎合了他们的哪些消费心理？

【阅读资料】当代年轻人的消费心理解读

第七章

影响消费者心理与行为的外部因素

学习目标：通过本章的学习，了解影响消费者购买心理与行为的经济因素、文化因素、社会阶层因素、参照群体因素和家庭因素，并理解这些因素如何影响消费者的购买心理与行为，以及影响的主要表现。

案例导读

法国迪士尼营销失败案例

华特迪士尼公司(The Walt Disney Company)，简称迪士尼(Disney)，是世界上第二大传媒娱乐企业。迪士尼经营最成功的主题公园是东京迪士尼度假区，而最失败的当数巴黎迪士尼乐园。迪士尼当初选择在巴黎建园的原因是巴黎是欧洲最大的旅游景点，且法国政府给予政策和资金上的足够支持及法国人有长达 5 个星期的假期。然而，事与愿违，乐园第一年经营就亏损了 9 亿美元，迪士尼公司遭遇了前所未有的失败。巴黎迪士尼乐园的开业正好赶上欧洲严重的经济衰退，迪士尼公司盲目的乐观使预算失控，最重要的失败原因应归属于文化冲突。欧洲传统文化的优越感对美国文化的代表之一迪士尼乐园有着较大的排斥心理，从而使乐园从建立到开业都受到了来自当地部分居民的各种阻挠。

(资料来源：根据百度文库资料整理。)

法国迪士尼营销失败案例表明，消费者的心理与行为受到经济、文化等因素的影响。影响消费者心理与行为的外部因素就是本章研究的主要内容。

第一节 经济因素

经济因素是影响消费者心理与行为中最主要的外部因素，它对消费者心理与行为的发展变化起着决定性的作用。改革开放以来，我国的经济发展水平不断地提高，国民生产总值(Gross National Product，GNP)增加迅速，人们的生活水平和消费结构也随之发生了变化，这种变化对消费者的消费心理与行为产生了很大的影响。具体表现在以下几个方面。

一、随着物质的不断丰富，人们的消费观念也发生着改变

人们收入水平的不断提高及生活中新产品的层出不穷，不仅使人们的消费内容不断更新，受到各种社会潮流信息的冲击，也使人们传统的消费观念与行为发生着悄然的改变。例如，以前人们强调量入为出，有多少钱，办多大事，不愿借钱购物，而现在"超前消费"，如贷款买房、贷款买车、贷款上学等观念已被大多数人接受、认可和推崇，"先享受、后赚

钱"已经为一部分人所津津乐道。

再比如，随着国内经济和国外经济的差距越来越小，国人对国产品牌越来越有信心，消费者不再盲目推崇外国货。经济的发展给国人带来了自信，对于有些产品，他们追求的是更好更便宜，认为可以满足基本的功能使用就好，不再一味迷信大牌。

二、电子商务逐渐改变人们的消费方式

电子信息网络技术是推动21世纪经济发展的最主要动力，它的迅速发展和广泛应用以及电子商务的出现虽然给传统的商品交易模式带来了巨大的冲击，但也给消费者带来了一种崭新的商品消费方式。人们不需要依赖实体的商场和店面来进行购物，可以轻松地实现足不出户在家购物，只要拥有电脑、智能手机和网络，人们就可以了解各种产品的性能、样式、价格等的商品信息，还可以享受送货上门的服务。如今，线上商店的产品交易已经涉及服装、食品、书籍、化妆品、小家电、电子类产品甚至是大件的床、大家电等耐用消费品。人们所熟知的购物平台有淘宝、京东、拼多多、当当、苏宁易购、抖音、快手、小红书等。线上购物已经成为大部分人主要的购物消费方式。

【案例7-1】传统电商和抖音电商

三、个性化消费突出

经济的持续快速发展给消费者心理与行为带来的影响还表现在人们的消费越来越个性化，人们收入水平的提高不只是满足了其最基本的生活需要，还促进了人们个性化需求的出现。人们不仅满足于可以消费得起某类产品，还希望它们能够满足自身特殊的偏好，具有符合自身喜好的个性化。在消费个性化的时代，品牌影响力会远远地超过产品的影响力，品牌消费逐渐成为消费主流，越具个性化的品牌形象越能吸引消费者的注意力。

四、对绿色产品的需求增加

经济的发展也带来了一些负面的影响，自然资源的过度开采，环境受到的破坏和污染，食品安全问题的频发及很多疾病的低龄化趋势，使人们越来越关注可持续发展和可持续消费，人们的消费观念与行为正发生着转变。在个人消费方面，环保和绿色健康的产品越来越成为消费者首选考虑购买的对象。

五、服务消费需求增加

经济的发展、收入的增加、节假日的增多和产品的日益丰富，使人们的生活消费向着更高层次发展。服务设施不断完善，服务网点不断增多，都为人们增加社会服务消费创造了条件，教育、旅游、美容、健身、娱乐、餐饮、家政服务等社会服务消费大大增加。各种体育、娱乐休闲、旅游消费可以提高人们的身心素质；家政、餐饮服务可以减轻人们繁重的家务；文化和教育服务可以提高人们的文化素质。如今，人们对这些服务的需求越来

越旺盛。

六、更加注重精神需求

经济的快速发展带来了快节奏的生活，社会化的服务为人们实现自我、完善自我提供了时间保障，人们有自身全面发展的新需求，他们需要进行各种享受和创造活动来满足这种需要。那些以提高消费者文化知识水平、陶冶思想性情、愉悦情绪等为目的的精神产品成为人们消费追求的对象，如观看电影和文艺演出、欣赏音乐、阅读文艺作品等。

第二节 文化因素

文化对消费者心理与行为有着广泛而深刻的影响。每个消费者都是在一定的文化环境中成长和生活的，故不同国家、不同地区、不同种族和不同社会成员，其价值观念、生活方式、消费心理和消费行为必然会受到文化环境潜移默化的影响，其消费者心理与行为就会表现出不同的特点。

一、文化的概念

"文化"是一个非常广泛的概念，很难给它下一个严格和准确的定义。据统计，有关"文化"的各种不同定义有二百多种。不少哲学家、社会学家、人类学家、历史学家和语言学家一直努力试图从各自学科的角度来界定文化的概念。然而，迄今为止，还没有一个获得公认的、令人满意的定义。实际上，文化既是一种社会现象，也是一种历史现象，它是人们长期创造形成的产物，也是社会历史的积淀物。确切来说，文化是指一个国家或民族的历史、地理、风土人情、文学艺术、传统习俗、生活方式、思维方式、行为规范、价值观念等的统一。

二、文化的特征

文化作为一个群族的标志，其自身是一个意识的综合体，很难通过实物来表现，但通过对其拥有的特征进行描述可以使人们更清晰地理解其所包含的意义。文化的特征主要有以下几点。

1. 社会性与差异性

文化是人类在社会进程中，与客观世界相互作用的产物，既反映了人类行为与客观世界的趋同，也反映了人类对客观世界的改造，故它具有社会性的特点。文化的社会性又决定了它的共享性特点，文化是由社会成员在生产劳动和生活活动中共同创造的，作为社会交往和人际沟通共同的纽带，使社会成员心理倾向和行为方式表现出某些共同特征，文化对消费者活动的影响表现为消费者通过相互间的认同、模仿、追随等，形成共有的生活方式、消费习俗、消费观点、消费态度倾向、消费偏好等。每个国家、地区和民族的社会生活和其他国家、地区和民族的社会生活的相对分离，又产生了区别于其他国家、地区和民族的独特的风俗习惯、价值观、行为准则等，从而体现出文化的差异性。社会性在使特定社会的每个成员在保持自己行为独特性的同时,又使不同文化群体具有相对独立性。因此,社会成员在社会交往和相互沟通的作用下,在保持自己行为独特性的同时,产生了共性。

2. 无形性与习得性

文化作为观念形态的精神财富具有无形性。人们不能直接地触摸文化,只有在社会活动中,才能意识到文化差异及其对个体消费心理与行为的影响。这种无形性又决定了文化的传承必须依靠个体的习得,个体从出生开始,通过周围人为的教化和环境的影响,慢慢形成其所在群体的一些共性,从而实现文化的传承。

3. 发展性

文化是在一定的社会和历史环境中形成的。随着社会的发展,文化也不断地发展。当社会面临新的问题或机会时,人们的价值观念、习惯、兴趣、行为方式等就可能发生适应性的改变,形成新的文化内容。

随着文化的不断发展,人们的消费观念、消费习惯、消费行为也会发生很大的变化。例如,在人们收入水平刚刚提高时,提高生活水平的愿望就比较迫切,消费的热点主要是家电、家具;随着物质生活越来越丰富,人们普遍开始重视精神生活水平的提高,用于书籍、电影、音乐等精神生活的消费支出也越来越高。如今,人们的消费观念发生了翻天覆地的变化,消费者的环保意识、健康意识及公益意识也越来越强。

三、文化的主要方面与消费者心理及行为

(一)价值观与消费者心理和行为

价值观是消费者对某些问题的观点和看法。文化价值观是一个为社会大多数成员所信奉并被认为应为社会普遍倡导的信念。文化价值观通过一定的社会规范来影响人们的行为,这些社会规范规定了在一定的社会情境下,哪些行业是人们该做的,或者该持有什么样的态度。价值观对消费者的心理和行为有着明显的影响,不同的价值观都会形成各自相应的消费观念,并最终指导消费者的购买行为。价值观对人们消费心理和行为的影响主要表现在对食品的观念、对时间和空间的观念、对友谊的观念、对审美的观念、对财富的观念等。

【案例7-2】价值观营销不能刻意为之,真诚才是必杀技

1. 对食品的观念

20世纪70年代,因为人们的生活条件普遍较差,大家认为能吃大鱼大肉就是好生活,而今随着环境污染问题和食品安全问题日趋严重,人们开始对绿色食品有了更大的兴趣。许多消费者认为,"鸡要吃得叫,鱼要吃得跳",强调食物要新鲜,且认为"死鱼烂虾,得病冤家",不愿购买不新鲜、不安全的食品。

2. 对时间和空间的观念

不同国家和地区的人们对时间有不同的观念,一般来说,在比较落后的国家和地区,人们的时间观念大都比较淡薄,而在一些发达国家,人们的时间观念非常强,时间就是金

钱的观念深入人心。关于空间,不同文化对自然空间的利用是不一样的。比如美国公司,往往把经理的办公室设在楼房的顶层,一般办事员、业务员都在楼房的底层;法国人把主管人员的办公室设置在一般工作人员的中间;日本人把百货公司以及交易部、业务科都安排在楼房的顶层。在个人空间方面,在美国商业谈判距离一般在 1.5~2.4m,高一级的商业个人会晤间隔 0.5~0.9m,在部分北欧国家距离还会相应更远,但拉丁美洲人相反。因此,北美商人到南美去谈判,总是尽量往后退,想保持个人空间,而南美主人尽量往前靠,也是想保持自己习惯的个人空间,结果便出现可笑的"追逐战"。北美商人会认为他的主人过分热情,而南美主人认为他的客人冷淡孤僻。所以,了解不同国家和地区人们的空间观念对企业的经营人员也是十分必要的。

3. 对友谊的观念

不同国家和地区的人们对友谊的看法也不一样。在美国结识一个朋友既快又容易,然而转眼间双方拂袖而去也乃人之常情。与美国不同的是,在世界上许多地方,人们把友谊视为高于一切,友谊经常取代法律和合同,这些国家的商人在与新客户成交之前总是先建立个人关系,欧美商人不了解这种友谊观,往往在这些地方失去许多商业机会。与友谊观有关的还有人们的契约观念。何时契约成立?北美的习惯是签了合同就算磋商结束;希腊人认为签了合同只是一系列磋商的开始,要等工程完工才算磋商结束;对阿拉伯人来说,如果此时让他签合同,会被认为是对他的侮辱,因为阿拉伯人认为口头协议完全具有约束力。

4. 对审美的观念

不同国家、不同民族、不同阶层,以及不同时代的人们往往有不同的审美标准,不同国家的建筑风格和服装款式就是其不同审美观的体现。缅甸的巴洞人以妇女脖子长为美;非洲的一些民族以文身为美;我国的"环肥燕瘦"也说明不同时代的不同审美水准。因审美观的不同,形成的消费心理与行为的差异更是多种多样,如中国妇女喜欢把装饰品佩戴在耳朵、脖子和手指上,而印度妇女喜欢在鼻子、脚踝上配以各种饰物。近几年,随着人们生活水平的提高,特别注重形体的健美,于是,健身房、美容院、各种电子健身器材应运而生,这都是新的审美观产生的影响。

5. 对财富的观念

在许多"金钱社会"的西方国家,财富被看成成功的标志,并能获得社会的广泛认可。而在佛教徒和印度教徒看来,"涅"和"无欲"才是理想的境界,提倡清心寡欲,对于财富和物质利益持消极态度,所以相对来说,西方社会人们的消费欲望比印度教徒更为强烈。

(二)亚文化与消费者心理和行为

亚文化是指某一文化群体所属次级群体的成员所共有的独特的价值观念、生活方式和行为规范。每种文化都包含着能为其成员提供更为具体的认同感和社会化的较小亚文化。例如,中国文化按宗教信仰可以区分为佛教、道教、基督教、天主教、伊斯兰教等亚文化。同一亚文化群体的人们具有某些共同的信仰、价值观、爱好和行为,各亚文化群体会表现出不同消费心理和行为。

【案例 7-3】亚文化衍生的新业态频频"出圈"——
消费新业态吸引年轻人

目前，国内外营销学者普遍接受的是按民族、宗教、种族和地理划分亚文化的分类法。

1. 民族亚文化

几乎每个国家都由不同民族构成。不同的民族有其独特的风俗习惯和文化传统。民族亚文化对消费者心理和行为有着广泛的影响。比如东西方民族的生活习惯、价值观念不同会带来消费习惯、偏好禁忌的不同。在同一个国家或地区内，不同的民族也会存在不同的生活方式和消费观念。例如，在我国，朝鲜族人喜食狗肉、辣椒，喜欢穿色彩鲜艳的衣服，群体感强，男子的地位比较突出；蒙古族人的习惯则是穿蒙古袍，住帐篷，吃牛羊肉，喝奶茶，饮烈性酒，奶茶是他们生活中不可缺少的美味饮品。

2. 宗教亚文化

不同的宗教群体，具有不同的文化倾向、习俗和戒律，从而影响人们认识事物的方式、价值观念和行为准则，影响着人们的消费心理与行为。比如我国有佛教、道教、伊斯兰教、天主教、基督教等，这些宗教都有各自的信仰、生活方式和消费习惯。一方面，宗教因素对于企业营销有着重要意义。例如，宗教可能意味着禁用一些产品，虽然这种禁忌限制了一部分产品的需求，但往往又会促进替代产品的需求。又如，宗教活动也可能意味着与一定宗教节假日相联系的高消费期的到来。对企业来说，宗教节假日是销售商品的良好时机，也是一个销售旺季。另一方面，有着不同宗教信仰和宗教感情的人们，在消费行为方面也有着明显的差异，如基督教徒忌讳数字"13"，阿拉伯的一些国家禁止在广告中使用妇女形象，等等。概括起来，宗教亚文化对消费心理与行为的影响表现为以下五个方面：一是影响消费者对商品种类的选择；二是影响消费者对商品样式及外观等方面的选择；三是影响消费者选购商品的行为方式；四是影响消费者禁忌商品的类型；五是影响宗教信仰者对宗教用品的选择。

3. 种族亚文化

白种人、黄种人、黑种人都各有其独特的文化传统、文化风格和态度。他们即使生活在同一国家甚至同一城市，也会有自己特殊的需求、爱好和购买习惯。例如，在美国，黑人文化和黑人市场对企业营销者来说就是绝不容忽视的。黑人消费者在美国是增长最快的细分市场之一，总人口超过 5000 万人，占美国总人口的 13% 以上。他们和美国白种人在购买的产品和品牌、购买的行为、支付的价格、选择的媒体等方面都有显著的差异。

4. 地理亚文化

自然地理环境不但直接影响一个地区的产业和贸易发展格局，而且间接影响一个地区消费者的生活方式、生活水平、购买力和消费结构。由于自然状况和社会经济历史发展的结果，地区上的差异往往使人们的消费习俗和消费特点产生不同。例如，中国闻名的川菜、鲁菜、京菜等八大菜系，皆风格各异，自成一派，就是因地域不同而形成的。长期养成的地域习惯，一般比较稳定。我国北方人由于气候寒冷，有冬天吃酸菜和火锅的习惯，而南方人由于气候炎热，养成吃泡菜、熏肉、腊肠的习惯。同是面食，北方人喜欢吃饺子，南方人喜欢吃包子，西北方人却喜欢吃饼和馍。再比如中东地区，由于气候干燥，人体容易出汗，消费者喜欢气味浓烈、易挥发的香水，而含油脂多的护肤品则无人问津。

四、我国的传统文化观念

改革开放以来，随着经济的快速发展，我国的社会文化处于急剧的转型期，出现了多元化的倾向，很难概括出一般的特征，但中国的一些传统文化仍然对整个社会和人们的消费心理与行为产生很大的影响。

【案例7-4】中国的传统文化有哪些？

中国的传统文化有以下几个特点。

1. 注重家庭和伦理关系

首先，中国的传统文化一向强调血缘关系，也就是以家庭为本位。中国人非常看重家庭成员之间的依存关系，其次，注重以血缘为基础扩大的家族关系、亲戚关系。人们相互之间交往频繁、联系密切。个人的消费行为往往与整个家庭紧密地联系在一起，一个人不仅要考虑自己的需要，还要考虑整个家庭的需要。

中国的传统文化也非常注重伦理关系，因为中国人非常重视人与人之间的关系，这与西方人更重视人与神的关系、人与自然的关系以及人与动物的关系是不同的。因此，在消费者行为中，产品或服务的口头信息备受重视，它往往比正式的信息沟通渠道更为有效。经常是某一家买了一件值得炫耀的商品，邻里也会效仿购买。此外，注重伦理的核心是讲辈分。在中国人的血缘关系中，父母、子女、姑嫂、叔侄都有明确的角色定位，辈分越是高，越具有权威。

2. 重视人情

中国文化一向重视人情关系，在人际交往中的表现为：一是重视人情往来，遇到婚丧嫁娶之事，亲朋、好友、同事等一般会赠送礼品或礼金。二是人之常情，多是一种求同心理，重视维持人与人之间的关系，要与人保持一致，不使自己突出于众人之上，也不可使自己落后于众人。所以在中国人的消费中，从众现象比较普遍。"世事洞明皆学问，人情练达即文章。"人生在世，不可避免地要和各种各样的人打交道。在中国的社会文化环境中，人际关系极其重要，普遍重视亲情、友情、爱情、乡情等。

3. 崇尚节俭

崇尚节俭是中华民族的传统美德和民族意识的一个重要方面，节制个人欲望被视为美德。在消费方面，花钱比较慎重，善于计划和精打细算。用于享受的奢侈品的花费相对较少，主要购买生活必需品，并注重商品的实用性和耐用性，这在具有传统文化意识的年纪较大的人身上表现得比较突出。

【案例7-5】传统文化再次流行，品牌纷纷打起了"文化牌"

第三节 社会阶层因素

一、社会阶层的概念

社会阶层是社会中相对持久和同质的部分，它是依据经济、政治、教育、文化等多种社会因素所划分的相对稳定的社会集团或同类人群。个体或家庭在其中享有类似的价值观和生活方式。属于同一社会阶层的，要比不属同一社会阶层的在社会地位上更为接近。就社会阶层与消费者心理和行为的关系来说，同一社会阶层的人在购买心理、消费行为上有相似性，相邻的社会阶层的消费者在消费心理上有一定的趋同性，社会阶层越高，储蓄(投资)倾向越大，消费倾向越小，消费越理性；社会阶层越低，储蓄倾向越小，消费倾向越大，消费越单调。

二、社会阶层的划分

由于个人在社会中所处的地位或阶层受多种因素的影响，因此，一般使用综合指标法来划分社会阶层，涉及的关键变量有收入、职业声望、教育、财产等。

我国当代社会阶层结构分为五大社会等级、十大社会阶层。其中，十大社会阶层分别为：国家与社会管理者阶层，经理人员阶层，私营企业主阶层，专业技术人员阶层，办事人员阶层，个体工商户阶层，商业服务业员工阶层，产业工人阶层，农业劳动者阶层，城乡无业、失业和半失业者阶层。

三、社会阶层的演变

社会阶层不是固定不变的，目前普遍的共识是，中国现在的社会结构呈现准洋葱形，中产阶级在变大，洋葱的底部在变小。首先，私营企业主在扩大，绝大部分人是中产阶层；其次，知识分子扩大、白领扩大。

社会阶层的演变带来了消费结构的变化，不同阶层的消费者在消费上体现不同的需求。在较低阶层的消费结构中，消费支出集中在生活必需品上；而在较高的社会阶层中，如刚迈入中产阶层的群体，消费支出更多属于发展型消费和享受型消费；而更高社会阶层的消费承载了更多的社会意义和文化意义，如休闲式消费、享受式消费、成就式消费、社交式消费等，同时还带有身份性消费、炫耀式消费的痕迹。

四、社会阶层方面的三种消费心理及行为

社会阶层方面的三种消费心理及行为如下所述。

(1) 希望被同一阶层成员接受的"认同"心理与行为。也就是说，每个阶层成员会选择购买符合该阶层特点的产品，以获得认同感。所以只要自认为是上层社会的人，不管是否真心喜欢，都倾向于以打高尔夫、钓鱼、打桥牌等为主要的休闲方式。

(2) 避免向下降的"自保"心理与行为。人们大多抗拒较低阶层的消费模式，也就是说，每个阶层成员不会购买比其低的阶层所买的产品，避免失去自己的身份感。

(3) 向上攀升的"高攀"心理与行为。也就是说，每个阶层成员会努力购买比其高的阶层所买的产品，去证明或体现自己的价值，如许多人将拥有私家车作为身份地位的象征，有些低收入者宁可省吃俭用也要买车，以获得"我是有钱人"的暂时满足感。

五、社会阶层对消费者心理及行为的影响

1. 对商店的选择

一般来说，每个消费者都愿意去高档豪华的商店逛，但大部分消费者在真正购买商品时，尤其是妇女，喜欢到与经济条件和自身社会地位相称的商店去。由此可见，对购买地点的选择，会表现出阶层性。

2. 对新产品的态度

对绝大多数消费者来说，对新产品基本上是持欢迎态度的，但社会阶层较低的消费者因收入有限，对新产品一般均持比较慎重的态度。

3. 消费的产品

社会阶层较高的消费者因收入较高能够购买高档家具、游艇及艺术珍品等，而社会阶层较低的消费者收入水平较低，只能购买一般的日常消费品。并且，如何将收入在不同商品间进行分配，高阶层消费者的情况，也与低阶层消费者的情况有所区别。

【案例7-6】中国新的大众富裕阶层

第四节　参照群体因素

一、参照群体的概念

参照群体又称相关群体，是指一种实际存在的或想象存在的，对个人的行为、态度、价值观有直接影响的群体。和从行为科学里借用的其他概念一样，参照群体的含义也在随时代的变化而变化。参照群体最初是指与家庭、朋友等个体具有直接互动的群体，但现在它不仅包括具有互动基础的群体，也涵盖了与个体没有面对面接触但对个体行为产生影响的个人和群体。现实生活中，对消费者影响较大的参照群体既可以是亲朋好友、单位同事，也可以是联系密切的某些社会团体，或较少接触但对之羡慕并愿意模仿的社会群体。

二、参照群体的类型

根据参照关系中的个体地位和对个体的影响程度，参照群体可分为会员群体、向往群体、拒绝群体、回避群体四种类型。

1. 会员群体

会员群体是指个体已经享有会员资格的群体。会员群体的成员一般对群体价值观持肯定态度。研究表明，频繁接触的群体成员购买相同品牌的可能性更大，也就是说，有社会关系的人比没有社会关系的人具有更高的品牌一致度。另外一些研究表明，在消费生活中非正式群体比正式群体起着更大的作用，也就是说，非正式群体对其成员的品牌选择一致度的影响更大，其影响程度取决于群体的凝聚力。

2. 向往群体

向往群体是指热切地希望加入并追求心理认同的群体。向往群体根据接触程度可分为预期性的向往群体和象征性的向往群体。预期性的向往群体是指个体期望加入，并且在大部分情况下经常接触的群体。例如，大部分公司的职员把公司经理层看作向往群体。因为在当前的市场经济环境下，人们把财富、名誉及权力作为重要的社会象征。在高级服装、化妆品广告中强调社会成功感或荣誉感就是利用人们向往群体的心理。象征性的向往群体是指个体没有隶属于某一群体的可能性，但是接受所向往群体的价值观、态度及行为的群体。

3. 拒绝群体

在拒绝群体中，人们隶属于某一群体并经常面对面地接触，但是对群体的态度、价值观念和行为表示不满，倾向于采取与之相反的准则。例如，有些人明明属于蓝领阶层，但是在消费行为上处处排斥蓝领阶层的消费，而是向白领阶层的消费靠近。

【案例7-7】参照群体下的奢侈品消费行为

4. 回避群体

回避群体是指消费者个人极力避免归属的，认为与自己不相符的群体，它一般以年龄、性别、民族、地域、职业、身体状况等因素作为回避对象，它对消费者的心理与行为具有重要影响。例如，人们会在自己身上点缀一些能够与回避群体划清界限的标志，如穿戴某种服饰、驾驶某种汽车、使用某种保健品或保洁产品、在某种饭店就餐等。又如，大部分人一般回避吸毒者、黑社会等的嗜好、行为。

三、影响消费者的主要参照群体

与消费者最为密切相关的参照群体主要有家庭成员、亲戚或朋友、同学同事、社区邻居、社会团体和名人专家等，下面进行简要介绍。

1. 家庭成员

人的一生，大部分时间是在家庭里度过的。家庭成员之间的频繁互动对个体行为的影响广泛而深远。个体的价值观、信念、态度和言谈举止无不打上家庭影响的烙印。不仅如此，家庭还是一个购买决策单位，家庭购买决策制约和影响家庭成员的购买行为；反过来，家庭成员又对家庭购买决策施加影响。

2. 亲戚或朋友

亲戚或朋友构成的群体是一种非正式群体，亲戚或朋友作为消费者个体的主要社交对象，日常的联系比较紧密，也是影响消费者行为的主要参照群体。根据马斯洛的需要层次理论，人都有一种归属需要，朋友这一群体就是归属需要的重要方面。在某些消费品上，如服装、化妆品、饮料、电器、汽车等，亲戚或朋友的意见将对消费者的购买决策起决定性作用。

3. 同学同事

由于长时间共同学习或在组织机构中合作共事，经常交流购物心得和购物的价值观念，消费者消费心理和行为容易受到来自同学或同事的影响。

4. 社区邻居

大家受传统文化影响，向来对邻里关系比较重视，那些居住条件比较拥挤的居民，邻里往来更为密切。在消费活动中，左邻右舍的消费倾向、价值评价、选择标准等往往成为人们重要的参照依据。

5. 社会团体

各种正式和非正式的社会团体，如党派、教会、书法协会、健身俱乐部等也在一定程度上影响着消费者的购买行为。虽然团体内各成员不像家庭成员和朋友那般亲密，但彼此之间也有讨论和交流的机会。群体内那些受尊敬和仰慕的成员的消费行为，可能会被其他成员谈论或模仿，成员还会消费一些共同的产品，或一起消费某些产品。比如，滑雪俱乐部的成员要购买滑雪服、滑雪鞋和其他滑雪用品等。

6. 名人专家

政界要人、专家学者、演艺人员、优秀运动员、著名作家，以及那些受人们推崇的名人，都可能成为消费者的参照群体，而且是向往群体，会对消费者消费心理和行为产生较大的影响。

四、参照群体对消费心理及行为的影响方式

个体在形成购买或消费决策时，经常参照、比较参照群体的行为。参照群体对消费者心理与行为的影响方式有三种。

1. 信息性影响

参照群体不断向消费者传递一些消费信息，消费者会将这些信息作为重要的参考依据，并做出消费决策。参照群体的信息影响程度取决于被影响者与群体成员的相似性和施加影响的群体成员的专长性。例如，某人发现其关注的长跑运动员食用了某种品牌的营养品，于是决定试用一下这种品牌的产品。显然，这里的长跑运动员对该品牌营养品的食用提供了间接的信息。有时这种信息的影响更加直接。例如，某广告的内容暗示，某人在使用该产品之前从一位朋友那里搜寻信息，朋友向他推荐该产品并告诉他该产品的效果，这就是直接的信息影响。

2. 规范性影响

规范性影响是指群体要求成员遵守的规范对消费者产生的影响。参照群体能产生这种影响的前提：参照群体的行为是明确可知的；参照群体能给予消费者某种奖赏或惩罚；消费者有得到奖赏或避免惩罚的愿望。因此，遵从参照群体的规范要求就成为被影响者的主动行为。例如，为了得到配偶或邻居的赞同，人们或许会专门购买某个牌子的商品，或者因为担心遭到朋友的嘲笑而不敢穿新潮服装，这些都是规范性影响。又如，广告商声称，如果使用某种商品人们就能得到社会的接受和赞许，或者如果不使用某种产品就得不到群体的认可(如牙刷和除臭剂)，采用的也是群体对个体的规范性影响。

3. 认同性影响

认同性影响也称价值表现影响。每个参照群体都有一定的价值观和文化内涵。大多数消费者都希望在维持自我的同时被社会认同，因而会按照一定群体的价值观、习惯和规范行事，从而实现社会认同的目标。一个群体能对消费者产生认同性影响要有一定的前提，即消费者首先认同这个群体的价值观，并完全接受这个群体的规范。

【案例7-8】群体是如何影响消费者决策的

五、参照群体对消费心理及行为的影响程度

具体来说，参照群体对成员的影响程度主要取决于以下两个方面。

(一)产品的特性

1. 产品使用时的可见性

当产品或品牌的使用可见性很强时，群体影响力就很大。对跑步鞋来说，产品种类(鞋)、用途(跑步)都是可见的，一件衣服的种类和款式也是可见的。其他产品，如维生素的消费，一般是隐蔽的。参照群体通常在可见性高的产品上对个体行为产生影响，对于私下使用的诸如油、盐、酱、醋之类的日常生活品，群体对其成员的影响则较小。

2. 产品与群体的相关性

对一个消费者来说，他所处的群体与某种商品的关联性越大，对商品的知识掌握得越

专业，他在这种商品的消费上就越重视群体的意见，从而服从群体的倾向越大。例如，装束对一个经常在豪华餐厅用餐的群体来说比较重要，而对只在星期四晚上一起打篮球的参照群体成员来说，其重要性就小得多。

3. 产品是否为必需品

一般来说，消费者日常使用的必需品，如食品、日杂用品等会由于长期的使用而养成一种习惯，因而群体的影响也相对较小；而对那些非必需品，如金银首饰、高档电器等，消费者更愿意接受群体中其他消费者的建议。也就是说，产品的必需程度越低，参照群体的影响越大。

4. 产品的生命周期

在产品引入期，消费者的产品购买决策受群体影响很大，但品牌决策则受群体影响较小。在产品成长期，相关群体对产品及品牌选择的影响都很大。在产品成熟期，群体影响在品牌选择上大而在产品选择上小。在产品的衰退期，群体影响在产品和品牌选择上都比较小。

(二)消费者的个体特征

1. 消费者的经验与信息来源

当消费者对某产品具有丰富的经验或可以获取足够的信息时，消费者受参照群体的影响就会很小。

2. 个体在购买中的自信程度

研究表明，个人在购买电视、汽车、家用空调、保险、冰箱、媒体服务、杂志书籍、衣服和家具时，最易受参照群体影响。例如，保险和媒体服务的消费，既非可见又同群体功能没有太大关系，但是它们对于个人而言很重要，而大多数人对它们又只拥有有限的知识与信息，因此群体的影响就由于个人在购买这些产品时信心不足而强大起来。

3. 群体对个体的吸引力

如果个体在其所属的群体中得到了某些方面的满足，诸如归属感、成就感，则这个群体对该成员的吸引力就大。同时，他会出于想要继续留在该群体的愿望，而与群体其他成员的行为保持一致。例如，当一个人渴望留在某一群体中时，在衣服选择上，他就可能更多地考虑群体的期望，选择群体成员要求的或能够接受的服装。

4. 个体对群体的忠诚度

个体对群体越忠诚，他就越可能遵守群体规范。当参加一个向往群体的晚宴时，在衣服选择上，人们可能更多地考虑群体的期望；而参加无关紧要的群体晚宴时，这种考虑可能就少得多。研究发现，强烈认同西班牙文化的拉美裔美国人比只微弱地认同该文化的消费者更多地从规范和价值两个方面受到西班牙文化的影响。

第五节　家庭因素

家庭作为社会结构的基本单位,与消费活动有着极为密切的关系。人从一出生,首先接触的是家庭,家庭的价值观念与行为方式会直接影响下一代。

一、家庭的概念与结构

家庭是由两个或两个以上的成员,基于血缘、婚姻或收养关系而组成的一个社会单元。家庭具有多种功能,与消费心理行为密切相关的功能有经济功能、情感交流功能、赡养与抚养功能、教育功能等。

家庭结构主要有如下几种。

(1) 核心家庭,即由夫妇或其中一方和未婚子女构成,这类家庭也称为两代人家庭。

(2) 复合式家庭,也称扩大型家庭,指由核心家庭和亲属(如父母、祖父母、岳父母等)所组成,一般是三代人或更多代人同住的家庭。

(3) 丁克家庭,指只由一对夫妇组成的家庭。

我国目前的家庭在结构上存在着地区的差异性。一般来说,农村和内陆地区的家庭成员偏多,而城市和沿海地区的家庭成员较少。从社会经济文化发展的角度来看,我国家庭成员的数量呈现减少的趋势。具体来说,就是核心家庭和夫妻家庭的在增多,而复合式的家庭在减少。

二、家庭消费特点

家庭消费具有以下几个显著特点。

(1) 阶段性。每个家庭都有自身发生、发展、消亡的过程,即生命周期,在家庭生命周期的不同阶段,消费者的购买心理与购买行为有着明显的差异,具有阶段性特点。

(2) 相对稳定性。很多家庭的收入是相对稳定的,日常消费支出和其他各项支出也相对均衡和稳定,相对来说,家庭的婚姻关系也是比较持久和稳定的,从而家庭的消费也相对稳定。

(3) 传承性。每个家庭都归属于一定的群体和社会阶层,具有特定的消费价值观念,并受到一定经济条件的制约,最终形成每个家庭的消费特色、消费观念和消费习惯。这些具有家庭特色的消费观念和消费习惯,对家庭成员的日常消费心理和行为具有潜移默化的影响,表现出对下一代的传承性。

三、家庭的生命周期阶段

美国学者 P. C・格里克(P. C Glick)1947 年最早从人口学角度提出了家庭生命周期的概念。他还对一个家庭所经历的各个阶段做了划分,分别是形成、扩展、稳定、收缩、空巢、解体六个阶段。标志每个阶段的起始与结束的人口事件如下。

(1) 形成阶段。由结婚到第一个孩子的出生。

(2) 扩展阶段。由第一个孩子的出生到最后一个孩子的出生。

(3) 稳定阶段。由最后一个孩子的出生到第一个孩子离开父母家。

(4) 收缩阶段。由第一个孩子离开父母家到最后一个孩子离开父母家。

(5) 空巢阶段。由最后一个孩子离开父母家到配偶一方死亡。

(6) 解体阶段。由配偶一方死亡到配偶另一方死亡。

家庭生命周期(family life cycle，FLC)是指绝大多数家庭必经的历程，是描述从单身到结婚(创建基本的家庭单位)，到家庭的扩展(增添孩子)，再到家庭的收缩(孩子长大分开独立生活)，直到家庭解散(配偶中的一方去世)的家庭发展过程的社会学概念。

家庭生命周期是一个综合性的变量，它通常由婚姻状况、家庭规模、家庭成员的年龄(特别是年幼或年长孩子的年龄)及户主的职业地位等人口统计变量共同决定。父母的年龄和相对的可支配收入通常也可以根据一个家庭所处的生命周期阶段推断出来。尽管不同的研究人员划分的家庭生命周期阶段不尽相同，但许多家庭生命周期模型都可以分成五个基本阶段，即单身阶段、新婚阶段、满巢阶段、空巢阶段和解体阶段。不同生命周期阶段的消费者在购买行为上会有不同。

(1) 单身阶段由年轻的离开父母独立生活的单身成人所构成。处于这一阶段的部分成员属于有全职工作的年轻人，部分成员属于离开父母住所的在校大学生。随着结婚年龄的推迟，这一群体的数量逐渐增加。这些单身成人倾向于将其收入花费在房租、基本的家用器具、旅行和娱乐、服装和饰品等方面。因为没有什么经济负担，单身阶段的消费者经常有足够的可支配收入放纵自己。许多产品或服务的目标市场就是这个群体。

(2) 新婚阶段始于新婚夫妇正式组建家庭，止于他们的第一个孩子出生。在这一阶段，夫妻双方都需要做出调整以适应他们婚后的生活。由于许多年轻的夫妇双方都有工作，他们的共同收入往往允许他们去寻求一种愉快的生活。因为刚组建新的家庭，他们会有大量的购买活动，如大小家电、起居室和卧室家具、床上用品、地毯、装饰品、厨具、碗碟等，都是他们需要购买的。这类家庭大部分拥有双份收入，相对于其他群体较为富裕。他们是剧院门票、昂贵服装、高档家具、餐馆饮食、奢侈度假等产品和服务的重要市场。

(3) 满巢阶段指从第一个孩子出生，到所有孩子长大成人并离开父母。这一阶段持续时间较长，一般会超过20年，所以会进一步表现出阶段性特点。

第一个孩子的出生常常会给家庭生活方式和消费方式带来很多变化。例如，处在这一阶段的家庭需要购买婴儿食品、婴儿服装、玩具等很多与小孩有关的东西。同时，在度假、用餐和家居布置等方面也要考虑小孩的需要。此外，如果妻子停止工作在家哺乳和照看小孩，家庭的收入则会随之减少。如果请祖父母或外祖父母照看孙子、孙女，或者请保姆打理家务，由于住户成员增加，在生活起居、家庭购买等方面也会有一定变化。当孩子进入小学或中学阶段，中国的家庭基本上还是以孩子为中心，家庭不仅要为孩子准备衣、食、住、行等方面的各种物品，还要带孩子参加各种音乐班、学习班，购置诸如钢琴、小提琴之类的乐器。随着孩子陆续长大，有的已经开始工作，家庭的经济压力相对减轻，家庭经济状况好转，往往会更新一些耐用消费品，购买一些新潮的家具，健康、旅游、外出用餐等方面的花费也会增加。

(4) 空巢阶段始于小孩不再依赖父母，也不与父母同住，这一阶段持续的时间也比较长，这一阶段可能是已婚夫妇在财政上最宽裕的时期。与过去相比，现今处于空巢期的夫妇一般享有更多的闲暇时间。他们更频繁地旅行，有更长的假期，还可能在气候温暖的地区购买他们的第二处住所。由于储蓄和投资，也由于花费减少(不再需要返还贷款本息和支付子女的学费)，他们拥有较多的可支配收入。所以，处于空巢阶段的家庭是奢侈品、新车、昂贵家具及远距离度假等产品或服务的一个重要消费群体。

(5) 解体阶段，当夫妻中的一方过世，家庭便进入解体阶段。如果在世的一方身体尚好，有工作或有足够的储蓄，并有朋友和亲戚的支持和关照，家庭生活的调整就比较容易。由于收入来源减少，此时在世的一方，过上了一种更加节俭的生活。他们中的许多人开始从家庭之外寻求朋友关系，或者开始第二次(甚至第三次、第四次)婚姻。处于这一阶段的家庭会有一些特殊的需要，如更多的社会关爱和照看。

四、家庭购买决策

在以家庭为单位进行购买时，家庭成员在购买决策中扮演什么购买角色是个很复杂的问题，它受多种因素的影响。通常，在购买的过程中，每个家庭成员都会充当一定的角色。一般情况下，在购买过程中的发起者、影响者、决策者、购买者和实际的使用者的角色由家庭的不同成员扮演。一个家庭成员在一项购买中可以扮演几个角色，有时一个角色也可由几个人扮演，如丈夫提出去购买空调，经与妻子协商后，丈夫决定去购买，并且此空调由丈夫最终去购买。此购买过程中，丈夫既是提议者、决策者，也是购买者；空调购买回来投入使用后，则使用者是全体家庭成员。

购买角色的承担与成员在家庭中承担的任务有关。家庭成员因其在家庭中承担的任务不同，他们对购买决策的作用也不相同，如口红、唇膏、香水等化妆品，它们的消费对象主要是女性，购买决策者主要是女性；五金工具等商品，购买者或使用者主要是男性；玩具等商品消费者主要是儿童。

【案例 7-9】"80 后""90 后"女性成家庭购物决策者

五、家庭权力结构

家庭权力结构主要说明哪一个成员在家庭消费决策中居主导地位。在传统家庭中，丈夫在家庭消费决策中居主导地位，而妻子与子女处于附属地位。但近年来，女性在家庭中的地位日益上升，平等协商成为家庭消费决策中的一种主要模式。当前，根据在家庭消费决策中谁占主导地位，可将夫妻的权力结构分为以下几种类型。

(1) 独立支配型：夫妻双方都能为自己的购物做出决策。
(2) 丈夫权威型：丈夫在家庭购买决策中居主导地位。
(3) 妻子权威型：妻子在家庭购买决策中居主导地位。
(4) 共同决策型：夫妻双方通过民主协商来决定购物。

一个丈夫权威型的家庭，消费决策会带有男性的色彩，如对家电、机械用品等商品，丈夫在购买中的作用相当明显。在妻子权威型的家庭，对于购买化妆品、服装、家庭室内装饰品等商品，妻子的作用会明显重要得多。在共同决策的家庭中，购买决策的分工不会很明确，以两方相互商量、相互参谋的决策形式为主。家庭购买权力结构的形成一般受家庭购买力、家庭的民主气氛、所购买商品的重要性、购买时间和可觉察风险等因素的影响。

六、影响家庭消费行为的因素

1. 家庭收入水平

家庭收入水平包括以下两个方面：一是家庭的实际收入水平，即某阶段家庭收入情况，它具体影响一个家庭实际的生活水平；二是家庭的预期收入，即家庭未来可能获取的收入，家庭对未来收入水平所持的不同态度切实地影响着一个家庭目前的消费行为。比如持乐观态度的家庭可能对某些高档商品提前购买，而持悲观态度的家庭可能延迟一些商品的购买。

2. 家庭规模

家庭规模对消费行为的影响体现在以下两个方面。一是就业人数多的家庭，总收入水平就高；而在总收入水平一定的条件下，家庭规模越大，人均收入水平越低。二是家庭规模直接影响家庭对一些商品的需求数量，如规模大的家庭对生活必需品的需要自然就多。

3. 家庭生命周期阶段

如前文所述，在不同的家庭生命周期阶段，家庭的消费心理与行为也是不同的。单身阶段、新婚阶段、满巢阶段、空巢阶段和解体阶段家庭消费主要支出是有很大不同的。在满巢阶段，反映在消费活动上，家庭生活的购买不再取决于单身阶段的个人兴趣，基本上家庭的日常生活的消费活动都围绕着孩子。空巢阶段是家庭经济状况最好的时期，父母的收入比较多，且没有家庭负担，家庭建设也基本完成，此时开始注重生活品质的提高。

本 章 小 结

本章主要介绍了对消费者心理与行为产生影响的经济因素、文化因素、社会阶层因素、参照群体因素和家庭因素，它们对消费者购买心理与行为都有着直接或间接的影响。随着我国经济环境的改变，人们的消费观念、消费方式都发生了变化，而个性化消费，以及对绿色产品、服务和精神的消费也更加突出。

文化具有社会性与差异性、无形性与习得性、发展性的特点。文化对消费者心理与行为的影响主要表现为对食品的观念、对时间和空间的观念、对友谊的观念、对审美的观念、对财富的观念等方面，常见的亚文化有民族亚文化、宗教亚文化、种族亚文化、地理亚文化。我国的传统文化观念的特点为注重家庭和伦理关系、重视人情、崇尚节俭。

社会阶层是社会中相对持久和同质的部分，它是依据经济、政治、教育、文化等多种社会因素所划分的相对稳定的社会集团或同类人群。一般使用综合指标法来划分社会阶层，涉及的关键变量有收入、职业声望、教育、财产等。社会阶层方面的三种消费心理及行为表现为：希望被同一阶层成员接受的"认同"心理与行为，避免向下降的"自保"心理与行为，向上攀升的"高攀"心理与行为。社会阶层对消费者心理与行为的影响表现为对商店的选择、对新产品的态度、消费的产品等方面。

对消费者心理与行为产生影响的参照群体主要有家庭成员、亲戚或朋友、同学同事、社区邻居、社会团体、名人专家；影响的方式主要有信息性影响、规范性影响、认同性影响；而影响的程度取决于产品的特性和消费者的个体特征。家庭的消费具有阶段性、相对稳定性和传承性的特点。家庭生命周期是一个综合性的变量，它通常由婚姻状况、家庭规模、家庭成员的年龄(特别是年幼或年长孩子的年龄)及户主的职业地位等人口统计变量共同决定。家庭生命周期可以分成五个基本阶段，即单身阶段、新婚阶段、满巢阶段、空巢阶段和解体阶段。家庭对消费心理与行为的影响体现在家庭收入水平、家庭规模和家庭生命周期阶段几个方面。

思 考 题

1. 简述我国经济持续快速的发展对消费者心理和行为的影响。
2. 简述文化的概念。
3. 我国传统文化主要有哪些特点？
4. 简述社会阶层对消费者心理和行为的影响。
5. 影响消费者的主要参照群体有哪些？
6. 简述参照群体对消费者心理与行为的影响方式。
7. 家庭消费具有什么特点？
8. 简述影响家庭消费行为的主要影响因素。

案 例 分 析

营销无困难　消费者购买行为分析

广东凉茶在北方遭遇"水土不服"。郭老板在北京黄金地段开了一家广东凉茶馆，原以为凭借着加多宝、王老吉在神州大地刮起的广东凉茶热风能大赚一笔。没想到开业3个月以来，经营就一直陷入困境。大部分顾客就是图着新鲜来喝上一杯，但回头客极少。虽然郭老板的广东凉茶馆一再向北京顾客宣传其广东凉茶的鲜明特色，但他忽视了北京消费者是否接受这一特色。其经营陷入困境就理所当然了。

首先，凉茶起源于岭南地区，因为广东、广西属于典型的亚热带气候，夏季炎热，多雨潮湿，水质偏燥热，炎热时间比较长，很容易令人生"热气"，即北方人所说的"上火"，先民为了除湿去热，便将一些清热消暑、去湿解毒的中草药配成各式各样的凉茶。北方的气候则四季分明，冬天寒冷，春季干燥，夏季炎热，秋高气爽。干燥的气候特征使消费者对上火有些生疏。因此对于广东凉茶，其销售定位不能强调其除湿去热功能。其次，广东凉茶的推广需要时间。凉茶是岭南文化的产物，由于色、味及制作工艺与中药类似，大多数外地市场的消费者都将凉茶等同于中药。北京消费者需要时间了解和接受凉茶文化。最后，传统广东凉茶口味很淡，而且有一点苦涩，北方人很难习惯。虽然凉茶开始深入人心，但北京消费者能否接受并形成消费习惯还需要在口味上做些改良。

(资料来源：小娱哈哈. 让你营销无困难，消费者购买行为分析. 2020-10-12.
https://baijiahao.baidu.com/s?id=1680351136944686437&wfr=spider&for=pc.)

问题:
1. 结合案例,谈谈哪些因素可能会影响消费者的购买行为?
2. 郭老板应该采取什么改进措施?

【阅读资料】国潮风起,吹向世界

第八章

商品因素与消费者心理及行为

学习目标：通过本章的学习，掌握影响消费者购买新产品的心理与行为因素；熟悉新产品购买者的类型；理解品牌的概念与功能；熟悉品牌忠诚度的含义；理解品牌忠诚形成的心理机制；掌握品牌忠诚对消费者心理与行为的影响；熟悉消费者对商品包装设计的需求。

案例导读

茅台冰激凌，吃了会醉吗？

2022年5月19日，"i茅台"数字营销平台正式上线仪式活动现场，全国首家茅台冰激凌旗舰店开张营业。茅台冰激凌，由i茅台和茅台大酒店联合推出。

据白酒营销专家介绍，茅台冰激凌有淡淡的茅台酒味道，是茅台与蒙牛战略合作的产品，未来将在全国多地开设茅台冰激凌专卖店。

茅台冰激凌旗舰店No.001位于茅台国际大酒店大厅。目前推出原味茅台冰激凌、香草茅台冰激凌两种口味，品鉴价为39元/份。

茅台冰激凌从品质角度来说，是一个具有酒类味觉的特色饮品，属于茅台年轻化文创产品的一部分。对于茅台的品牌话题度、亲和力及对年轻群体的号召力有一定的流量价值。

茅台冰激凌是茅台集团主动向年轻消费群体靠近的首次突破。它打破了大家以往对茅台产品传统、稳重、商务的刻板印象，是在用时尚、年轻的冰激凌形式向大众消费者展现茅台创新、活力、时尚的另一面，从而吸引更多年轻人关注和喜欢，同时也是在培养和挖掘茅台酒的潜在客群。

对于茅台开售冰激凌一事，多数网友认为值得期待。也有网友调侃，是"酱香型"冰激凌。另外，有网友担心，此款冰激凌是不是开车不能吃，否则会查出酒驾。

(资料来源：公众号——营销与消费者心理. 茅台冰激凌，吃了会醉吗？2022-05-12.)

第一节 新产品与消费者心理及行为

一、新产品的概念与分类

新产品的概念是从整体产品的角度来定义的。在"产品整体概念"中，产品在任何一个层次上的更新，或有了新的结构、新的功能、新的品种，或增加了新的变化，从而给消费者带来了新的利益，即可视为新产品。

根据新产品创新程度的不同,可以将新产品分为以下四类。

1. 全新型产品

全新型产品是指那些运用新的科学技术或新材料、新工艺设计生产的,在造型、结构和性能等方面完全创新的产品。全新型产品的出现和使用,往往会对消费者的消费观念、消费方式、消费过程及消费心理等产生重要的影响。例如,第一台手机的问世就属于全新型产品,在它出现之前,市场上没有类似的产品,其功能也是其他产品所不能替代的。

2. 革新型产品

革新型产品是指在原有产品的基础上进行了某些方面的改革而出现的新产品。这种改革体现在产品的设计、结构和性能三个方面。其中,主要是性能得到了重大改进。革新型产品虽不及全新型产品的社会意义重大,但由于它的性能有重大改善,有可能迅速取代旧产品,进而在社会上形成新产品的消费潮流,但不会因此形成新的消费方式和生活方式。

3. 改进型产品

改进型产品是指在原有产品的基础上略加改良而出现的产品。这种改良只是在工艺、结构或用料上做部分改进,使产品的性能或效用有某些提高。例如,洗发水增加了去屑功能、饮料增加了减肥功效等,它们都保留产品的原有功能,与普通产品差别不大,能在一定程度上适应消费者渴望变化、刻意求新的心理,所以较容易被消费者接受。一般来说,这类新产品对消费方式和消费结构影响不大,取代旧产品的能力也较差。

4. 部分改进型产品

部分改进型产品是指在性能、用途及质量上与原有产品相比没有大的改进的产品。这类产品或是在产品外观上,或是在造型上,或是在零部件上有少许变化,在变化中求生存,流行感特别强,流行时间相对较短。这类产品保持了原有产品的某些特点,很容易被消费者接受,对消费方式不会产生影响。

二、消费者对新产品的期望

1. 方便实用

商品在使用过程中是否便捷,操作是否简单,重量是否便于搬运,保养、维修是否容易等,都是消费者在选购过程中需要考虑的问题,也是消费者对新产品的期望。实用即商品具体的使用价值,是消费者购买商品最基本的出发点,保温瓶如果不具备保温的功能,就失去了使用价值,消费者对新产品最基本的期望就是方便实用。

2. 经济耐用

经济就是价格要合理,使用成本不高,有些消费者会运用不同的质量指标分析商品价格的合理性。例如,两种牌号的空调,价格、规格、耐用性相差无几,如果耗电量差别大,消费者一般会选用耗电量小的。耐用是指产品要经久耐用,使用寿命要长,质量稳定性要好。消费者选购商品会关心其耐用性,从而判断商品的质量。相对于旧产品,消费者总是期望新产品是经济耐用的。

3. 安全舒适

安全就是无任何副作用，产品在使用过程中是安全的，对我们的身体不会造成伤害，如食品、装修材料、汽车等，人们总是期望新产品能更具安全性。舒适就是在使用过程中能充分适应人体的生理结构和使用要求，减小人体的劳动强度，同时增加心理上的快感和愉悦。日本的汽车制造商，曾根据西方人体结构的特点，设计了特别宽敞、舒适而且座位可以自动调节的新款汽车，在美国市场销售大获成功。

4. 突出个性

随着经济社会的发展，人们的生活是丰富多彩的，追求个性化的风格是现代社会消费者特别是青年消费者的重要消费特点。新产品不仅需要满足人们对其基本质量功能等的需求，还需要突出一定的个性，满足人们对个性化的追求。比如，近年来流行的空调在外观上就比以前的老式空调更具有个性。

5. 体现时尚

商品的时尚流行是一种社会消费现象，流行商品具有新奇性，很容易吸引人，是人们求新、求变心理的反映。当某一商品流行一段时间后，它就可能成为过时商品，不再具有原先的魅力，于是新的追求又会形成，新的时尚又会产生。新产品要具有时尚性，否则很难吸引消费者。

6. 符合审美

美能使人产生愉悦的心情，消费者期望新产品的外观、造型、款式、色彩、图案等能符合他们的审美标准。商品售卖过程中，顾客是否对商品产生美感，对交易能否完成具有重要的心理意义。审美价值体现在两个方面：其一，作为单个的商品本身在形状、线条、色彩等方面给人以美感，刺激顾客的感官，唤起顾客的购买欲；其二，作为整体之中一个组成部分的商品与其他部分构成协调的、完美的配合，美在和谐。美感还体现在其与商品本身基本功能的完满结合上。尽管每个人的兴趣有不同的表现，人的审美标准也因其个人受教育程度等有很大的差异，但对一般商品来说，人们对美的评价和衡量标准在很大程度上具有一致性，美感赖以存在的商品本身具有客观的评价标准。

三、消费者接受新产品的心理及行为过程

1. 了解新产品

当一种新产品投放市场以后，消费者会通过广告、购物场所的亲自观察、亲朋好友的介绍等方式了解新产品，形成对新产品的初步认知。

2. 形成购买动机

在对新产品有初步认知的基础上，消费者会基于新产品的属性和价值，形成对新产品的购买动机。比如，消费者通过广告宣传、朋友介绍知晓了空气炸锅，并了解了空气炸锅的基本属性特点，以及会给消费者带来方便、健康、美味可口的食物的利益和价值，消费者就有购买空气炸锅的欲望和动机。

3. 尝试新产品

在对新产品产生购买欲望和动机后，消费者会通过各种途径去尝试新产品。比如：如果新产品是空气炸锅，他们可能去朋友家亲自体验一下；如果新产品是化妆品，他们可能去商店让销售人员送一个小样体验一下。

4. 评价新产品

消费者对新产品尝试体验以后，根据自己的体验感受，会对新产品有一定的态度和评价。如果体验较好，他们就会对新产品持肯定的态度，有积极的评价；相反，如果尝试体验效果差，他们就会对新产品持否定的态度，有消极的评价。

5. 决定是否购买新产品

消费者对新产品的评价决定了他们是否接受新产品，是否会发生购买行为。一般来说，只有对新产品持肯定态度、积极评价的消费者才会决定购买新产品。

四、新产品购买者的类型

由于心理需要、个性特点及所处环境的不同，不同消费者对新产品接受的快慢程度也会有所不同。美国学者 E. M. 罗杰斯(E. M. Rogers)根据这一不同，把新产品购买者划分为以下五种类型。

1. 革新者

任何新产品都是由少数革新者率先使用的，这部分消费者一般占全部购买者的 2.5%。他们极富创新和冒险精神，收入水平、社会地位和受教育程度都较高，多为年轻人，交际广泛且消息灵通。他们人数虽少，但有示范、表率的作用，因而是新产品推广的首要对象。

2. 早期购买者

早期购买者是继革新者购买后，马上购买的消费者。这部分消费者一般占全部购买者的 13.5%，他们追求时髦、渴望变化，有一定的创新和冒险精神。他们一般社会交际广泛，活动能力强，渴望被人尊重，喜欢传播消息，常常是某个圈子的公众意见领袖。他们人数较少但有一定的权威性，对带动其他消费者购买有重要的作用。

3. 早期大众

早期大众一般占全部购买者的 34%。他们有较强的从众、仿效心理，乐于接受早期事物，但一般比较谨慎。由于这类消费者数量较多，而且一般在产品成长期购买，因此是促成新产品在市场上趋向成熟的主要力量。

4. 晚期大众

晚期大众的数量约占全部购买者的 34%。这部分消费者态度谨慎，对新事物反应迟钝，从不主动接受新产品，直到多数人采用新产品且反应良好时，他们才会购买。他们对于新产品在市场上达到成熟状态作用很大。

5. 守旧者

守旧者约占全部购买者的 16%，是采用新产品的落伍者。这部分消费者思想保守，拘泥于传统的消费行为模式，其社会地位和收入水平一般较低，一般新产品过时后他们才会购买，或最终拒绝购买。

【案例 8-1】新产品如何减少用户抵制

五、影响新产品购买行为的心理因素

1. 消费者对新产品的需要

需要指没有获得某些基本满足的感受状态，是消费者一切行为的基础和原动力。新产品能否满足消费者的需要，是其购买与否的决定性因素。由于不同消费者有不同的需要，因此对新产品的购买行为也各不相同。目光长远的企业应当善于发现消费者的潜在需要，有效地引导和创造消费需要。

2. 消费者对新产品的感知程度

消费者只有对新产品的性能、用途、特点有了基本的了解，才能进行分析和判断。当消费者确信新产品能够为之带来新的利益时，其购买欲望就会受到激发，进而发生购买行为。消费者感知能力的强弱直接影响其接收新产品信息的准确程度和敏锐度，从而产生其购买行为的时间差异。

3. 消费者的个性特征

消费者的兴趣、气质、性格、价值观等个性心理特征差别很大，这直接影响了消费者对新产品的接受程度和速度。富有冒险精神的消费者，往往比墨守成规的消费者更易于接受新产品，而且接受速度更快。

4. 消费者对新产品的态度

消费者对新产品的态度是影响新产品购买行为的决定性因素。消费者在感知新产品的基础上，通过对新、旧产品的比较和分析，形成对新产品的不同态度。如果消费者最终确信新产品具有某些优点，能为其带来新的利益及心理上的满足，他就会对新产品持肯定态度，进而发生购买行为。

六、新产品的推广

1. 口头传播

顾客的家庭成员、亲朋好友、同事、同学、邻居等相互之间传递有关新产品的信息；推销员与顾客直接交谈，向顾客传递新产品信息等，都对新产品的推广与扩散起了极为重要的作用。口头传播与宣传成本日益上涨的报纸、电视、路牌等相比，成本是最低的。

2. 亲自观察

新产品投入市场后，许多客户从媒体或者其他人员处获得信息后，常常要通过亲自观察来验证新产品的信息是否准确、可靠，必要时还可以补充更多的信息，并对信息进行处理，如筛选、组合鉴别、正式获取新产品信息。这种方式对其购买决策的影响作用仅次于口头传播，居第二位。

3. 广告宣传

广告宣传是企业通过各类媒体向顾客传递新产品信息的主要渠道，如广播、电视、网络等。借助这种渠道，新产品信息可以在广大消费者中广泛、迅速地传播，其作用也是相当大的。但是，广告宣传新产品信息的单向传播性和信息有限性，使顾客对新产品存在疑问时不能得到解答，以致顾客常常对新产品缺少足够的信任，从而影响他们购买。因此，广告宣传对新产品推广的作用比口头传播和顾客亲自观察的作用要小。

以上三种信息传播渠道在新产品推广中都能促进消费者认知、了解、喜爱直至接受新产品，哪一种都不能忽视。但是，它们作用的大小并不相同。口头传播影响力最大，亲自观察次之，广告宣传最次。

【案例8-2】茅台冰激凌跨界经营的背后用意

第二节　品牌与消费者心理及行为

一、品牌概述

1. 品牌的含义

品牌是一种名称、术语、标记、符号或设计，或它们的组合，用以识别一个或若干个生产者(或销售者)的产品或服务，并使之与竞争对手的产品或服务区别开来。其中品牌名称是指品牌中可以读出的部分，如五粮液、蒙牛等。品牌标记是指品牌中可以识别，但不能发音的部分，如标记、颜色、造型、符号或设计等。品牌是企业的一种无形资产，对企业有重要的意义。

品牌传递出来的信息，具有以下六个层面的含义。

(1) 属性。一个品牌首先给人带来特定的属性，如"宾利"代表高档、制作精良、声望和地位。因此，品牌带来的属性应当能够符合消费者的需要。

(2) 利益。品牌不只是一种属性，购物时消费者不是购买属性而是购买利益，因此属性应当转化为功能利益或情感利益，如"昂贵"带给消费者的是让人羡慕的情感利益。因此，营销人员应当注意，品牌带来的产品属性是否能够提供消费者需要的利益。

(3) 价值。品牌提供的价值包括营销价值和顾客价值。营销价值是通常所说的"品牌效应"，即品牌若在市场上被广泛接受，则可为企业节省更多的广告促销费用，带来更多的利润。顾客价值主要指品牌的声誉及形象能够满足消费者的情感需求。

（4）文化。品牌中所蕴含的文化是使品牌得到市场高度认可的深层次因素。市场对品牌的偏好反映的恰恰是消费者对品牌中所蕴含的文化认同。每个品牌都会从产品中提炼自己的文化。

（5）个性。品牌的个性塑造是为了使消费者产生认同感和归属感。不同的品牌有不同的个性，如"可口可乐"追求的是"尽情享乐"的个性，这就迎合了许多年轻消费者追求自由和快乐的需要。

（6）使用者。品牌还体现了购买者或使用这种产品的是哪一类消费者，这一类消费者也代表了一定的文化、个性，这对公司细分市场、进行市场定位有很大的帮助。

【案例 8-3】什么是品牌？

2. 品牌的功能

（1）识别。品牌自身含义清楚，目标明确，专指性强。只要提起某品牌，在消费者心目中就能唤起记忆和联想，引发相应的感觉和情绪，同时使之意识到品牌指的是什么。有些品牌的名称、标识物、标识语，是区别于其他品牌的重要特征，消费者早已熟记在心，如上海大众桑塔纳的车标。

（2）信息浓缩。品牌的名称、标识物、标识语含义丰富深刻，幽默具体，以消费者所掌握的关于品牌的整体信息的形式出现，可以使消费者在短时间内获得高度浓缩的信息。

（3）安全性。一个品牌，尤其是长期在市场竞争中享有崇高声望的著名品牌会给消费者带来信心和保障，能满足消费者所期待获得的物质功能和心理利益的需求。

（4）排他性。一般情况下，品牌具有明显的排他性。品牌是企业进入市场的一个通行证，在某种程度上，是企业在市场竞争中战胜对手的法宝。因此，品牌具有明显的排他性。企业往往通过在国家有关部门登记注册、申请专利等形式保护自己的品牌。

（5）附加价值。附加价值是指消费者所欣赏的产品基本功能之外的东西。优秀的品牌一定要给顾客提供比产品更多的价值和利益，使消费者得到超值享受。尽管不同品牌提供的附加价值不同，消费者获得的利益享受不同，但是在价值享受、功能享受、心理利益等关键利益上，起码有一种或几种利益优先于其他产品的。

二、消费者的品牌忠诚度

1. 品牌忠诚度的含义

品牌忠诚度是指消费者对某品牌情有独钟，以及由此产生的重复购买行为。一个品牌的忠诚度取决于忠诚于品牌的人数及其对品牌的钟爱程度，可用品牌购买顾客的数量及其品牌购买持续的时间来衡量。因此，可以说品牌忠诚度是消费者从一个品牌转向另一个品牌的可能。

2. 品牌忠诚的心理机制及特点

消费者品牌忠诚形成的心理机制：消费者在品牌认知的基础上，通过试用感到满意，进而对品牌产生积极评价。这种积极评价经过人与人之间的信息交流和广告，以及其他营销手段的强化，就会引发再次购买行为。当顾客又获得高度满意时，先前的肯定态度得以进一步强化，从而增加重复购买和重复使用的动机和行为，顾客对品牌的积极态度进而发展成品牌信念。这时消费者对品牌不仅有一种理性偏好，而且产生了情感的共鸣，形成依恋感，这就是产品忠诚度的表现。

也就是说，品牌忠诚有以下两个特点。

(1) 品牌忠诚是一种偏向性的情感。从消费者选择商品的心理过程来说，可以用理性和非理性来划分。理性忠诚就是指消费者以产品的价格、质量、服务、声誉等指标来进行选择。理性忠诚消费者会随着产品比较利益的变化而改变品牌。非理性忠诚则是指消费者从个人感受角度出发，对人格化的品牌个性的一种偏爱情感，是一种失去理性的"疯狂的爱"。当然，非理性忠诚是理性忠诚的基础，是一种感情的升华。

(2) 品牌忠诚表现为一种重复购买行为。仅有对品牌的情感是不足以说明品牌的忠诚的，还必须有购买行为，忠诚的消费者必须是实际的购买者；不仅如此，这种购买行为还必须在时间上具有持续性。在一定时间内，顾客对某一品牌产品重复购买的次数越多，说明对这一品牌的忠诚度越高；反之，则越低。由于产品的用途、性能、结构等也会影响顾客对产品的重复购买，因此必须根据不同产品的性质区别对待，不可一概而论。

【案例8-4】如何建立消费者的品牌忠诚度？

3. 品牌忠诚度对消费者购买心理与行为的影响

品牌忠诚表现为购买过程的非理性判断。它使品牌忠诚者不太在乎价格，不会因为市场上出现了质量更好的产品而见异思迁，不会因为外界环境和影响力量的影响而轻易改变。具体表现为以下四个方面。

(1) 品牌忠诚度降低了消费者受竞争行为影响的程度。一个消费者对某个品牌形成忠诚后，就很难为其他企业的产品所吸引，甚至对其他企业的产品持冷漠和抵制的态度。品牌忠诚使顾客在购买商品时，甚至取消对其他品牌商品的搜索，对新的更好的品牌没有太多的兴趣。

(2) 品牌忠诚度缩短了顾客挑选的时间。根据消费者心理活动的规律，顾客购买商品是要经过挑选这一过程的。由于信赖程度的不同，对不同产品的购买，顾客挑选的时间是不一样的。因此，购买挑选时间的长短也可以鉴别顾客对某一品牌的忠诚度。一般来说，顾客挑选时间越短，说明他对这一品牌的忠诚度越高；反之，则说明他对这一品牌的忠诚度越低。

(3) 品牌忠诚度降低了顾客对价格的敏感度。消费者对价格都是非常重视的，但是并不意味着消费者对各种产品价格的敏感程度是相同的。事实表明，对于喜爱和信赖的产品，消费者对其价格变动的承受能力强，即价格敏感度低；而对于不怎么喜爱和信赖的产品，消费者对其价格变动的承受能力弱，即价格敏感度高。所以据此可以衡量顾客对某一品牌的忠诚度。运用这一标准时，要注意产品对于人们的必需程度、产品供求及产品市场的竞争状况。产品的必需程度越高，则人们对于价格的敏感度越低。某种产品供不应求时，人们对于价格不敏感，价格上涨往往不会使需求大幅减少；当供大于求时，人们对于价格敏感,价格稍有上涨都可能发生滞销。产品的市场竞争也会影响人们对价格的敏感度。当某种商品在市场上的替代品很多时,价格上涨则会使消费者大量流失,转向购买其他品牌;若某产品在市场上处于垄断地位,无任何直接竞争对手,人们对它的价格往往敏感度低。实际工作中,只有排除了上述三个因素,才能通过价格敏感度指标来评价消费者对品牌的忠诚度。

(4) 品牌忠诚度增加了消费者对产品质量事故的承受能力。任何一种产品都有可能出现质量事故,即使名牌产品也不例外。顾客若对某一品牌的忠诚度高,对于出现的质量事故会以宽容和同情的态度对待,不会因此断然拒绝该产品。若顾客对某一品牌的忠诚度不高,产品出现偶然质量事故,消费者也不会原谅,会对该品牌产生反感,转向其他品牌。

4. 增强消费者的品牌偏好与忠诚度

1) 提升品牌的知名度

要提升品牌的知名度,营销者必须根据消费者的心理认知规律,做好以下工作。

(1) 产品或服务的质量认知优良。质量是品牌的基础和保障。质量概念包括质量存在和质量认知。质量存在指产品功能、服务等特征,是产品本身的客观反映。一个成功的品牌必然是质量过硬的品牌。质量认知是消费者对产品质量的整体认知,其中加上了主观因素。在现代购买行为中,并不是质量存在决定了品牌选择,而是质量认知决定了品牌选择。因为对于产品物理属性的好坏,消费者并不能做出客观准确的判断,而是基于个人经验、感觉、媒体宣传、社会舆论等因素的综合作用形成质量认知,因此,企业应该首先打造质量优良的产品,并在营销活动中,时刻注意维护产品质量良好的形象,塑造良好的质量认知。

(2) 品牌文化和恰当定位。品牌的文化传统和价值取向已是品牌不可缺少的因素。一个品牌沉淀的文化传统和价值取向是企业塑造的重心所在。品牌中的文化传统部分是唤起人们心理认同的最重要因素,有时甚至作为一种象征深入消费者的心中。未来品牌的竞争力,实质体现在品牌对文化传统的融合能力。一是品牌与传统文化价值的融合;二是融合文化传统的品牌与消费者的文化心理和价值取向的融合。一个品牌的文化,必须立足于本土,包容国际各种文化因素,如可口可乐品牌的中国式命名等。

文化是品牌的灵魂,而品牌定位是品牌文化的具体表现,是营销的灵魂。品牌建设应从目标消费者出发,根据他们的主导需要来确定产品的核心概念。只有迎合消费者需要的品牌,才能进入消费者的深层加工路线,达到品牌记忆。

(3) 合理设计品牌形象。合理设计品牌形象分为以下三个步骤。第一步是品牌名称的创意和视觉识别系统的设计,要求能恰到好处地表达品牌的定位,而且要简洁独特,富有内涵和视觉冲击力。这样不但引人注意,而且有利于消费者的读、说、写、听和记。第二步是包装设计,包装好比一个人的脸。应当精心设计包装,使之容易辨认和记忆,具有亲和力,使消费者在提及该品牌时,能立即联想到产品的包装,达到品牌回忆的目的。第三步是推出形象代言人,帮助顾客在最短的时间识别这个品牌。在选择品牌的形象代言人时,应该注意形象代言人的性格、气质、身份等特征符合品牌形象、文化和定位。只有这样的形象代言人才能活化品牌的个性,增加消费者对品牌的再认或回忆。

2) 提高品牌联想度

提高品牌的联想度，关键是要在消费者的心目中塑造良好的品牌形象。我们可以从主、客观两个方面入手做好品牌形象的塑造工作。

(1) 突出品牌的客观特点。突出品牌的客观特点，即通过创新手段使品牌拥有独一无二的、对消费者具有特殊意义的特质。这主要是指产品质量和特色，且应该与消费者的利益相吻合。例如，"海飞丝"洗发水品牌在深入了解消费者在护理头发方面的需求后，确立了"去屑"的品牌定位，并将这一定位贯穿到市场推广的每个环节，使消费者在接触该品牌时便知晓该产品的特质。通过各种传播手段的强化，海飞丝洗发水品牌的产品特质便在消费者的头脑中形成牢固的联系。

(2) 赋予品牌主观特性。赋予品牌主观特性，即通过品牌推广赋予品牌一种后天的心理特征，使品牌"个性化"。该方法主要通过整合营销传播手段去宣传品牌的文化价值、象征意义或情感效应等，从而在消费者的头脑中形成生动的印象。

3) 提高品牌的美誉度

(1) 实现顾客满意。根据菲利普·科特勒(Philip Kotler)的观点，提供顾客让渡价值(customer delivered value)是实现顾客满意、赢得赞誉的根本途径。顾客让渡价值可以看作企业利润，等于整体顾客价值与整体顾客成本之间的差额。整体顾客价值包括产品价值、服务价值、人员价值和形象价值；整体顾客成本包括货币成本、时间成本、体力成本和精力成本。增加顾客让渡价值有两种方法：一是增加整体顾客价值，二是降低整体顾客成本。

增加整体顾客价值可以通过向顾客提供质量更好、购买更方便、价格更低廉、分期付款更多的选择、更合适的包装、更多的增值服务等方式来获得；减少整体顾客成本则可以采取减小顾客收集产品信息的难度，降低购买的风险、时间、金钱和精力成本等。

(2) 培养意见领袖，促进人际传播。最先购买该品牌的一批消费者出于各种各样的考虑，会有意无意地把自己对新购品牌的看法告诉别人。这种以正式或非正式形式向别人提供品牌意见、影响别人选择品牌的消费者被称为意见领袖。

如果意见领袖对所选品牌有好感，品牌就会被传为佳话，有口皆碑地被散布开来。这种口头传播对品牌选择者具有深刻的影响。因为口头传播是面对面的直接交流，听者不但接收说者传递来的信息，同时能够听到说者的语音语调，观察其面部表情、手势等；另外，口头传播通常是在彼此熟悉或关系良好的人之间发生的，因而有更强烈的信任感。因此，企业必须真诚对待每位顾客，尽力为其提供最高的顾客让渡价值，并在顾客尝试购买阶段着力培养一批意见领袖，通过他们的口头传播来带动其他消费者的购买。

第三节　商品包装与消费者心理及行为

一、包装的概念及分类

1. 包装的概念

包装属于产品整体概念中的形式产品，是产品的一个重要组成部分。包装是指产品的容器、外部包扎物及装潢。一般包括商标或品牌、形状、颜色、图案、材料等要素。装潢是指对产品包装进行的装饰和美化。

2. 包装的分类

包装是产品生产过程在流通领域的延续。产品包装根据其在流通中的不同作用,一般可以分为运输包装和销售包装两种。

(1) 运输包装。运输包装又称为外包装或大包装,主要用于保护产品品质安全和数量完整。

(2) 销售包装。销售包装又称内包装或小包装,它随同产品进入零售环节,与消费者直接接触。销售包装实际上是零售包装,因此,销售包装不仅要保护产品,更重要的是美化和宣传产品,便于陈列展销,吸引顾客,方便消费者认识、选购、携带和使用。

二、包装的作用

产品的包装最初是为了在运输、销售和使用过程中保护商品。随着市场经济的发展,在现代市场营销活动中产品的包装作为产品整体的一部分,对产品陈列展示和销售日益重要。包装是商品的"无声推销员",除保护商品外,还有利于商品的美化和宣传,激发消费者的购买欲望,增强商品在市场上的竞争力。

(1) 保护商品。包装是影响商品完整性的重要保障,保障商品的内在质量和外部形状,使商品从生产结束到转移至消费者手中的整个过程中,不致被损坏、散失和变质。

(2) 便于储运。商品的包装要便于商品的储存、运输和装卸。液体、气体、危险品等,如果没有合适的包装,商品储运就无法进行。此外,商品的包装还要方便消费者携带。

(3) 促进销售。包装是"无声的推销员"。通过包装,可以介绍商品的特性和使用方法,便于消费者识别,能够起到指导消费的作用。美观大方、漂亮得体的包装,还可以大大地改善商品的外观形象,吸引消费者购买。

(4) 增加利润。商品的包装是整体商品的一个重要组成部分。高档商品必须配以高档次的包装。精美的包装不仅能美化商品,还可以提高商品的"身价"。同时,由于包装可以降低商品的损耗,提高储存运输装卸的效率,从而可以增加企业利润。

三、消费者对包装设计的需求

商品包装要得到消费者的喜爱,其颜色、外形等设计很重要,设计也不容忽视。包装设计者必须注意分析消费者对包装的各种心理需求,根据商品性质、目标消费者特点、使用条件等因素进行综合研究。

(1) 便利性。商品包装在购买、携带、储存、使用和信息传递等各个方面都要尽可能为消费者提供方便。例如,利于开合的盒盖等,能使消费者感受到企业处处为他们着想的良苦用心,从而产生重复购买行为。

(2) 艺术性。商品包装要想引起消费者的兴趣、获得消费者的喜爱,艺术性是关键的。这就要求包装设计做到实用性和艺术性相结合,在包装造型、图案、色彩等各个方面表现出艺术创作的美感。

(3) 直观性。对于一些选择性强的商品，其包装应提高透明度。企业应多利用透明包装、开窗式包装、可拆装式包装，给消费者直观、鲜明、真实的心理体验，突出商品形象，以满足消费者挑选商品的心理要求。这种包装在食品类商品中的应用最为广泛。

(4) 新鲜感。包装从选材、工艺、款式到色彩设计都应该体现出与众不同的特点，力求新颖别致，尽量避免模仿、跟风、落入俗套。包装符合消费者求新的心理要求，有助于激发购买动机。

(5) 安全感。"买得放心，用得安心"是消费者最基本的心理要求。因此，在包装上应将可能有损消费者身心健康的问题讲清楚，以便消除消费者的顾虑和疑惑。

(6) 尊贵感。包装作为商品整体的组成部分，同样能显示主人的身份、地位、尊贵感和优越感。尤其是对于一些礼品和高档商品，华丽的包装可以激发购买者的社会性需求，满足消费者的炫耀心理和求美心理，使他们在拥有高档商品的同时也感到提高了自己的社会地位。

【案例8-7】包装设计的消费心理分析

四、商品包装设计的心理及行为策略

商品包装在市场营销中是一个强有力的竞争武器。良好的包装只有符合消费者的心理及行为才能发挥其应有的作用。

1. 类似包装策略

类似包装是指企业所生产经营的各种产品在包装上采用相同的图案、色彩或其他共有特征，从而使整个包装外形相似，使消费者容易辨认出这是同一家企业生产的产品。

类似包装策略的主要优点如下。①便于宣传和塑造企业的产品形象，节省包装设计成本和促销费用。②能增强企业的声势，提高企业的声誉。③有利于推出新产品。类似包装可以利用企业已有的盛誉，使新产品迅速在市场上占有一席之地。

类似包装适用于质量档次差不多的商品，不适用于质量等级相差悬殊的商品，否则，会对高档优质商品产生不利的影响，并危害企业声誉。其弊端在于，如果某一个或几个商品出了问题，那么会对其他商品造成不利的影响。

2. 分类包装策略

分类包装是指企业依据产品的不同档次、用途、营销对象等采用不同的包装，以满足消费者不同的需求。比如：把高档、中档、低档产品区别开来，对高档商品配以名贵精致的包装，使包装与其商品的品质相适应；对儿童使用的商品可配以色彩和卡通形象等来增加吸引力。

3. 组合包装策略

组合包装又称为多种包装、配套包装，是指企业把相关的多种商品放入同一个包装容器内，一起出售。比如，工具配套箱、家庭用各式药箱等。

组合包装策略既为消费者购买、携带、使用和保管商品提供了方便，又有利于企业带动多种产品的销售，尤其有利于新产品的推销。

4. 再使用包装策略

再使用包装又称多用途包装，是指包装容器内的商品使用完毕后，其包装还可以继续利用。比如，啤酒瓶可以再利用，饼干盒、糖果盒可以用来装小杂物等。

再使用包装策略增加了包装物的用途，会刺激消费者的消费欲望，扩大商品的销售量，同时带有企业标志的包装物在使用过程中可以起到广告载体的作用。这种商品的包装不仅可以保护商品，有的还可以作为艺术收藏品。

5. 附赠品包装策略

附赠品包装策略是目前市场上比较流行的包装策略，是指企业在某商品的包装容器中附加一些赠品，以吸引消费者购买，诱发重复购买。比如，儿童食品包装中附赠的玩具、卡片等。

6. 更新包装策略

更新包装策略是指企业为满足市场需要，而采用新的包装材料、包装技术、包装形式的策略，由边际效应递减规律可知，消费者总是喜新厌旧的，喜欢追求新鲜的事物，产品的改进也包括包装的改进，对商品的销售起着重要的作用。有的商品与同类商品在内在质量上近似，却销路不畅，可能就是因为包装设计不受消费者欢迎。推出富有新意的包装，可能会创造出优良的业绩。

7. 容量不同的包装策略

容量不同的包装是根据商品的性质、消费者的使用习惯，设计不同形式、不同质量、不同体积的包装，使商品的包装能够适应消费者的习惯，给消费者带来方便，刺激消费者购买。

本 章 小 结

本章主要介绍了新产品、品牌和包装等商品因素与消费者心理及行为。新产品的概念是从整体产品的角度来定义的。在"产品整体概念"中，产品在任何一个层次上的更新，或有了新的结构、新的功能、新的品种，或增加了新的变化，从而给消费者带来了新的利益，即可视为新产品。消费者接受新产品的心理及行为过程表现为：了解新产品、形成购买动机、尝试新产品、评价新产品、决定是否购买新产品。不同消费者对新产品接受的快慢会有所不同，新产品购买者的类型主要有革新者、早期购买者、早期大众、晚期大众和守旧者。影响新产品购买行为的心理因素主要有：消费者对新产品的需要、消费者对新产品的感知程度、消费者的个性特征、消费者对新产品的态度。

品牌是一种名称、术语、标记、符号或设计，或它们的组合，用以识别一个或若干个生产者(或销售者)的产品或服务，并使之与竞争对手的产品或服务区别开来。品牌具有：识别、信息浓缩、安全性、排他性、附加价值的功能。品牌忠诚度是指消费者对某品牌情有独钟，以及由此产生的重复购买行为。一个品牌的忠诚度取决于忠诚于品牌的人数及其对品牌的钟爱程度，可用品牌购买顾客的数量及其品牌购买持续的时间来衡量。品牌忠诚度降低了消费者受竞争行为影响的程度；品牌忠诚度缩短了顾客挑选的时间；品牌忠诚度降低了顾客对价格的敏感度；品牌忠诚度增加了消费者对产品质量事故的承受能力。增强消费者的品牌偏好与忠诚度需要做到以下几点。

提升品牌的知名度：①产品或服务的质量认知优良；②品牌文化和恰当定位；③合理设计品牌形象。

提高品牌联想度：①突出品牌的客观特点；②赋予品牌主观特性。

提高品牌的美誉度：①实现顾客满意；②培养意见领袖，促进人际传播。

产品的包装最初是为了在运输、销售和使用过程中保护商品。随着市场经济的发展，在现代市场营销活动中产品的包装作为产品整体的一部分，对产品陈列展示和销售日益重要。包装是商品的"无声推销员"，除保护商品外，还有助于商品的美化和宣传，激发消费者的购买欲望，增强商品在市场上的竞争力。商品包装要得到消费者的喜爱，其颜色、外形等设计很重要，具体满足以下六点要求：①便利性；②艺术性；③直观性；④新鲜感；⑤安全感；⑥尊贵感。包装的主要策略有：①类似包装策略；②分类包装策略；③组合包装策略；④再使用包装策略；⑤附赠品包装策略；⑥更新包装策略；⑦容量不同的包装策略。

思 考 题

1. 新产品购买者的类型有哪些？
2. 影响新产品购买行为的心理因素有哪些？
3. 品牌有哪些功能？
4. 简述品牌忠诚形成的心理机制。
5. 如何增强消费者的品牌偏好与忠诚度？
6. 消费者对包装设计的要求有哪些？

案 例 分 析

在商业社会中，有一种说法："谁能建立标准规格，谁就是'马太效应'的获利者。"

放到高端手机消费领域，也就意味着，如果一个品牌有能力让自己的产品标准化，并成为市场主流，这个产品的价值就越高，使用的人也越多。

2019年，华为推出首款好评如潮的折叠屏手机 MateX。截至2022年上半年，华为占据了国内折叠屏手机63.6%的市场份额，荣登销冠。

2021年底发布的华为 P50Pocket，获得首批购买用户力赞。甚至有用户在面对只有 4G

网络的遗憾时表示，对5G的感知不强，完全可以接受4G的不足。

可见，即便不具备5G网络，华为依然具有品牌吸引力。P50Pocket两轮开售均被秒空，就是最佳说明。

前不久，华为发布了最新操作系统鸿蒙3.0。这个在超级终端、万能卡片和底层优化等领域持续深耕的全新系统，是华为在万物互联上的跨步进展。

截至2022年7月，该系统的用户数已经突破3亿，并以进一步保障终端流畅的迭代，为回归手机市场的华为打下了基础。

近来华为在手机业态以外，深入耳机、笔记本、平板电脑乃至智能汽车领域所展现的生机，也体现出品牌对具体产品的高科技智能化赋能。

这种日益模糊的品牌边界，将助力华为在高端手机领域开疆拓土，激发锁定更多潜在用户。

此外，随着国货消费的崛起，用户在选择手机品牌时，还受情感因素的影响。

(资料来源：公众号——品牌头版. Mate50，真香？ 2022-08-31.)

问题：
华为品牌在高端手机领域的用户忠诚度源于什么？

【阅读资料】李宁卖酒，抢夺年轻人的"第一口"

第九章

商品价格与消费者心理及行为

学习目标：通过本章的学习，理解商品价格的心理功能；掌握消费者价格的心理与行为特征，商品定价的心理与行为策略；了解消费者对产品价格调整的反应；熟悉商品价格调整的心理与行为策略。

案例导读

> **美国的"九十九"商店**
>
> 心理经营法已经成为营销中广为应用的策略。国外很多商人在经营活动中也极善于运用"心战为上"的策略。美国纽约有一家颇有名气的商店，取名"九十九"，它已成为当地老幼皆知的牌号。"九十九"是一家专营日用杂品、家用小五金、文教用品等的商店。这里出售的商品琳琅满目，品种齐全。更独特之处，是其定价从不用整数，均用"九十九"。如20根缝衣针装成一包，售价九十九美分；10支铅笔装成一盒，售价九十九美分；一个煎鸡蛋锅，售价九十九美分；一袋糖果，售价九十九美分；等等。自"九十九"商店开业以来，生意持续红火。究其原因，奥妙在哪里？商品价格对于大多数人来说是一个相当敏感的购买因素，企业的定价或调价均会直接刺激消费者，激励和抑制消费者的购买动机和购买行为；反之，消费者的价格心理也会影响企业的价格决策。
>
> （资料来源：李晓霞，刘剑．消费心理学[M]．北京：清华大学出版社，2010．）

第一节 商品价格的心理功能

商品价格心理是商品价格经济现象在消费者头脑中的一种意识反应。实践证明，在影响消费者心理与行为的诸因素中，价格是最具刺激性和敏感性的因素。一种商品的价格制定得是否合理，会直接影响消费者是否认可和购买商品。

消费者在购买活动中的各种心理与行为反应，都同商品价格密切相关，都受商品价格心理功能的影响。价格的心理功能是指在社会生活和个性心理特征的影响下，在价格一般功能的基础上形成的并对消费者的购买行为起着引导作用的一种价格心理现象。营销人员在研究价格心理、研究制定合理适当的商品价格时，首先就要了解和熟悉价格心理功能。价格心理功能主要有以下几个方面。

一、商品价值认识功能

商品价格在一定程度上体现了商品价值和质量，是商品效用程度的一个客观尺度，具有衡量商品价值的功能。现实生活中，人们用价格作为尺度和工具认识商品，通常情况下，商品价格高，其价值就大，质量就好，适用性就强。价格这种衡量尺度的心理功能，生活中经常表现为消费者普遍具有"一分价钱一分货""便宜没好货，好货不便宜"的消费意识。在实际购买活动中，同样一件商品，质地看上去相仿，款式也相似，但如果其中一件包装精美，标价200元，另一件只用塑料袋包装，标价168元，顾客的第一反应就认为200元的那件品质更好、价值更高，168元的那件相对品质差、价值低。

科学技术飞速发展的今天，商品更新速度日益加快，新产品不断投放到市场上，一般顾客商品专业知识不足，鉴别能力不强，难以准确分辨新产品质量的优劣和实际价值的高低，这时价格就成为他们衡量商品质量好坏与价值高低的尺度。例如，对汽车价格和质量关系的一项研究发现，消费者认为较高价格的汽车有较高的质量。当消费者能够通过检查产品或是根据过去的经验对产品的质量进行判断时，他们就会较少将价格作为衡量质量的尺度。当消费者由于缺乏信息或是技术而无法判断质量时，价格就成为一个很重要的质量评判标准。

二、自我意识的比拟功能

心理学认为，自我意识是意识的形式之一，是个人对自己心理、行为和身体特征的了解、认识，它表现为认识自己和对待自己的统一。商品价格的自我意识比拟，是商品价格人格化的心理意识，即借助商品价格反映消费者自我的一种心态。

价格不仅体现商品的价值，还象征着消费者的社会经济地位。消费者在购买商品时，往往还通过想象和联想，把商品价格与兴趣、生活品质、价值观、文化品位等个性特征联系起来，以满足自身的社会心理需求。这就是商品价格的自我意识比拟功能。商品价格自我意识比拟功能有着多方面的内容。

1. 社会地位比拟

有些人在社会上具有一定的地位，因此其服装、鞋帽、箱包、手表，甚至领带、皮带等服饰用品都追求价格较高的高档和名牌产品，认为穿着一般服饰有失身份。即使经济收入有限，其他方面节俭一些，也要保持自己良好的社会形象，并以此获得心理满足。

2. 经济地位比拟

有些人收入颇丰，追求时尚欲望强烈，是社会消费新潮的倡导者。例如，许多白领、高收入阶层往往是价格较高的高档服装的忠实购买者，经常出入高档酒店、咖啡馆、茶馆，热衷于国外旅行，他们往往以率先拥有高价的私人轿车、高档的商品房等为消费追求目标，对低价商品不屑一顾，把商品价格与自身的经济地位联系在一起。也有一些消费者在购买活动中总是喜欢选购廉价商品或是打折商品，认为价格昂贵的商品只有那些有钱人才能买得起，这也是消费者将自己的经济地位与商品价格联系起来。

3. 生活情操比拟

有些消费者以具有高雅的生活格调为荣，所以常常会消费价格不菲的相关产品和服务。比如：即使不会弹钢琴，也要在起居室里摆放一架钢琴；即使不会欣赏，也会经常听音乐会、歌剧等，以获得心理上的满足。也有些消费者对古典文物知识并不通晓，却宁可付出巨资去收藏一些古董作为家中摆设，以拥有这些稀奇的古物来获得巨大的心理满足，希望通过昂贵的古董来显示自己崇尚古人的风雅，这也是一种生活情操的比拟。

4. 文化修养比拟

有些消费者尽管对书法和字画没有什么研究，仍愿意花一大笔钱去购买一些名人字画挂在家中，以拥有这些名人字画为自豪和满足，并希望通过拥有这些字画来显示自己对文化的重视。显然这是一种文化修养的比拟。

【案例9-1】星巴克的定价贵吗？

三、调节需求的功能

商品价格对消费需求量的影响甚大，价格对需求有调节作用。一般来说，在其他条件既定的情况下，消费需求量的变化与价格的变动呈反相关。即价格上涨时，消费需求量减少；价格下降时，消费需求量增加。所以，价格和需求相互影响、相互制约。价格调节需求的功能要受商品需求价格弹性的制约。需求价格弹性是指因价格变动而引起的需求量的相应变动，它反映了需求变动对价格变动的敏感程度。需求价格弹性的大小，会因为商品种类的不同和消费需求程度的不同而有所差别。有些商品价格稍有变动，其需求量就发生大幅变化，即需求价格富有弹性，如奢侈品、金银首饰等即属于这一类；有些商品价格变动很大，而需求量变化很小，即需求价格缺乏弹性，如食品、日用品等生活必需品便属于这一类。

第二节　商品价格与消费者心理及行为

一、消费者价格的心理与行为特征

消费者价格的心理与行为特征是消费者在购买活动中对商品价格认识的各种心理反应和行为表现。它是由消费者的个性心理及其对价格的知觉判断等共同构成的。

1. 习惯性心理与行为

习惯性是指消费者根据以往的购买经验和对某些商品价格的反复感知，来决定是否购买的一种心理与行为定式。特别是一些需要经常购买的生活必需品，在顾客头脑中留下了深刻的印象，更容易形成习惯性价格心理与行为。虽然商品价格有客观标准，但是在现代社会里，科学技术飞速发展，决定商品价值的社会必要劳动时间变幻莫测，消费者很难清楚地了解商品价值量，多数情况下他们只能根据自己反复多次的购买经历对商品价格进行判断。因为消费者对商品价格的认知是在多次的购买活动中逐步积累的，长期、多次的购买和消费活动，会使消费者在头脑中渐渐地形成某种商品需要支付多少金额的价格定式，并把它当作衡量商品价格高低、质量好坏、合理与否的标准。

消费者对价格的习惯性心理影响着购买行为。这是因为消费者往往从习惯价格中去联想和对比价格的涨跌，以及商品质量的优劣。消费者在已经形成的习惯价格的基础上，一般对商品的价格都有一个上限和下限的概念。一旦某种商品价格超过了消费者心目中的价格上限，消费者就会认为太贵；如果商品价格低于消费者心目中的下限，消费者则会对商品的质量产生怀疑。也就是说，某种商品的价格如果违背了习惯价格，消费者就会产生舍不得买或是拒绝购买的心理。但是，如果商品价格恰好在购买者的习惯价格水平，就会获得他们的信赖和认同。

商品的习惯价格一旦形成，就会被消费者认可且不容易改变。一旦变动，对消费者的价格心理影响很大，对企业甚至对整个社会的经济生活都会造成一定影响，因此，对价格进行调整必须十分谨慎。

2. 感受性心理与行为

感受性是指消费者对商品价格及其变动的感知强弱程度。它表现为消费者对于通过某种形式的比较所出现的差距，对其形成刺激的一种感知。

商品价格的昂贵与便宜都是相对的，消费者对商品价格的判断，总是在同类商品中进行比较，或是在同一售货现场中对不同种类商品进行比较而获得的。但是消费者的价格判断常常会出现错觉。例如，在东京乘地铁需要人民币15～40元，而在南京坐地铁只需要2～4元，从东京回到南京坐地铁的人自然感觉非常便宜。再如，同一价格商品放在价格都比它高的系列商品中，其价格就显得低；而将其放在价格都比它低的系列商品中，其价格就显得较高。

消费者一般通过以下三种途径感受商品价格：一是消费者对同一购买现场、同一价格，不同组合商品的价格感受不同，如同一商品价格在高价格系列中显得较低，在低价格系列中显得较高；二是消费者对同一商品，由于销售地点不同，其价格感受也不同，如100元的服装，放在自由市场出售和放在时装精品屋出售，给人的消费感觉是完全不同的；三是消费者对同样使用价值的商品，由于商品的商标、式样、包装、色彩不同，会引起不同的价格感受。

3. 敏感性心理与行为

敏感性是指消费者对商品价格变动做出反应的灵敏程度。消费者对商品价格的敏感性是相对于商品价格稳定的习惯心理而言的。因为商品价格的变动直接影响消费者的自身利益，影响消费者的需求满足，所以，消费者对价格的变动一般都比较敏感。

衡量消费者价格敏感性的常用指标是消费需求价格弹性，即用消费者购买量变化的百分比与价格变化的百分比之比来衡量。如果购买量减少的百分比大于价格上升的百分比，则说明消费者对价格反应比较敏感；如果购买量减少的百分比小于价格上升的百分比，则说明消费者对价格反应不敏感。

消费者对价格的敏感性因人而异，也会因商品种类或档次的不同而表现出程度上的不同，对与日常生活关系较为密切的商品价格敏感性高，对耐用消费品价格的敏感性较低。但是，消费者对价格变动的敏感心理是因人而异、因商品而异的。一般来说，食品、蔬菜、肉类等生活必需品需要程度高，购买频繁，敏感性就强；家用电器、家用汽车、高级化妆品等商品，购买频率低，敏感性相对较弱。例如，学校师生每天在餐厅就餐，即便饭菜价格只变动了0.5元，他们也会议论纷纷；而市场上空调价格就算上涨了500元，他们也不会太注意。

4. 倾向性心理与行为

倾向性是指消费者在购买过程中对商品价格选择呈现的趋势和意向。商品一般都有高、中、低档之分，不同档次分别标志着商品的不同价格与质量。不同类型的消费者，出自不同的价格心理，对商品的档次、质量和商标等都会产生不同的倾向性。

消费者对商品的价格倾向性大致可以分为两大类。一是不同消费者对同一类商品价格的选择具有不同的倾向性。如果消费者对不同价格的同类商品的性能、质量、外观造型及所用材料等没有发现明显的差异，那些求廉务实的消费者往往倾向于选择价格较低的商品。例如，超市中奶类制品品牌较多，大多数消费者往往选择价格低的品牌购买。但是，那些慕名求新的消费者就会倾向于购买价格较高的品牌。二是同一消费者对不同种类的商品的价格选择也具有倾向性。一般来说，对于那些耐用品、礼品或高档商品、时令商品，消费者会倾向于选择价格较高的；而对于那些日用品，选择倾向一般是低价的。

消费者在经济收入、文化水平、价值取向及性格等方面的差异，使他们在购买中表现出来的价格倾向不尽相同。消费者会根据自己对商品价格的认知来做出判断。

【案例9-2】"中间价格"更受欢迎

二、价格变动与消费者心理及行为

当企业进行价格变动的时候，首先考虑的是价格调整后消费者能否接受，对消费者的行为会产生什么影响，消费者将如何看待商品价格调整的行为。企业调整商品价格，向消费者让利可能被理解为商品销售不畅，或企业面临经济困难。有时，企业以一个良好的动机变动价格却会产生对自己不利的结果。因此，企业变动价格必须关注消费者对价格调整的反应。

(一) 消费者对价格变动的直观反应

1. 消费者对原产品降价调整的反应

消费者对原产品降低价格的心理反应，一般有以下几种：企业薄利多销；该产品低价销售是企业竞争的结果，企业打价格战，消费者可以低价购买高品质的产品；厂家、商家减少库存积压；该产品质量下降或出现质量问题；该产品市场销售不畅；该产品将被新产品替代；该产品货号不全；该产品样式过时；该产品为季节性较强的商品；企业财务困难，不能继续生产经营。

【案例9-3】"一角钱"促销

2. 消费者对原产品提价调整的反应

消费者对原产品提高价格的心理反应，一般有以下几种：该产品数量有限，或供不应求,或产品稀少;提价说明该产品畅销,质量已经得到消费者的认可;该产品有特殊的用途,或产品能增值,或产品有收藏价值;该产品生产成本上升;该产品广告宣传费用较高;卖方以为购买者的急需程度高、经济承受能力强而漫天要价;受到通货膨胀的影响。

(二)消费者对价格变动的理性反应

消费者随着消费经验的不断积累,有关商品的专业知识及商品的一般常识,也在不断增加,消费日趋理性化。由于消费者的需求既存在同质性又存在异质性,因此,对购买的总支出与对产品成本的关系有不同的理解,这就使购买者对价格调整的变动反应也存在着差异。一般情况下,消费者对于那些价值较高、经常购买的生活必需品的产品价格调整变动较敏感,而对于那些价值较低、不经常购买的小商品,即使单位价格调整幅度较大,消费者也不会太在意。成熟、理智的消费者在关注产品价格调整变动的同时,更注重产品的核心价值、形式价值和附加价值。消费者不仅仅是因为产品的价格而去购买产品,也是在购买产品的使用价值、服务价值及企业的保障和承诺。

【案例9-4】"6·18"年中大促来临:消费者更理性

第三节 商品定价与调价的心理及行为策略

一、商品定价的心理与行为策略

价格是企业竞争的主要手段之一,企业除根据不同的定价目标选择不同的定价方法外,还要根据复杂的市场情况,采用灵活多变的方式确定产品的价格。商品定价的心理与行为策略主要有以下几种。

1. 声望定价策略

声望定价策略是根据消费者"价高质必优"的心理,对在消费者心目中享有声望、具有信誉的产品制定较高价格的一种策略。部分消费者购买商品时不仅看重质量,更看重品牌所蕴含的象征意义,如身份、地位、名望等。声望定价策略可以满足消费者的特殊欲望,如地位、身份、财富、名望和自我形象等,还可以通过较高的价格显示企业产品的名贵和优质。该策略适用于知名度较高、广告影响力大的名牌或高级消费品。

当然,声望定价和其他定价方法一样,也有其适用范围和界限。要正确使用,必须明确其适用条件,而不能照抄照搬。在使用声望定价时应注意以下两点:首先,必须是具有较高声望的企业或产品才能使用声望定价;其次,声望定价的价格不宜过高,要考虑消费者的承受能力,否则,顾客只好"望名兴叹",转而购买替代品了。

2. 零头定价策略

零头定价策略又称非整数定价策略或尾数定价策略。这种定价策略是企业对进入市场的产品制定一个带有零头的非整数价格,是企业针对消费者的求廉心理与行为,在商品定价时有意定一个与整数有一定差价的价格。这是一种具有强烈刺激作用的心理定价策略。例如,宝洁公司将其日常护理的飘柔洗发水价格定为 9.9 元,而不是 10 元。这是一种适应消费者愿意购买物美价廉的心理而使用的价格策略。因为在消费者看来,零头价格是经过细心计算的最低价格,甚至使一些高价商品看起来也不太贵。另外,尾数定价还会给人一种定价精确的感觉,从而使消费者产生信赖感,激起购买欲望。

心理学家的研究表明,价格尾数的微小差别,能够明显影响消费者的购买行为。一般认为:5 元以下的商品,末位数为 9 最受欢迎;5 元以上的商品,末位数为 9、5 效果最佳;百元以上的商品,末位数为 98、99 最为畅销。

由于受民族习惯、社会风俗、文化传统差异的影响,各个国家或地区在实际使用此策略时有所不同,某些数字还会被赋予一些独特的含义。比如美国市场上零售价为 49 美分的商品,其市场占有率比零售价为 50 美分和 48 美分的要多。在我国,尾数为 8 的价格较多见,"8" 与 "发" 谐音,人们往往乐于接受这个有吉祥意义的价格。采用零头定价策略时,可有意识地选择消费者偏爱的数字,产品也会因此得到消费者的喜爱。

3. 整数定价策略

整数定价策略是把商品的价格定成整数,不带零头。整数定价又称方便价格,是指企业有意识地将商品价格的尾数去掉,适用于某些价格特别高或特别低的商品。例如,一台电脑的价格定为 5000 元,而不是 4999.9 元。高档服装将价格定为 300 元,而不是 298 元,尽管只相差 2 元,但是心理差异是相当大的。298 元看起来更像一个较便宜的价格,而 300 元则可以给商品赋予高档、优质的形象,意味着更多的价值。而对于某些价值低的日用品,如采用 1 元、2 元定价,较之 0.99 元、1.98 元,在付款时消费者更方便。

4. 习惯定价策略

习惯定价策略是按照消费者的习惯心理与行为来制定价格。某些已经进入市场成熟期的产品,由于长期以来市场价格一直维持在某个水平上,在消费者心目中已经形成一个习惯性的价格标准。这些商品价格稍有变动,就会引起消费者不满,如降价易引起消费者对品质的怀疑,涨价则可能受到消费者的抵制。因此,对这类商品企业可采用消费者习惯的价格定价。日常生活中的饮料、食品一般都适用这种策略。

5. 招徕定价策略

招徕定价策略是指多品种经营的企业将一种或几种商品的价格定得特别低或特别高,以招徕消费者。例如,超市出售 1 元一只的烧鸡,或是售出天价月饼、极品茶叶等。这种策略的目的是吸引消费者在来购买招徕商品时,也购买其他商品,从而带动其他商品的销售。这一定价策略常为综合性百货商店、超级市场甚至高档专卖店所采用。例如,日本创意药房在将一瓶 200 元的补药以 80 元超低价出售时,每天都有大批人涌进店中抢购补药,本以为如此下去肯定赔本,但财务账目显示出盈余逐月骤增,其原因就在于没有人来店里只买一种药。人们看到补药便宜,就会联想到其他药也一定便宜,促成盲目的购买行动。

采用招徕定价策略时,必须注意以下几点。①降价的商品应是消费者常用的,最好是适合每个家庭的物品,否则没有吸引力。②实行招徕定价的商品,经营的品种要多,以便使顾客有较多的选购机会。③降价商品的降低幅度要大,一般应接近成本或者低于成本。只有这样,才能引起消费者的注意,才能激发消费者的购买动机。④降价商品的数量要适当,太多商店亏损太大,太少容易引起消费者的反感。⑤降价商品应与因残次而削价的商品明显区别开来。

高价招徕与低价招徕恰恰相反,它是利用人们的好奇心理将产品标以高价来吸引顾客的。与低价招徕的出发点相同,这种策略也是通过"特价"产品来推动普通产品的销售。人们总是有探寻新奇事物的倾向,当市场上推出一种高价的商品,而这种商品又为人们所熟悉时,人们总会产生这样的疑问:为什么这件商品会以这样高的价格出售?他们会在心中做出种种猜测,并希望一探究竟。

在使用高价招徕策略时,应当注意:①所使用的商品应当是顾客熟悉的,这样才可以引起他们的好奇心理;②这种高价商品应当确实有与众不同之处,否则这种定价策略便不免有些"哗众取宠"了。

6. 折扣定价策略

折扣定价策略是指在特定条件下,为了鼓励消费者及早付清货款,大量购买或淡季购买,企业酌情调整商品的基本价格,以低于原定价格的优惠价格卖给消费者。这一定价方法的理论基础是利用消费者求廉、求实、占便宜的心理。例如,日本东京银座美佳西服店为了销售商品采用了一种折扣销售方法,颇为成功。具体方法是这样的,先发一公告,介绍某商品品质、性能等一般情况,再宣布打折扣的销售天数及具体日期,最后说明打折方法:第一天打九折,第二天打八折,第三、四天打七折,第五、六天打六折,以此类推,到第十五、十六天打一折。这个销售方法的实践结果是,第一、二天顾客不多,来者多半是来探听虚实和看热闹的;第三、四天人渐渐多起来;第五、六天打六折时,顾客洪水般地涌向柜台争购;以后连日爆满,没到一折售货日期,商品就已售罄。这是一则成功的折扣定价策略案例。妙在准确地抓住顾客购买心理,有效地运用折扣售货方法销售。人们当然希望买质量好又便宜的货,最好能买到二折、一折价格出售的货,但是有谁能保证到想买时还有货呢?于是出现了头几天顾客犹豫,中间几天抢购,最后几天买不到的状况。

【案例9-5】折扣的魅力

7. 分级定价策略

分级定价策略是指把不同品牌、规格及型号的同一类商品划为若干个等级,对每个等级的商品制定一种价格。这种定价策略的优点是不同等级商品的价格有所不同,能使消费者产生货真价实、按质论价的感觉,能满足不同消费者的消费习惯和消费水平,既便于消费者挑选,也使交易手续得到简化。在实际运用中,要注意避免各个等级的商品标价过于接近,以防止消费者对分级产生怀疑而影响购买。

8. 分割定价策略

商家如果想要使消费者觉得一件贵的东西是便宜的,可以采用分割定价的策略,可以通过细分商品的计量单位,然后按照最小的计量单位报价。这样就能够使消费者在心理上产生价格更便宜的感觉,从而调动消费者购买的积极性,名贵药材虫草的价格一般都是按克来进行定价的,如800元/克。

二、商品调价的心理与行为策略

根据消费者对商品降价和提价的心理与行为反应，企业可以采取相应的降价策略和提价策略。

(一)降价的心理与行为策略

企业要达到预期的降价目的，应当注意了解消费者的心理与行为，准确把握降价时机和调整的方式。

1. 降价的条件

企业降价的条件大致有以下几点。①生产成本下降后，为了扩大产品市场份额，企业可以采取降价策略。②市场上同类商品供过于求，经过努力仍然滞销时，企业可以考虑降价销售。③当竞争激烈时，如果竞争对手采取降价措施，企业也应进行相应的调整，以保持较强的竞争能力。④产品市场占有率出现下降趋势后，降价竞销是企业对抗竞争的一个有效办法。⑤需求弹性较大的商品，提价后会失去大量顾客，总利润也将大幅减少，相反，降价会吸引大批顾客，实现规模生产和销售。⑥商品陈旧落后时，企业应该降价销售，以收回占用资金。⑦残损的商品更需要采取降价措施，最大限度地减少现有损失。

2. 降价的时机

确定何时降价是调价策略的一个难点，通常要综合考虑企业实力、产品在市场生命周期所处的阶段、销售季节、消费者对产品的态度等因素。比如，进入衰退期的产品，由于消费者失去了消费兴趣，需求弹性变大，产品逐渐被市场淘汰，为了吸引对价格比较敏感的购买者和低收入需求者，保有一定销量，降价就可能是唯一的选择。由于影响降价的因素较多，企业决策者必须审慎分析和判断，并根据降价的原因选择适当的时机，制定最优的降价策略。

一般认为，日用消耗品可不定期地进行低价调整，如日化用品、食品等；季节性较强的产品可选择节令相交之时进行低价调整；弹性较小的产品可不定期进行低价调整，如超市的时令新鲜果品蔬菜，经常从高价到低价进行一次调整，防止因新鲜果蔬商品品质下降而造成经济损失；与节日相吻合的产品可选择节日的前后进行低价调整；时尚和新潮的商品，进入模仿阶段后期就应降价；接近过期的产品、滞销品，要在最短的时间内低价调整销售。

3. 降价的方式

降价最直截了当的方式是将企业产品的目录价格或标价绝对下降，即产品价格明降；但企业更多是采用各种折扣策略来降低价格，即产品价格暗降，如数量折扣、现金折扣、回扣和津贴等。此外，变相的降价形式还有赠送样品和优惠券，实行有奖销售；给中间商提取推销奖金；允许顾客分期付款；赊销；免费或优惠送货上门、技术培训、维修咨询；提高产品质量，改进产品性能，增加产品用途。由于这些方式具有较强的灵活性，在市场环境变化的时候，即使取消也不会引起消费者太大的反感，同时又是一种促销策略，因此在现代经营活动中运用得越来越广泛。

应当注意的是，商品降价不能过于频繁，否则会使消费者对降价产生心理预期，或者对商品正常价格产生不信任感。降价幅度要适宜，应以吸引消费者购买为目的。幅度太小不能刺激消费者的购买欲望；幅度过大则企业会亏本，或者引起消费者对商品质量的怀疑。

【案例9-6】苹果手机降价规律

(二)提价的心理与行为策略

一般来说，提价确实能够增加企业的利润，但会引起竞争力下降，商品价格的提高会对消费者利益造成损害，引起消费者的不满。消费者对产品提价一般持观望、等待态度，在短期内不会实施购买行为。消费者的不满、经销商的抱怨，甚至政府的干预和同行的指责，这些都会对企业产生不利影响。虽然如此，在实际中仍然存在着较多的提价现象。

1. 提价的条件

企业提价的条件一般有以下几个：大多数企业因成本费用增加而产生提价意向时，企业可以适当提高产品价格；当市场上商品供不应求时，企业在不影响消费需求的前提下可以采取提价措施；需求弹性较小的商品，由于替代品较少，企业适当提价不但不会引起销售的剧烈变化，反而可以促进商品利润的增加和总利润的扩大；当企业改进生产技术、增加产品功能、加强售后服务时，可以在广告宣传的辅助下，以与增加费用相适应的幅度提高产品价格；市场上品牌信誉卓著的产品，如果原定价格水平较低，可考虑适当调价。

2. 提价的时机

应准确把握商品提价的时机。商品提价的时机有：产品进入成长期；季节性商品达到销售旺季；一般商品在销售淡季；商品在市场上处于优势地位；竞争对手提价。

3. 提价的方式

产品价格明涨，即直接把产品价格调高；产品价格暗涨，即在不改变原产品价格的基础上，减少附加产品、取消优惠条件，如减少部分产品的功能或产品服务，降低产品折扣、折让的幅度，减少部分产品的重复包装等。

那些因商品价值增加而导致的商品提价，企业要尽量降低其幅度，同时要努力改善经营管理，减少费用开支，尽量让利于消费者。属于因商品短缺、供不应求而形成的商品提价，企业要在遵守国家政策的前提下，从维护消费者利益出发，积极发掘商品货源，努力减轻消费者的负担，在充分考虑消费者心理承受能力的前提下，适当提高商品价格。切忌利用供求紧张的机会，大幅提价，引起消费者不满。属于国家政策需要而提高商品价格，企业要多做宣传解释工作，尽快消除消费者的不满情绪，同时积极做好替代商品的经营工作，更好地满足消费者的需求。对于那些属于因供货渠道、进货环节而形成的商品提价，企业要积极说明原因，并热情周到地做好消费者的服务工作，以取得消费者的信任和谅解。若企业为获利而提高销售价格，企业必须搞好销售服务，努力改善售货环境，增加服务项目，要靠良好的商店声誉来适当提价，应使消费者切实感到在此商店买东西，虽然贵些，但心情舒畅，钱花得值。

应当注意的是，提价幅度不宜过大，速度不宜太快，否则会失去大批消费者。提价幅度要有统一的标准,一般视消费者对价格的心理承受能力而定。为使消费者接受上涨的价格,企业还应做好宣传解释工作,组织替代品的销售,提供热情周到的服务,尽量减少消费者的损失等,以求得到消费者的理解和支持。

总之,消费者对价格的心理与行为反应是复杂多样的。企业应针对不同商品、不同消费者群体的实际情况,在明确消费者心理与行为变化的情况下,采取切实可行的定价和调价策略,以保障企业营销活动的成功。

【案例9-7】茅台提价路径:温水煮青蛙

本 章 小 结

商品价格心理是商品价格经济现象在消费者头脑中的一种意识反应。实践证明,在影响消费者心理与行为的诸因素中,价格是最具刺激性和敏感性的因素。商品价格的心理功能有商品价值认识功能、自我意识的比拟功能和调节需求的功能。

消费者价格的心理与行为特征是消费者在购买活动中对商品价格认识的各种心理反应和行为表现。它是由消费者的个性心理及其对价格的知觉判断等共同构成的。消费者价格心理与行为特征主要有习惯性心理与行为、感受性心理行为、敏感性心理与行为、倾向性心理与行为。当企业进行价格变动的时候,首先考虑的是价格调整后消费者能否接受,对消费者的行为会产生什么影响,消费者将如何看待商品价格调整的行为。消费者对价格变动的反应有直观反应和理性反应,消费者对价格变动的直观反应又包括消费者对原产品降价调整的反应、消费者对原产品提价调整的反应两个方面。

针对消费者的价格心理与行为特征,商品定价的心理与行为策略主要有声望定价策略、零头定价策略、整数定价策略、习惯定价策略、招徕定价策略、折扣定价策略、分级定价策略、分割定价策略。企业调整商品的价格也要遵循消费者的心理与行为反应,商品降价时要做到降价的幅度要适宜、准确地选择降价时机,提价时应充分考虑消费者的心理与行为承受能力,严格控制提价幅度,不能对消费者造成伤害,引起消费者的不满。

思 考 题

1. 商品价格有哪些心理功能?
2. 简述消费者的价格心理与行为特征。
3. 消费者对原产品低价调整可能的直观反应有哪些?
4. 商品定价的心理与行为策略有哪些?
5. 企业可以采取哪些降价调整的方式?

案 例 分 析

高价反而畅销

位于深圳的异彩珠宝店,专门经营由少数民族工作人员手工制成的珠宝首饰,位于游客众多、风景秀丽的华侨城(周围著名的旅游景点有世界之窗、民族文化村、欢乐谷等),生意一直比较稳定。客户主要来自两个渠道:游客和华侨城社区居民(华侨城社区在深圳属于高档社区,生活水平较高)。

几个月前,珠宝店店主易麦克特(维吾尔族)进了一批由珍珠质宝石和银制成的手镯、耳环和项链的精选品。与典型的绿松石造型中的青绿色调不同的是,珍珠质宝石是粉红色略带大理石花纹的颜色。就大小和样式而言,这一系列珠宝有很多种类。有的珠宝小而圆,样式很简单,有的珠宝则要大一些,样式别致、大胆。不仅如此,该系列还包括各种传统样式的由珠宝点缀的丝制领带。

与以前的进货相比,易麦克特认为这批珍珠质宝石制成的首饰的进价还是比较合理的。他对这批货十分满意,因为它比较独特,可能会比较好销售。在进价的基础上,加上其他相关的费用和平均水平的利润,他定了一个价格,觉得这个价格应该十分合理,肯定能让顾客觉得物超所值。

这些珠宝在店中摆了一个月后,销售统计报表显示其销售状况很不好,易麦克特十分失望,不过他认为问题并不在首饰本身,而是在营销的某个环节没有做好。于是,他决定试试在网上学习几种销售策略。比如,令店中某种商品的位置有形化往往可使顾客产生更浓厚的兴趣。因此,他把这些珍珠质宝石装入玻璃展示箱,并将其摆放在该店入口的右手侧。可是,他发现位置改变后,这些珠宝的销售情况仍然没有什么起色。

他认为应该在一周一次的见面会上与员工好好谈谈了。他建议销售人员花更多的精力来推销这一独特的产品系列,并安排了一个销售人员专门促销这批首饰。他不仅给员工详尽描述了珍珠质宝石,还给他们发了一篇简短的介绍性文章,以便他们能记住并讲给顾客。然而,这个方法也失败了。

就在此时,易麦克特正准备外出选购产品。因对珍珠质宝石首饰销售下降感到十分失望,他急于减少库存,以便给更新的首饰腾出地方来存放。他决心采取一项重大行动,选择将这一系列珠宝半价出售。临走时,他给副经理匆忙地留下了一张字条。告诉她:"调整一下那些珍珠质宝石首饰的价格,所有都×1/2。"

当他回来的时候,易麦克特惊喜地发现该系列所有的珠宝已销售一空。"我真不明白,这是为什么,"他对副经理说,"看来这批首饰并不合顾客的胃口。下次我在新添宝石品种的时候一定要慎之又慎。"而副经理对易麦克特说,她虽然不懂为什么要对滞销商品进行提价,但她惊诧于提价后商品出售速度惊人。易麦克特不解地问:"什么提价?我留的字条上是说价格减半啊。""减半?"副经理吃惊地问,"我认为你的字条上写的是这一系列的所有商品的价格一律按双倍计。"结果,副经理将价格增加了一倍而不是减半。

(资料来源:公众号——营销万能帮·抓住消费者消费心理,定下意想不到的定价,得到意想不到的后果. 2018-01-24.)

问题：
1. 请结合本章学习的内容分析案例中的商品为什么高价反而畅销？
2. 思考哪些商品会出现高价反而畅销的情况？

【阅读资料】消费 3.0 时代：从"性价比"到"颜价比"到"心价比"演变

第十章

消费情景与消费者心理及行为

学习目标：通过本章的学习，认识到消费情景的重要性；熟悉营业场所外部环境与消费者心理行为的关系；掌握营业场所内部环境与消费者心理及行为的关系；熟悉网络消费情景与消费者心理及行为的关系。

案例导读

商店整体环境带给客户的心理效应

杜甫有诗云：感时花溅泪，恨别鸟惊心。说的是自己伤怀之时，花仿佛也在垂泪，鸟也在为此事惊心。这两句诗告诉我们，抱着何种心情去观天地万物，天地万物就会涂上我们的主观感情色彩。可见，人的情绪与环境存在着某种微妙的关系。在消费过程中，当消费者置身于商店的整体环境中时，心理上又会有怎样的微妙变化呢？事实证明，商店的整体环境会对消费者的情绪产生影响，进而直接影响消费者的购买决策。舒适清新、优美整洁的购物环境是消费者所期待的美好的购物环境，置身于这样的环境中，消费者不知不觉就会被环境感染，变得心情舒畅，情绪兴奋，因而有心情购物。而如果商店脏乱不堪，商品摆放杂乱无章，人流拥挤，空气混浊，店内到处充斥着刺耳的噪声，消费者就是有再好的心情也会被破坏，此种环境想要激起消费者的购买欲望已经是奢谈，甚至自此以后消费者再也不会光临了。

(资料来源：公众号——销售人社区·商店整体环境带给客户的心理效应". 2019-07-08.)

消费情景即消费场景，是指购买或消费活动发生时个体所面临的商店环境因素。消费者通常是在一定的购物场所或环境中实现购买行为的，购物环境对消费者购买过程中的心理感受和购买行为具有潜移默化的影响。在营销活动中，一个好的购物环境会给消费者留下美好的第一印象，引起消费者的购买欲望，进而影响其购买行为。因此，研究购物环境及其对消费心理与行为的影响，是非常必要的。

第一节 营业场所外部环境与消费者心理及行为

一、周边环境与消费者心理及行为

营业场所的周边营业环境主要影响消费者对营业场所的认识，也会影响消费者购物的便利程度。比如营业场所周围的商业气氛、交通情况、与消费者的地理距离等都会对消费者购买心理及行为产生影响。

1. 购买便捷的心理

购买便捷与否主要取决于交通条件是否便利。交通条件无疑是影响营业环境最重要的外部因素。交通条件越方便，消费者购买商品越方便；交通条件越差，消费者购买商品的难度越大。当前，很多经营单位已为购买大件商品的顾客提供免费送货上门的服务，但是经营单位要为所有的顾客解决商品运输问题较为困难，所以营业场所要选择交通比较便捷、道路比较畅通、商品运输安全省时、主要顾客购买近便的地方。对于拥有自己交通工具的消费者，营业场所还要考虑向他们提供存放交通工具的场地。这样才能够吸引更多的消费者前来购物。

2. 商场集聚效应

消费者购物行为付出的成本除金钱外，还有其他的，如时间和精力成本。当消费者在一处购物时，他可能希望就在附近不远处消费其他的商品，实现"一站式"的购物，节约一次出门消费的时间和精力。比如商店林立的商业街，由于商家聚集，能够满足顾客上述的消费心理和行为，容易形成一个规模大、密度高的顾客群，商业经营中具有明显的"马太效应"。很多顾客有明显的从众心理，认为人越多商品越吸引人，购买兴趣就越大。但营业环境形成"马太效应"的条件，一般是这些营业单位的地理位置接近、营业性质比较接近或者相互兼容，这样消费者才有可能在这个营业圈内保持持续消费的动机。所以，人口密集、商家聚集是设置营业场所理想的区域。营业场所选址首先要了解人口是否密集，顾客人数是否足以形成市场，规模性的目标顾客群是否存在。

【案例10-1】家乐福选址要求

二、营业场所建筑与消费者心理及行为

营业场所的建筑是企业的营销要素之一，是企业进行营销活动不可缺少的物质设施条件，主要是指商业企业营业场所。包括出售商品和对顾客进行服务的营业场所、保管商品和进行出售前准备工作的辅助场所、企业行政管理人员执行管理职能的行政办公场所及职工的活动场所等。

营业场所的建筑如何，关系到商品实体运动的畅通和效率，也关系到商品使用价值的保持状况是否完好无损，更关系到消费者是否愿意经常惠顾。对营业场所的建筑进行科学决策和合理使用，对于美化环境，改善营销人员的劳动条件，提高劳动效率，加快商品出售过程，提高服务质量，吸引更多的消费者前来购买，增加企业营销效益，有着十分重要的作用。商店建筑的基本要求：适用、坚固、经济、美观。

1. 适用

适用是指营业场所的建筑和设计应最大限度地满足为广大消费者服务的需要。一个营业场所的建筑和设计，从采光到通风都必须满足最合理布置营业现场的要求，这样，既便于消费者参观和选购商品，又可为销售人员创造良好的劳动环境。当然，在不同的经济发

展水平的条件下，不同规模的营业场所其建筑和设计的适用标准有所不同，各种类型营业场所在建筑和设计上也存在着较大的差异。

2. 坚固

坚固和适用是一致的。因为营业场所的建筑和设计如果不坚固，就达不到适用的要求，而坚固的标准是按照适用的要求来设置的。所以，坚固是适用不可分割的方面，与适用是密切联系的。

3. 经济

营业场所的建筑和设计，还必须符合经济原则。经济是指在建筑和设计中花钱要少，收到的效果要大。当然，不同类型营业场所的建筑和设计，应该有不同的建筑标准和设计规格，对经济合理的要求也不相同。

4. 美观

在适用、坚固、经济的条件下，营业场所的建筑和设计还要美观。营业场所的建筑和设计比一般建筑物更要注意美观。因为一个营业场所的外观造型、建筑形象、各个部分是否保持一定的比例、是否均衡对称、色彩是否协调等都会给消费者以不同的感觉。一座好的建筑会给人们以美的、协调的、生气蓬勃的感觉，从而能在消费者心中留下一种好的印象，吸引消费者前来购买商品，有利于扩大销售。同时，营业场所的建筑设计得美观与否，不仅直接反映建筑业的发展水平、市政建设水平，也反映人民的生活面貌和精神面貌。

三、营业场所的门面装饰与消费者心理及行为

门面装饰就像人的脸一样重要，美好的面孔使人越看越喜欢。门联和招牌是加强消费者对营业场所印象的主要门面装饰。

(一)门联

我国的商业门面装饰有悠久的历史，常常利用精练的对联做门面装饰，以给消费者留下美好的第一印象。"客上天然居，居然天上客"，天然居是北京海淀区的一个餐馆，对联的上句较为通俗易懂，而对联的下句用了一个极有震撼性的回文句式，把上一句的每个字从尾到头倒过来，"居然天上客"充分体现了对用餐客人的尊敬。

(二)招牌

招牌是经营单位的名称及相应的装潢广告牌子。同一条街上，经营同一类商品的商店有很多，一般顾客是不记门牌的，但设计独特的商店标识与门面、橱窗摆放、广告宣传等，都能给消费者留下深刻的印象。

对招牌来说，首要的问题是命名。其实，商店招牌的命名和商品命名有类似的地方。招牌命名需要做到以下几点。

1. 要鲜明、醒目和言简意赅，便于顾客识记

要避免字数过多，避免拗口，避免名称意义费解、怪僻俗气。字迹要醒目、规范，颜

色要对比突出。晚上可安装霓虹灯或灯箱，并迎向人流方向。

2. 要突出主营业务

有的酒店招牌上除企业名称外，经营项目也列出许多。其实顾客并不在意那些繁杂的项目，反而认为这是宣传广告手段，其结果就是酒店的特色和主营项目被淡化了。

3. 要有行业特点，且寓意美好温馨

招牌名称一般都会体现行业特点，且寓意美好，如武汉的福庆和酒楼、祁万顺酒楼、北京的"全聚德"，沈阳经营川菜的"荣乐园"、经营东北菜的"鹿鸣春"，等等。有的名称还体现企业经营风格，如武汉曾经有家饭馆起名为"好再来餐馆"，此名既表现店主的自信，又委婉地表达了对顾客的邀请之情。好的名称既给顾客留下深刻的记忆，也能激发顾客美好的情感。现在还有一种倾向，新式酒店多起洋名，如"拉斯维加""波顿"等。虽然它们适应部分顾客求新奇心理，但如果过滥，甚至出现"拿破仑酒店""罗浮宫酒店"，则使人有"媚洋俗"之感。

【案例10-2】餐饮店招牌推销的主要功能

四、营业场所的橱窗

有特色的橱窗设计，不但令人驻足观赏，更能烘托出所售商品的卓越品质，有助于推销橱窗中所展示的货品。美观、得体的橱窗设计能即时地增强顾客的购买欲望，是影响零售业绩的主要因素之一。

(一)橱窗的功能

1. 引起消费者注意

随着新产品不断推向市场，商品品种越来越多，人们面对琳琅满目的商品，不免眼花缭乱，被淹没在商品的海洋中。橱窗既是装饰商场店面的重要工具，也是商场直接向顾客推介商品不可或缺的广告宣传形式。当一个人漫无目的地走在商业街上时，一个醒目的、色彩绚丽的橱窗很容易引起他的注意。

2. 引发消费者兴趣

经营者会根据消费者的兴趣，将流行的商品或新推广的商品摆在显眼的位置，这不但能让消费者对商场所经营的商品产生一个整体的印象，还能给消费者以新鲜感和亲切感，从而引起消费者对商场的注意和对商品的兴趣。

3. 激发消费者的购买欲望

橱窗展示具有特殊的丰富表现手法，光线、色彩、造型手段全方位地运用，可以淋漓尽致地对商品的形象、性能、功用加以渲染，让人产生这是一种无与伦比的美妙商品的感受。注意和兴趣的积累，往往会逐渐形成一种欲望，消费者甚至会想象自己变成画面中的主角来亲身体验橱窗中的商品，于是忍不住产生"心动不如行动"的冲动，最终想要掏钱购买。

(二)橱窗的设计

经营者应该充分发挥橱窗对消费者心理和行为的积极影响。进行橱窗设计时应该注意做到以下几点。

(1) 突出主营商品，展示商品的特色。橱窗一般设在闹市的马路两旁，过往的行人非常容易看到。人们透过橱窗便能一目了然地了解到商场经营的商品。如果这些商品能引起消费者的兴趣，消费者便会进入商场观察选购商品。为此，橱窗所陈列的商品一定要是企业的主营商品，具有鲜明的特色与自己的风格，这样才能打动消费者的心。

(2) 注意橱窗的整体效果，给消费者统一协调的感觉。首先，橱窗的大小、位置及数量等要与商场的主体建筑相协调。一般小型商场设 1～2 个橱窗，大型商场则可设 10～20 个。其次，橱窗本身的装饰性要明显于建筑的装饰性，要使橱窗成为整个建筑外观中最醒目的部分。

(3) 运用现代技术，动静结合展示。在设计橱窗时，在费用支出允许的前提下，要尽可能地使原来静态的商品、模型活动起来，使展示的商品显得有生气，使之具有感染力与吸引力。当然，动态展示会增加费用支出，所以商场在确定展示方式时，具体应根据商品特点与商场的条件而定。

(4) 合理选择橱窗形式，迎合消费者的心理需求。橱窗按其建筑结构可分为：独立橱窗，即只有一面透明，其他侧面均呈封闭状态；透明橱窗，这种橱窗与商场的内部连为一体，可以使消费者直接看到售货现场，从而突出现场感，让消费者同时获得对商场外观和内部状况的整体感受；半透明橱窗，即除正面外，侧面或背面也部分透明。按照商品陈列方式有：特写橱窗，这种橱窗通常只陈列一种商品，或虽然有其他商品，但都处于从属地位，陈列它们的目的仅仅是烘托主要商品；分类橱窗，是把有连带性的、用途相同或相近的商品摆放在一起陈列，这种摆放易于引起消费者的联想，激发其潜在的购买欲望；综合橱窗，这类橱窗中什么样的商品都摆放，没有主次之分，所以很难取得艺术效果。在橱窗形式设计中，商场选择何种方式来陈列商品，应根据所陈列商品的特征、商场的整体结构布局、消费者的需要等因素综合考虑和选择。

【案例10-3】打造更具吸引力时尚橱窗的7个关键因素

第二节　营业场所内部环境与消费者心理及行为

就消费者心理而言，营业场所内部环境在整体购物环境中起到主导性和决定性的作用。理想的营业场所内部环境，应该尽可能地为顾客购物或消费提供方便，使顾客获得最大限度的满意，并且在顾客购物或消费后，还能吸引他们再一次光顾这个场所，让他们把满意的体会转告给其他顾客，为这个营业场所传播美誉。营业场所内部环境是商场整体布局、内部建筑、设施、柜台摆放、装饰风格、色彩、照明、音响、空气质量等状况的综合体现。

【案例10-4】深受儿童喜爱的 D 品牌餐厅

一、营业场所内部的整体布局与消费者心理及行为

整体布局是指营业场所内部空间的总体规划和安排。良好的整体布局不仅方便顾客，减少麻烦，而且在视听等效果上使人们产生一定的美感享受，这是吸引回头客、保持顾客忠诚度的因素之一。整体布局的原则是视觉流畅、空间感舒畅、购物与消费方便、标识清楚明确、具有美感。

【案例10-5】线下实体店的新出路，打造"网红"店

二、商品陈列与消费者心理及行为

商品陈列是指柜台及货架上商品摆放的位置、搭配及整体表现形式。商品陈列是商场内部环境的核心内容，也是吸引消费者购买商品的重要因素。商品本身就是最好的广告，营业场所内商品丰富、陈列整洁美观、摆放醒目得体，都有利于商品的销售。消费者进入商店，最关心的自然是商品，商品陈列是否得当，往往影响消费者的购买心理与行为。实践证明，商品陈列必须符合消费者的选择心理、习惯心理，并努力满足其求新、求美的心理与行为要求。

(一)商品陈列的一般要求

为了符合消费者的购买心理和行为特点，商品陈列应符合以下基本要求。

1. 要能引起消费者的兴趣与注意

商品的陈列必须做到：醒目，形象突出，有美感。尤其是商店经营的主要商品，陈列时一定要力求吸引消费者的注意力，通过布置和其他陪衬的烘托引起消费者的注意。

2. 要给消费者以洁净、丰满的感觉

商品陈列不仅要讲究造型美观新颖，还要干净、摆放整齐、错落有致，给消费者以品种齐全、数量充足、丰满的感觉，但又不能显得拥挤或杂乱。

3. 要使消费者能一目了然

商品陈列要尽可能裸露摆放，同时要有价格、货号、产地、规格、性能、质量等级说明，便于消费者通过观看、触摸和比较，增加对商品的感性认识。使消费者心明眼亮，可增强消费者对商店和商品的信任感和安全感。如果消费者不能直接看到或触摸商品，陈列中只有价格，较少有其他说明，容易使消费者产生怀疑或不信任，使购买欲望下降、转移或消失。其中 2/3 的购买决定是消费者观看或触摸商品后做出的。如果商品陈列合理，可以增加 10%的冲动型购物。

(二)商品陈列的基本方法

不同的零售业,因其经营特点、出售商品和服务对象不同,在商品陈列上也表现出不同的形式。总的来说,针对顾客的消费心理,商品的陈列可采用以下几种方法。

1. 醒目陈列法

醒目陈列法是指商品摆放应力求醒目、突出,以便迅速引起消费者注意的方法。为此应做到以下几点。

(1) 商品陈列的高度要适宜。通常,消费者走进商场都先环视一下四周,以便对商场产生一个整体的印象,而商品摆放的位置会直接影响消费者的视觉注意和感受范围及程度。瑞士专家塔尔奈(Tarnai)教授认为,消费者进入商场后无意识展望的高度为0.7~1.7m,上下幅度为1m左右,与人视线约成30°角以内的物品最容易被消费者看到。一般情况下,从人的腹部到头顶的高度范围是商品的最佳陈列位置。因此,商品摆放高度要根据商品的大小和消费者的视线、视角来综合考虑。一般情况下,摆放高度应以1~1.7m为宜,与消费者的距离为2~5m,宽度应保持在3.3~8.2m。在这个范围内摆放,可以提高商品的能视度,使消费者较易清晰地感知商品形象。

(2) 保持商品量感。量感是指陈列商品的数量要充足,给消费者以丰满、丰富的印象。量感可以使消费者产生有充分挑选余地的心理感受,进而激发购买欲望。

(3) 突出商品功能和特点。商品的功能和特点是消费者关注并产生兴趣的关键。将商品独有的优良性能、质量、款式、造型、包装等特性在陈列中突出出来,可以有效地刺激消费者的购买欲望。例如,把名牌和流行的商品摆放在显要位置,把多功能的商品摆放在消费者易于观察、触摸的位置,把款式新颖的商品摆放在最能吸引消费者注意的位置,把气味芬芳的商品摆放在最能引起消费者嗅觉感受的位置,这些方式都能促进消费者购买。

2. 裸露陈列法

裸露陈列法也称敞开陈列法。目前,超市的绝大多数商品和百货商场的部分商品采用了此种陈列方法。这种陈列方法允许消费者直接接触商品,以便消费者亲自检验商品的质量、功能与使用效果等。裸露陈列法适用于普通日用商品或大件耐用消费品,如服装、化妆品、袋装罐装食品、大件家用电器、家具等商品,但不适用于金银首饰、珠宝等贵重商品。

3. 季节陈列法

商品的陈列应按季节变化及时调整。将应时应季的商品放在最显著的位置,以吸引消费者的注意,明显过季的商品应暂停摆在货架上或者放置在不太引人注意的地方。这样,消费者能感受到商场的环境与自然环境相协调,增加对商场的信任感。

4. 分类陈列法

分类陈列法是指先按商品的大类划分,然后在每个大类中,再按档次、价格、性质、产地等进行二次划分的方法。比如可先将商品划分为食品类、服装类、纺织品类、箱包类、化妆品类等几大类,纺织品中,可再按毛呢、化纤、纯棉、丝绸等划分。这种分类陈列法便于消费者集中挑选、比较,也有利于反映商店特色。因此,分类陈列法是一种广泛使用的陈列方法，大、中、小型的综合商店均可采用这种形式。它方便了消费者的购买，很便捷地让顾客找到目标商品，适应一般消费者的购买心理和购买习惯。

5. 连带陈列法

许多商品在使用上具有连带性，如牙膏和牙刷、香皂和香皂盒等。为引起消费者潜在的购买意识，方便其购买相关商品，可采用连带陈列方式，即把具有连带关系的商品相邻摆放。

6. 专题陈列法

专题陈列法又称主题陈列法，是指结合某一特定事件、时期或节日，集中陈列应时适销的连带性商品的方法。例如，端午节，超级市场中的粽子专售区；或适逢中小学开学初，商店开设的中小学学生用具专柜等。这种陈列方法满足了消费者的即时消费心理，往往能引起某类商品的购物热潮。这种陈列方法既适用于综合商场，也适用于特色商店。

7. 艺术陈列法

艺术陈列法是指通过商品组合的艺术造型进行摆放的陈列形式。各种商品都有其独特的审美特征，如有的造型独特、有的色泽艳丽、有的款式新奇、有的格调高雅、有的气味芬芳，有的包装精美等。在商品陈列中，应在保持商品独立美感的前提下，通过艺术造型使各种商品巧妙组合，相映成趣，使艺术布局达到整体美的艺术效果。为此，可采用直线式、立体式、图案式、对称式、折叠式、形象式、均衡式、艺术字式、单双层式、多层式、斜坡式等多种方式进行组合摆布，赋予商品陈列以高雅的艺术品位和艺术感染力，以求对消费者产生较强的吸引力。

在实践中，上述方法经常灵活组合，综合运用。同时要适应环境的需求变化，不断调整，大胆创新，使静态的商品摆放充满生机和活力。

【案例10-6】便利店经营之新店正确商品陈列

三、营业场所内的音响与消费者心理及行为

用音乐来促进销售是古老的经商艺术。民国时期一些商号用吹号、敲鼓或用留声机放歌曲来吸引顾客，小商贩利用唱卖或敲击竹梆、金属器物等招徕生意。

心理学研究表明，一旦人的听觉器官接受某种适宜音响，音响传入大脑中枢神经，便会极大地调动听者的情绪，形成一种必要的意境。在此基础上，人们会产生某种欲望，并在欲望的驱使下采取行动。这是因为人体本身就是由大量振动系统构成的。优美、轻快的音乐，能使人体产生有益的共振，促使人体内产生一种有益健康的生理活性物质，这种物质可以调节血液的流速和神经的传导，使人精神振奋。但是，并不是任何音响都有利于唤起消费者的购买欲望。相反，一些不合时宜的音响会使人产生不适感。所以，现代企业在利用音响促销时应当注意以下几个原则。

1. 音响要适度，即音响高低要合适

人对音响高低的反应受到绝对听觉阈限的限制。音量过低，难以引起消费者的听觉感受；音量过高，会因刺激强度过大形成噪声污染，给消费者带来身心不适，产生不良效果。

2. 音乐要优美，并尽量体现商品特点和经营特色

运用音乐或广告音响，一定要优美动听，并与所销售的商品及企业经营特色相结合，促使消费者产生与商品有关的联想，激起消费者对商品及商店的良好情感，从而诱导其购买。

3. 音响的播放要适时有度，避免听觉疲劳

人们对任何外界刺激的感受都有一定的限度，超过限度便会产生感觉疲劳，进而产生抵触情绪。所以，音乐的播放要适时有度，切忌无休止、无变化地延续。

四、营业场所内的照明与消费者心理及行为

照明直接作用于消费者的视觉。营业厅明亮、柔和的照明可以充分展示店面，宣传商品，吸引消费者的注意力；可以渲染气氛，调节情绪，为消费者创造良好的心境；还可以突出商品的个性，增强刺激强度，激发消费者的购买欲望。因此，讲求灯光照明的科学性、艺术性是非常有必要的。营业场所的内部照明分为基本照明、特殊照明和装饰照明三种类型。

1. 基本照明

基本照明是为了保障顾客能够清楚地观看、辨认方位与商品而设置的照明系统。目前，商场多采用吊灯、吸顶灯和壁灯的组合，来创造一个整洁、宁静、光线适宜的购物环境。

基本照明除给顾客提供辨认商品的照明外，其不同灯光强度也能影响人们的购物心情。基本照明若是比较强，人的情绪就容易被调动起来，这就好像在阳光普照的时候或在阳光明媚的海滩上一样令人心旷神怡。美国麦当劳或肯德基的连锁店，其基本照明都很充足，人们一进入店里立即感到一种兴奋。基本照明若是比较弱，人不容易兴奋，可能让人产生平缓安静的感觉，也有一定的压抑感，商品的颜色看起来有些老旧。所以销售古董一类商品的场所可以把基本照明设计得暗一些，但在日用品营业场所的设计中应该避免这样做。

2. 特殊照明

特殊照明是为了突出部分商品的特性而布置的照明，目的是凸显商品的个性，更好地吸引顾客的注意力，激发顾客的购买兴趣。特殊照明多采用聚光灯，实行定向照明的方式，常用于金银首饰、珠宝玉器、手表挂件等贵重精密而又细巧的商品，不仅有助于顾客仔细挑选、甄别质地，而且可以显现商品的珠光宝气，给人以高贵稀有的心理感受。国外有的商店还用桃红色作为女更衣室的照明。据说在这种灯光的照射下，女性的肤色更加细腻，试衣者感觉这件衣服穿在身上使自己更显美丽，大大增加了服装的销售量。另外，在橘子、哈密瓜、电烤鸡等食品的上方采用橙色灯光近距离照射，可使被照食品色彩更加红艳，凸显新鲜感，激起顾客购买食用的心理欲望。

3. 装饰照明

装饰照明在整个商店的商品陈列中起着重要作用，它可以把商店内部装饰得琳琅满目、丰富多彩，给消费者以舒适愉快的感觉。但对装饰照明的灯光来说，对比不能太强烈，刺眼的灯光最好少用，彩色灯和闪烁灯也不能滥用，否则容易令人眼花缭乱、紧张烦躁，不仅影响顾客，而且会对销售人员心理产生不利影响。

五、营业场所内的温度、湿度与消费者心理及行为

营业场所的温度与湿度是评价营业场所室内环境的主要因素，对人们购买的影响最为直接。商场的温度受季节和客流量的影响。温度过高或过低都会引起人们的不舒适感。现在，商场里安装冷暖空调已很常见，它是满足消费者生理和心理双重需要的基本设施，适宜的温度对消费者购物情绪和欲望有着良好、直接的影响。

湿度是表明空气中水分含量的指标。人们一般对湿度的注意程度要远远低于对温度的注意程度。湿度与季节和地区有密切的关系，南方在夏季时气候异常潮湿，北方的冬季气候出奇地干燥。如果是在高温季节里，再加上潮湿的空气，会使人更加不舒服，消费者购物情绪将荡然无存。空调系统可以有效地降低空气中的水分，提高人们的舒适度。

六、营业场所内的色彩与消费者心理及行为

色彩指商店内部四壁、天花板和地面的颜色。心理学研究表明，不同的色彩能引起人们不同的联想和情绪反应，进而产生不同的心理感受。例如，黑色给人以严肃、庄重感；红色给人以热情、喜庆、燥热感；白色给人以纯真、圣洁感；蓝色给人以宁静、淡漠感；绿色给人以青春、生命、新鲜感；紫色给人以高贵、神秘感；橘红色可以使人的情绪高涨；淡蓝色可以抑制人的情绪；各种浅淡色会形成扩大的感觉；各种深色会产生缩小的感觉。

在营业场所内部环境设计中，色彩可以用来创造特定的气氛，它既可以帮助顾客认识商场形象，也能使顾客产生良好的回忆和深刻的心理感受，激发人们潜在的消费欲望，同时还可以使顾客产生即时的视觉震撼。一般而言，商场内部装饰的色彩以淡雅为宜。例如，象牙白、乳黄、浅粉、浅绿色等，会给人以宁静、清闲、轻松的整体效果；相反，配色不适或色调过于浓重，会喧宾夺主，使人产生杂乱、沉重的感觉。

第三节　网络消费情景与消费者心理及行为

除传统的线下购物消费外，网络购物也成为消费者购物消费的主要方式。网络消费是指人们以互联网络为工具而实现其自身需要的满足过程。消费者浏览网上商品目录，比较、选择满意的商品或服务，通过网络下订单，付款；而商家网上处理订单、安排发货，从而完成整个网络购物的过程。

根据当前人们网络购物的主要平台和形式，消费者网络购物情景主要有网络购物商城和直播购物平台两大类，购物商城如淘宝、京东等，直播购物平台如淘宝直播、抖音电商、快手电商等。对于网络购物商城，消费者的购物情景主要取决于其购物网站的设计；而对

于直播购物平台,消费者的购物情景则受直播平台设计的影响。

电商平台和商户共同打造良好的网络消费环境,无疑能吸引更多的消费者,对促进平台良好持续发展有重要影响。

【案例 10-7】网络消费成为消费市场回暖"助推器"

一、网站设计与消费者心理及行为

网络购物良好情景体验主要取决于商家的网站设计,网站设计时应注重网站用户友好性、网站独特的设计元素、网站的安全性、网站产品的有效描述、实时有效的在线服务系统等内容。

1. 网站用户友好性

电商网站应该有良好的导航设计。用户通过简单的搜索就可到达各种产品的页面,通过网站就能很好地了解全部产品。网站提供的产品和服务的细节详情看起来越全面、真实,获得的客户转换的机会就越多。

2. 网站独特的设计元素

有创意的设计会使访客有兴趣浏览网站,从而增加客户转换的机会。若网站设计一些与众不同的页面元素或组件,网购者有时会被独特的设计吸引,并成为其购买的重要参考。

3. 网站的安全性

首先,网站要确保每个在网站购买产品的客户的个人信息和财务信息是安全的。其次,网站要确保支付网关安全、可靠,否则将直接影响潜在客户的注册,最终使销售目标受到严重打击。

4. 网站产品的有效描述

网站的产品描述非常重要,字体、描述性文字、图像和视频越有吸引力,买家就越会将其与购买需求联系起来。网站产品的有效性描述会直接影响消费者的购买判断。

5. 实时有效的在线服务系统

商城网站要想运营起来,离不开一个好的在线服务系统。在线服务系统可以给消费者的疑难问题解惑,也可以让消费者体验商城的服务。不过,在设置在线服务系统时,不要挡住任何页面的内容,也不用自动播放,建议放在较为显眼的地方。

总之,电商网站应以客户为中心、满足消费者心理与行为需要,树立企业形象并提升企业核心竞争力。网站规划时,还要确定网页的设计方案,明确每个页面的设计方案,包括版式设计、目录设计、导航设计及风格设计等。实际实施制作的技术人员取得方案后,可以快速按照设计要求进行制作。对网站制作完成后的运营方案、维护计划、管理体系、安全防范等都要进行统一规划,这是网站规划的一项重要任务,也是网站规划不可缺少的一个有机组成部分。

二、直播平台设计与消费者心理及行为

在直播电商环境下的购物体验，与传统货架式的购物体验是非常不同的。直播电商的核心是人为创造沉浸式、互动式、社交式、冲动式的消费情景，在这种情景下引导消费者进行消费。

在直播平台内容的设计中，对于要显示的信息要考虑好优先级。把消费者最需要的产品信息放在最前面，其他信息简化。交易按钮要总保持在屏幕的可见范围之内，目录设计容易接触、步骤简单。这样做会增强用户体验，让用户关注主要内容，用户关注得越多，进行交易的可能性就越大。

直播间设计要注意以下几个方面。

1. 直播间背景

有效的直播间背景设计意味着消费者的高转化率。设计优异的直播间背景能让消费者一眼看懂卖的什么，且场景能够很容易得到用户的信任。直播场景对直播效果可以说影响巨大，而直播间的背景起着比较基础的作用，直接决定了用户的第一印象是如何的，是否会继续停留在直播间。想要搭建高转化的直播间场景，就要掌握一定的技巧和策略。

(1) 实体店背景。现在线上引流、线下成交的商家有很多，许多实体店为了推广自己的店铺，也会选择在自己的实体店进行直播。这种类型的背景，给人真实的感觉，更容易取得用户的信任。选择这种背景，适合有实体店的商家，可以选择还原最为真实的场景，给用户一种性价比高、款式多、实体店批发的感觉，同时也可以突出直播间的价格福利。

(2) 源头产地背景。源头产地背景适合工厂店，许多工厂意识到直播的红利，开始亲自上阵。这种背景的最大优点是产品价格优势，可以利用流量红利。这种背景，能给用户一种没有中间商赚差价的感觉，价格优势还是非常突出的，而且也特别有说服力。

(3) 货架式背景。货架式背景适合快消行业，如鞋帽包包、美妆饰品、母婴家居等。在搭建这种背景的时候，需要注意以下几点：首先，前景要有一些备选产品的展示；其次，产品的主题要鲜明一些，最好是能够快速吸睛的；最后，背景要有货架的展示，显示有比较多的产品类别。

(4) 自定义背景。自定义背景是特别常见的，一般用绿幕当背景，然后用摄像头和电脑后台抠图完成，一些准备好的视频和图片可以作为辅助素材。使用这种方式需要注意的是，要有一致的色调，视觉方面的协调也很重要。

2. 直播间灯光

直播间的灯光选择，需要遵循一定的原则，选择灯光的时候，也有一定的设计要点。

(1) 灯光原则。选择直播间灯光的时候，基本原则是明亮通透、光线均匀、不刺眼。简单来说，就是要找色温 5500K 的正白光；不能只用大灯，LED 补光灯也很重要，还要有一些面光灯和辅灯；光线的柔和度也很重要。

(2) 灯光设计。在设计灯光的时候，一般比较常见的有顶灯、环境灯、辅助灯。选择

和搭配的时候，有一些基础要点需要在意，具体还是要根据销售品类来选择。

顶灯的总瓦数建议在 200W 左右，主播的头顶不能有灯，灯的高度是越高越好。如果空间小，那么一个吸顶灯就足够了。

轨道灯泡，可以选择龙泡灯。如果有射灯尽量打在背景上，主播的前面和左、右两侧，可以装轨道灯，它的主要作用是补亮，所以灯光的亮度很重要，要注意瓦数的充足，这样直播间产品才能比较清楚一些。

补光灯，可以算作辅助灯光。它的价格比较贵，不过优点很多，如亮度比较高、光线很柔和、对眼睛没有太大的损伤。对要全身出境的直播间来说，补光灯还是非常适合的。选择的时候，建议单灯用柔光灯罩版本，双灯可以是一个矩形一个球形。

灯光的色彩，要根据产品的类别来选，如鞋帽、包包、服装、美妆这些产品，就比较适合白光，因为这样颜色的饱和度比较好，不容易有色差。如果是美食、家居和家纺类产品，可以使用暖光，营造一种温馨的感觉。

3. 直播间产品摆设

直播的背景和灯光设置好以后，最后的重要工作就是产品摆设了。常见的直播方式有站姿和坐姿两种。

(1) 站姿直播。如果是站姿直播，主要原则是远近适中和画面丰满。简而言之，就是要既有远景也要有聚焦，找到合适的角度让产品铺满屏幕比较好；如果画面比较空，可以采用一些产品或是软装装饰，来让直播间显得整体丰满一些。

(2) 坐姿直播。如果是坐姿直播，主要原则是整洁清晰和视觉吸睛。比如常见的货架式直播，对称美的利用就非常重要，整洁清晰的产品摆放会给人一目了然的感觉。在色彩搭配和视觉效果方面，也要考虑有一定的吸睛点。比如针对家居产品可以放一些高颜值餐具和高档电器，而零食则可以用食物充盈屏幕。

另外，在直播的过程中，产品露出方式很重要。产品信息恰当露出，主播的讲解和转化就会更有效果。具体在展示直播间价格优势时，可以准备一些平台截图物料，通过价格比对来展现；产品尺寸可以直接展示，让进入直播间的人都能看到；产品卖点可以多角度、多频次截屏，以配合主播的产品讲解。

4. 直播间相关功能设置

(1) 公屏区。公屏区是直播时实时显示在屏幕上的聊天画面，每个人发的话语都能显示出来。公屏区的设置可以很好地满足顾客提出疑问及发表相关的评价意见等的需求，工作人员可以对提问及时解答，提升双向沟通的效果，同时如果消费者在公屏区发表有关产品使用效果好、价格便宜等积极评价的话语，还能对其他观看直播的消费者产生积极的影响，当然观看的消费者也可以进行互动留言。对于消费者的评论，后台工作人员要注意及时解答，同时还可以运用活动刷屏，不断引导用户关注。公屏区不断出现的评论会营造出一种紧张感，往往能带动更多消费者参与。

(2) 福袋。福袋是直播引流的重要工具，它里面有红包奖品等。福袋种类很多，不同种类的福袋用途也不同。比如实物福袋，多是做活动抽奖送礼的，为了吸引用户停留而存在；抖币福袋是为了引出某个产品、形成公屏区好评等而存在的；红包是为了提升互动效率、增加粉丝而存在的，它能很好地自动加分，也能提升精准用户的转化率，非常实用。

(3) 贴片。直播间贴片是一种直播信息展示工具，以淘宝官方贴片模板为例，主播可以填写商品信息、个人信息、优惠信息、促销活动、直播议程等内容，将基础信息可视化地展示在直播间，帮助主播更有效地做关键消息传达。主播可以在开播中进行贴片信息的修改，确保内容符合直播进程，通过贴片能够提升消费者对直播内容的感知度和参与度，降低了主播反复口播的成本。

(4) 评论置顶。用户好评、直播间活动和产品信息等可以采取置顶的操作，这些被置顶的信息对于进入直播间的消费者是很有激励作用的，会给那些犹豫不决的人带来信心，增加他们对产品的好感，激发他们的购物欲望，提高直播转化率。

场景化的直播间搭建，可以吸引更多的流量，让消费者有良好的购物情景体验，从而实现直播间的高转化率。

【案例 10-8】巧借原生达人，迅速切入抖音电商

本 章 小 结

消费情景即消费场景，是指购买或消费活动发生时个体所面临的消费环境因素。消费者通常是在一定的购物场所或环境中实现购买行为的，购物环境对消费者购买过程中的心理感受和购买行为具有潜移默化的影响。

营业场所的内、外部环境都对消费者购买心理与行为有直接的影响。交通条件和商场聚集效应是营业场所周边环境的主要体现，营业场所的设置要充分注意这两个方面的情况；营业场所的建筑要做到适用、坚固、经济和美观。营业场所的招牌名称和设置要鲜明、醒目和言简意赅，便于顾客识记；要突出主营业务等。营业场所的橱窗具有引起消费者注意、引发消费者兴趣和激发消费者的购买欲望的功能。进行橱窗设计时要做到：突出主营商品，展示商品的特色；注意橱窗的整体效果，给消费者统一协调的感觉；运用现代技术，动静结合展示；合理选择橱窗形式，迎合消费者的心理需求。营业场所内部的整体布局应做到视觉流畅、空间感舒畅、购物与消费方便、标识清楚明确、具有美感。商品陈列应注意要能引起消费者的兴趣与注意，要给消费者以洁净、丰满的感觉，要使消费者能一目了然。商品陈列的基本方法有：醒目陈列法、裸露陈列法、季节陈列法、分类陈列法、连带陈列法、专题陈列法和艺术陈列法。营业场所内背景音乐是音响设计的重点，在播放背景音乐时切忌音量过高和过低，音乐要优美，音响的播放要适时有度。基本照明灯光强度一般应较强，以让顾客有兴奋的心情；特殊照明是为了凸显商品的个性，应视具体的商品而定；装饰照明的对比不能太强烈，刺眼的灯光最好少用或不用，彩色灯和闪烁灯也不能滥用。商场的温度和湿度适宜对购物情绪和欲望都有直接的影响。一般而言，商场内部装饰的色彩以淡雅为宜。

除传统的线下购物消费外，网络购物也成为消费者购物消费的主要方式。网络购物情

景和线下实体店有较大区别。消费者网络购物情景主要有网络购物商城和直播购物平台两大类，对于网络购物商城，消费者的购物情景主要取决于其购物网站的设计；而对于直播购物平台，消费者的购物情景则受直播平台设计的影响。购物商城网站设计时应注重网站用户友好性、网站独特的设计元素、网站的安全性、网站产品的有效描述、实时有效的在线服务系统等内容。在直播电商环境下的购物体验，与传统货架式的购物体验是非常不同的。直播电商的核心是人为创造沉浸式、互动式、社交式、冲动式的消费情景，在这种情景下引导消费者进行消费。有效的直播间背景设计意味着消费者的高转化率。设计优异的直播间背景能让消费者一眼看懂卖的什么，且场景能够很容易得到用户的信任。搭建高转化的直播间场景，首先是直播间的背景设计，其次是直播间的灯光选择和产品摆设，最后还要考虑直播间相关功能设置。

思 考 题

1. 什么是消费情景？
2. 简述橱窗的主要功能。
3. 橱窗设计应注意哪些问题？
4. 商品陈列应注意哪些问题？
5. 简述商品陈列的基本方法。
6. 在利用音响促销时应注意些什么？
7. 购物网站设计应注重什么？

案 例 分 析

新零售线上线下融合购物，难以捉摸的消费场景

在新零售时代悄然来临之际，商家纷纷开始打造融合线上、线下的全渠道购物体验。科技创新配合崭新的渠道铺货策略，将会使零售业在未来十年被重新定义。尼尔森中国区总经理韦劭表示："网络购物者在电商发展早期的购买路径很简单：不外乎是先搜寻，再比较产品、下单购买，最后留下评论和回馈。但在今天的新零售环境中，我们可以观察到的趋势是营销触点、资讯来源、渠道都在急速增加。" 现在的典型消费场景是这样的：消费者通过新闻、报告、书籍、手机资讯等触点获得购物线索，而后上网搜索相关信息，朋友沟通、搜索比价网站、书籍查找之后决定所购之物，最后可能手机上网完成购物。

可见，线上与线下关系互补胜于竞争，渐渐相互融合。消费者在店内购物时，越来越多地会先使用网络查询价格、寻找最划算的方案，这样的行为被称为"展厅现象"(showrooming)或"先逛店后网购"。但数据显示，消费者也会反向操作：先上网搜寻，再至实体店面购物(webrooming)。

(资料来源：根据百度文库资料整理。)

问题：
1. 新零售时代人们的消费情景发生了哪些变化？
2. 新零售时代商家该如何进行消费情景有效融合？

【阅读资料】新购物时代：购物场景与场景购物

第十一章

广告与消费者心理及行为

学习目标：通过本章的学习，了解广告的作用机制及功能、广告的再造性想象和创造想象；熟悉广告心理过程的重要环节；掌握广告的理性诉求与情感诉求策略；熟悉主要广告媒体的特点；掌握基于消费者心理与行为的广告媒体选择。

案例导读

五芳斋的《小绿片儿》

五芳斋在春天里，推出了自己的创意广告——《小绿片儿》。片中各种有意思的青团纷纷出来踏春，有玩竹蜻蜓把自己的身体绕起来的，也有艾草走着走着就组成艾草青团的，等等。广告里没有真人出镜，而是使用了青团。青团形象可爱，艾草代表自然，唤醒消费者的童心。这也很好地传达了品牌的产品来源自然、品质的纯正。

品牌的广告宣传片如果只是干巴巴的文字，就略显抽象，不能很好地吸引消费者的注意力。《小绿片儿》里面的形象设计比较具体、可爱。《小绿片儿》的卡通设计创意独特，构思新颖，造型夸张，色彩鲜明时尚，也极富视觉冲击力，其名字朗朗上口，易于记忆和传播。《小绿片儿》呈现出来的品牌形象栩栩如生，很好地让消费者记住了它们。

当今社会，企业为了有效地促进销售，通过公开宣传的形式，将其产品和服务的信息利用适当的营销信息沟通方式传递给消费者，其中最主要的就是广告这种方式。我们大多数人几乎每天都会接触各种各样的广告：电视、广播节目中，杂志、报纸上，车厢内外，还有满大街的广告灯箱，手机短信，等等，真可谓铺天盖地，随处可见。有的广告我们能注意到，有的我们却视而不见、听而不闻；有的广告能让我们喜欢、记住，而有的广告却让我们厌烦。这些都和广告活动的组织策划水平、广告设计制作水平及对消费者心理的把握有密切关系。

(资料来源：根据中国广告网的相关内容整理。)

第一节 广告的作用机制及功能

一、广告的作用机制

(一)广告的心理与行为机制

广告的心理与行为机制，是指在广告通过其特有的手段作用于人们心理与行为活动的过程中，心理与行为活动的反应方式和发展环节，以及各环节之间的互相联系和相互影响。有关广告心理机制的模型，影响比较大的主要有以下几种。

1. AIDA 模型

AIDA 模型是由路易斯(Louis)1898 年提出的，他认为广告作用于人们心理的过程由四个步骤组成：注意(attention)、兴趣(interest)、欲望(desire)、行动(action)。路易斯认为，AIDA 既是消费者接受广告的心理过程，又是广告作品创作时应遵循的原则。

A 代表注意，指广告吸引了受众的注意力，使消费者开始关注广告中的产品或品牌。I 代表兴趣，指广告成功地使受众对广告和广告中的商品或品牌产生兴趣，愿意了解相关资讯。D 代表欲望，指受众开始产生购买商品的欲望和动机。A 代表行动，指消费者在动机和欲望的驱使下，实施购买商品的行动。AIDA 模式是广告人最常用的反应模式，因为它简单明了，清晰易懂。例如，"咦，那是什么？"——attention：注意到商品广告信息。"嗯，还不错。"——interest：产生进一步研究商品的兴趣。"真想把它买下来。"——desire：产生拥有商品的欲望。"好吧，买！"——action：采取行动。

后来，人们注意到广告效果的累积性，特别是迟效性和延续性的特点。消费者的购买行为多数情况下不是在广告暴露后立即进行，而是在之后的某个情境中，受到一定刺激才发生的。在此过程中，消费者对广告的记忆是产生迟效和延续的心理基础。于是，在 AIDA 的基础上，加进了 memory(记忆)因素。广告的心理过程就成了 AIDMA：注意—兴趣—欲望—记忆—行动。

AIDMA 说在 19 世纪末提出，此时处于绝对卖方市场时期，这一理论忽略了人对刺激反应的主动性，没有充分考虑消费者本身的需要所起的作用。一个人只有有了某种需要，才可能在环境中寻找可以满足需要的对象。如果没有潜在的需要，广告作用的一系列过程是难以完成的。

2. DAGMAR 模型

DAGMAR 是美国学者 R. H. 柯里(R. H. Colley)于 1961 年发表的著名文章《为测试广告效果而确定广告目标》(*Defining Advertising Goal for Measured Advertising Results*)的首字母缩写。文中将广告作用的心理过程分为五个阶段：未察觉某商标或企业—觉察到该商品或企业—理解(如理解商品的用途、价值等)—信念(引起购买商品的意向或愿望)—行动(购买行为)。

DAGMAR 模型认为，广告纯粹是对限定的受众传播信息并刺激其行动，广告的成败应视其是否有效地把要想传达的信息与态度在正确的时候，花费合适的成本，传达给正确的人。他认为，没有一种广告做一次就能打动一位潜在的顾客，促使他对品牌名称从一无所知到立即产生购买行为。

3. 六阶梯说

六阶梯说又称 L&S 模型，是 20 世纪 60 年代社会心理学家 R. J. 勒韦兹(R. J. Lavidge)和 G. A. 斯坦纳(G. A. Steiner)提出的。该模型注意到了情绪在决策中的作用，认为消费者对广告的反应包括三个部分：认知反应、情感反应和意向反应。因此在广告作用过程中，增加了"喜欢(Liking)"和"偏好(Preference)"两个过程，如图 11-1 所示。

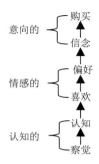

图 11-1 加入喜欢和偏好的广告作用过程

在六阶梯中,前两个阶梯即察觉与认知涉及对广告商品的认知反应;中间两个阶梯涉及对广告商品的积极态度和感受,即喜欢与偏好;最后两个阶梯即信念与购买涉及行动,即购买广告商品。这些阶梯之间并不一定是等距离的。对某些商品来说,可能存在明显的风险因素,另外一些商品也许凭借品牌的忠诚度或其他因素,无须做自觉的决策就去购买了。

(二)广告心理过程的重要环节

1. 引起注意

注意有两个特点:指向性和集中性。注意是广告整个心理过程的起点。一般情况下,只有对某一商品产生了注意,才有可能进而引起一连串的心理反应过程,形成购买欲望,最终使购买行为发生。注意分为无意注意和有意注意两种。引起无意注意的原因,可分为客观刺激物的本身和人的主观状态。其中,刺激物的特点包含:刺激物的绝对强度和相对强度,同时起作用的各种刺激物之间的对比关系,以及刺激物的活动、变化和差异性等。有意注意是一种主动服从于一定的活动任务的注意,它受人的主观意识的自觉调节和支配。相对而言,有意注意对于广告刺激的要求没有无意注意要求得那么高。

广告能否引起人们的注意取决于其提供的信息。广告所提供的信息应具备以下特性。

(1) 信息的刺激性。心理物理学研究表明,刺激要达到一定的强度才能引起有机体的反应。刺激性强的广告信息特征除与广告大小和强度有关外,还具有变化性、活动性、新异性、悬念性等特点。例如,德国的拜耳公司为了做阿司匹林的广告,把一座高达 122m 的大楼整个用布包了起来,为此还动用了直升机并邀请了登山运动员。有些网络广告采用 flash 动画循环播放,这比一般的普通平面广告更吸引人们的注意,因为活动的、变化的物体更容易引起人们注意。悬念广告一般是指通过系列广告,逐步将广告信息充实、完整的广告。运用欲言又止、欲扬先抑的手法制造悬念,引发受众的好奇心,使他们对广告从被动的状态转为主动的状态,让他们主动去注意,广告效果更好。

(2) 信息的趣味性。人们倾向于注意有趣的、自身感兴趣的信息。例如,有人调查了美国一份刊物上的广告读者,结果显示,男性阅读汽车广告比阅读妇女服装广告的多出 4 倍,大约是其阅读化妆品广告、保险广告、建材广告的 2 倍;而对女性来说,阅读的广告类别最多的是电影和服装,比阅读旅游广告和男式服装广告多出 1 倍,比阅读酒类广告、机械广告多出 3 倍。

(3) 信息的有用性。在某一个特定时期，消费者往往有自己的特定需要。广告可以提供给消费者相应的产品信息，如果这些信息是消费者需要的，那他们自然非常关注。例如，还没有买房的消费者，会很关注报纸杂志日益增多的房地产广告，而对大多数已经买了房子的消费者来说，这些印刷精美的彩页广告已经没有太多吸引力了。

2. 增强记忆

记忆有助于人们加深对广告商品的认同。广告能否在人们心目中留下深刻的记忆，受以下一些因素的影响。

1) 简洁性

米勒用实验证实：短时记忆的容量大概为 7±2 个组块，即在刺激快速呈现的条件下，大脑能短时记住的数量最多是 9 个组块，最少是 5 个组块。当然这是平均水平，面对不同的记忆材料，大脑的记忆量是不同的。因此，我们在设计广告时就必须考虑大脑的记忆能力，注意广告的简洁性，要易于记忆；不要一次性陈述过多的信息，人们对过多信息不仅无法加工，还会因为超过记忆负荷而引起记忆疲劳。脑白金的"送礼就送脑白金！"、飘柔洗发水的"今天，你洗头了吗？"、可口可乐的"要爽由自己！"、雪碧的"晶晶亮，透心凉！"，这些广告词字数都在 7±2 范围内，在消费者的短时记忆容量内，减轻了消费者的记忆负担，从而提高了消费者对广告的记忆效果。

2) 重复程度

心理学研究表明，人的感觉记忆时间很短暂。要增强记忆效果，克服遗忘，一种常用的策略就是重复学习。在广告传播中，不断重复出现的广告一定程度上说明该产品仍是富有竞争力的，能够给消费者以信心，同时，能够帮助消费者识记广告中的信息，并且让消费者保持对这些信息的记忆。因此，即使是著名的品牌也需要运用广告重复策略，一方面给老顾客以信心，另一方面又可以吸纳新生代消费群体。当新产品问世时，如果想尽快地打开销路，可以采用在一段时间内密集播放广告的策略；如果希望产品销售有后劲，则可以采用广告频率稍低但延续时间长的方式。广告重复并不等于广告没有更新。对某一产品，用具有不同创意的广告加以介绍，可以达到良好的效果，帮助增强记忆。

【案例 11-1】蜜雪冰城广告中隐含的广告传播理论

3) 信息编码组块

信息的组块是指比较独立的、有一定意义的信息加工基本单位，信息的组块化指的是把零散的信息组织为组块。在广告信息编码组块中，需要结合大众已有的文化知识或习惯。一些产品或服务行业的广告，常常向消费者提供电话号码，枯燥无味的号码很难被记住，但如果我们可以提供利用人们已有的文化知识加以组块化的电话号码，将有助于人们记忆。例如，62580000 叫车电话以谐音"老让我拨四个零"作顺口溜，可帮助人们更好地记忆。

4) 利用汉语特点组织编码

当广告中的信息用汉语表示时，汉字的形音义均可以成为利用的对象，来对广告信息进行有效的编码，使其容易被记住，如著名的饮料品牌"可口可乐"，这一汉语名称的英文商标为"CocaCola",在引入中国时需要有一个汉语名称,将其翻译成"可口可乐",这一汉语名称大致体现了英语语音,更重要的是它表达了一定的含义;又如蚊香广告语"默默无闻(蚊)的奉献"利用了汉字之间的谐音。这些都有利于促进人们对广告的记忆。

【案例 11-2】经典广告词

3. 产生联想

广告在人们心理活动中的作用还表现在联想上。许多事物之间存在着不同程度的共性,以及人们对各种事物存在着某种认识上的关联性,这些构成联想的客观基础。例如,雪碧汽水的广告词"晶晶亮,透心凉"。广告应充分利用类似、对比、因果等规律激发人们来联想。

一个事物可能引起多种联想,但广告受众引起什么样的联想,受联想的强度和个人特点的影响。比如,年龄、文化程度、职业等不同,引起的联想也会有所不同。儿童受思维发展水平的制约,其联想大多是身边的具体事物,在时间和空间上接近的东西联想得比较多,而成年人的联想则能以抽象的观念表现出来。由于职业的关系,各行各业的人接触面不同,对各种事物的熟悉程度也不相同,因此不同的人可能对同一事物有不同的联想。

【案例 11-3】联想律在广告设计中的运用

4. 诱发情感

顾客在购买活动中,情感因素对最终购买决策起着至关重要的作用。情感是客观对象与主体需要之间的关系的一种反应。情感可表现为多种相反的形态,如愉快与悲伤、轻松与紧张、喜爱与厌恶、恐惧与无畏、激动与平静等。广告在引起注意、增强记忆、产生联想时,注重艺术感染力,讲究人情味儿,能引发人们积极的情感,压抑消极的情感。

一般来说,积极的情感有利于强化购买的欲望,坚定购买的信心。顾客对不同的广告所做的文字、图像和内容介绍,持有一定的态度,认知也不尽相同,并总是以某种带有特殊感情色彩的体验形式表现出来。符合自己需要的,会感到喜欢;不能满足自己愿望的,会感到失望。这里的态度以广告商品能否满足顾客需要为中间环节。只有那些与顾客需要有关的、能满足顾客需要的商品,才能引起人们积极的情感体验,然后使其产生购买行为。

二、广告的心理与行为功能

广告的功能,是指广告对消费者所产生的作用和影响。其借助信息的传递来产生影响以唤起消费者的注意,在激发消费需求的过程中对消费者的心理与行为活动产生影响。广告作为促成企业与消费者之间联系的重要媒介,具有以下几方面的功能。

(一)吸引功能

好的广告或以理服人或以情动人,它可以吸引消费者的注意,改变或消除他们对企业或产品原有的偏见或消极态度，争取好感和信赖，激发其潜在的购买欲望，劝导和说服消费者实现购买行为。例如，十六和弦的一款手机的广告为"出色、出众、出彩"，并配有适当大的美人图，让女士心驰神往。

广告的吸引功能有以下两层含义：一是激起消费者美好的联想，给消费者以某种美的享受，从而改变其对商品的态度，激发其购买欲望和动机；二是能迅速、有效地吸引消费者的注意力，进而激发其对新产品的兴趣和向往，形成新的消费需要，促进购买行为的实现。

(二)认知功能

广告是为传递商品信息服务的，认知功能是指营销广告向消费者公开传递有关商品的品牌、商标、性能、质量、用途、使用和维护方法、价格、购买时间与地点、服务的内容等信息，使消费者对其有所认识，并在头脑中形成记忆、留下印象。消费者通过广告可以得知商品的各方面信息。广告采用多种传播渠道和形式，能够打破时间、空间的限制，及时、准确地将产品信息传输给不同地区、不同层次的消费者，从而影响广大消费群体，增强他们对产品和服务的认知。

(三)教育功能

广告不仅指导消费，而且影响人们的消费观念、文化艺术和社会公德。文明、健康的广告，对于扩大消费者的知识面、引导消费者树立合理的消费观念、丰富人们的精神生活和陶冶情操、进行美育教育和促进社会公德等都有潜移默化的作用。它可以增加消费者的产品知识，使消费者能够正确地选择和使用商品，并引导消费者树立合理的消费观念；它还可以给消费者以美的教育。设计巧妙、制作精良的广告通过各种各样的表现形式，在使消费者获得信息的同时，能够丰富其精神文化生活，使其得到美的享受。

(四)促销功能

促销功能是广告的基本功能。广告是促销组合中重要且不可缺少的因素。广告通过对产品的宣传，把有关信息传递给目标消费者，达到引起消费者注意和产生购买动机的目的。然而，并非任何一则广告都能具备上述的功能，获得良好的社会效果。许多消费者对那种司空见惯的"王婆卖瓜，自卖自夸"式的广告产生了抵触心理及抵触行为。

第二节　广告策划与消费心理及行为

一、广告创意

广告设计需要不断创造出新意。广告创意是在一定的广告主题范围内，进行广告整体构思的活动。广告创意是形成关于广告表现的基本概念的过程，是广告制作的依据。

(一)广告创意的素材

广告作品的构思建立在大量具体素材的基础上，这些素材主要包括两个方面，一是客观事物中的实物或图片，二是来自创作者头脑中已经存储的客观事物的形象。对当前事物的直接感知，在我们头脑中形成知觉映象。而当感知过的事物不在面前，我们头脑中依然有其映象，称为表象。

表象是在知觉的基础上产生的，构成表象的材料来自过去知觉过的内容。比如，没见过老虎的人不会有老虎的表象，没有吃过辣椒的人不会有其味觉表象。总之，视觉、听觉、触觉、味觉、嗅觉和运动等方面的表象，都是建立在感知基础上的。表象与知觉又有所不同，它只是知觉的粗略再现。现在的很多房地产广告在争相刊登精美的彩色图片的同时，也会加上诸多描述，如开门见山，紫气徐来，帘卷晨曦，鸟鸣风飘，阳光普照，还有山上朝霞，等等。目的是给人们营造一幅美丽的画面。

(二)广告信息的再造想象

再造想象是根据词语的描述或根据图示，在头脑中形成与之相符合或者相仿的新形象的过程。通过再造想象，人们可以在头脑中形成从没有见过的事物的形象。一个富有创意的广告形象设计，可以使广告的接受者即使未遇到过这种事物，也可以依据广告作品的描述在头脑中形成相应的形象。

广告作品大都是通过视觉和(或)听觉来传递信息，广告受众正是凭借着自己的想象，得以正确领会广告所要传达的各种信息，并且由此唤起一定的情感体验。受众想象什么、如何想象都会受到广告作品的制约，但是广告受众的再造想象不是被动地简单接受、机械复制，而是用自己的表象系统去补充、发展。因而不同的人对同样的广告信息的再造想象可能不一样，有的再造想象甚至会偏离原作品所创造的形象。另外，如果广告在描述实际情况时含糊其词，受众的想象就更有可能与实际情况不相符，出现误解。例如，有的房地产公司打出广告"离地铁站500m，交通便捷"。有些消费者在头脑中就会出现这样的情景：窗外不远处即是地铁站入口、出口，人潮涌动嘈杂；地铁开过时，房屋家具微微晃动。这样做广告的效果会适得其反。又比如，某房地产公司打出广告"在你的家，推开窗子就看得见大海"。受众很有可能在脑海中浮现出海边别墅的景象：房子就在海边，从窗户望出去，或是站在阳台，一望无际的大海就在眼前，海潮声清晰可闻，阵阵海风吹起窗帘，带来大海的清新气息。可是如果当消费者真的站在房子里的时候却可能发现，房子离大海还有一段距离，只有一个窗口能远远地看到海湾的一角，房子周围的小环境也没有海的感觉，这时候消费者就会很失望，感到受了欺骗。

【案例11-4】苹果手机广告的文字游戏

(三)广告构思中的创造想象

不依据现成的描述，独立创造新形象的过程，称作创造想象。创造想象具有首创性、独立性和新颖性的特点，是广告构思中最重要的心理活动之一。创造想象可以通过以下途径获得。

1. 原型启发

原型启发是创造想象产生的契机。根据任务的需要，创造者思考和寻找解决问题的途径和方法。这时某些事物或表象对要解决的问题具有启示的作用，这样的事物或表象就成为创造发明的原型。例如，举重是力量竞技项目，举重运动员常常被称为"大力士"。受举重运动的杠铃启发，华联东方汽车销售公司的系列广告把汽车的轮胎做成了举重用的杠铃，表现强强联合的实力。和同系列的其他广告相呼应，运用汽车的元素体现企业的经营领域，在标题上用数量表现程度。

2. 跳跃性合成

把不同对象中部分形象黏合成新形象，通过设计者跳跃性的思维方式进行合成，形成一个以往不曾有过的全新形象；或是把两件并不相关的物品，融合在一个画面里，使人产生视觉失衡的冲击感。例如，把老妇人的脸和年轻女孩的身材结合在一起，形成强烈反差。

3. 创造性综合

把不同对象的有关部分组合成一个完整的新形象，这个新形象具有自己独特的结构，并体现了广告的主题。这里不同形象的组合是经过精心策划的、有机的结合，而不是简单的凑合、机械的搭配。例如，把网线和铝制易拉罐巧妙结合，充分表达"铝业在线"的概念。

4. 渲染性突出

渲染性突出是为了使人们对广告推介的商品加深印象，利用各种手段进行渲染，以突出商品所具有的某种性质，在此基础上塑造出崭新的形象。例如，在策划哈撒韦牌衬衫(Hathaway Shirt)的全国性广告活动方案时，被誉为现代"广告之王"的美国广告大师大卫·奥格威(David Ogilvy)想了18种方法把有魅力的"作料"掺进广告里去，其中第18种方法是给模特戴上一只眼罩，穿上这种衬衫，以显示与众不同，具有独特个性。后来这一形象应用在不同的场景，引起较大的反响。

5. 留白

在某些广告画面的构思和表现手法中，常常使用在画面上一定的空间留出空白的手法。中国传统绘画技法中有"留白"的技法，留白可以使观看者依据画中的形象展开想象，正所谓"无画处皆成妙境"。例如，丰田汽车公司在《时代周刊》上所做的汽车广告，这则全页广告大胆运用留白，只在画面的中上部露出了丰田高级轿车的极少边缘部分，其余车身全部隐去，只保留了车头的丰田标志，然后设计者在画面的右下角写上广告词及打上鲜明的丰田汽车标志，全部画面有色彩部分不足1/4。在《时代周刊》众多的汽车广告中，产生了无法比拟的效应。

二、广告诉求

广告诉求，是指用什么样的广告内容和表现方式对消费者进行说服，它要解决的是"说什么""怎么说"的问题。广告诉求通过对人们的知觉、情感的刺激和调动，对人们的观念、生活方式的影响，以及对厂商、商品特点的宣传，来迎合和诱导人们的消费需求，最终激发消费者购买动机的过程。广告诉求的基本目标就是唤醒或激发顾客对自身潜在需求的意识和认识。广告诉求的基础是消费者的心理与行为需要，广告诉求的两大基本方式为理性诉求与情感诉求。

(一)消费者需要与广告诉求策略

1. 消费者的优势需要与广告诉求的选择

消费者的需要是多种多样的，不过其中往往有一种是优势需要。能否满足优势需要，直接影响消费者对面前商品的态度和购买行为。广告的作用就是在商品的特性与消费者的优势需要之间建立最佳匹配，把商品特性"翻译"成提供给消费者的利益与好处。例如，国外有家制鞋商认为，消费者对鞋子的关注顺序首先是样式，其次是价格、料子及小饰件，于是将广告主题定在鞋的样式上，但销路一直打不开。后来进行实地调查，询问了5000名消费者，结果发现，消费者对鞋的关注点按人数比例依次为：穿着舒适(42%)、耐穿(32%)、样式好(16%)、价格合理(10%)。厂商根据调查结果，立即更改了广告主题，由原来突出鞋的样式改变为突出舒适、耐穿，结果销量直线上升。

2. 对不同消费群体的广告策略

不同年龄、性别、职业、教育背景和社会经济地位的消费者往往有不同的消费倾向。如何对这些具有不同兴趣点的消费群体采取有针对性的广告诉求策略，直接影响广告的效果。例如，社会经济地位较高的消费者会更关注商品的心理附加值，社会经济地位较低的消费者则更关注商品的实用价值，因此，针对这两种不同的人群广告诉求点的选择就应该有所侧重。

3. 需要的动态特征与广告主题的变化

随着时代的变迁、社会经济的发展，甚至季节性的变化，人们的需要也会不断发生变化，对同类商品的关注点和要求也会有所不同，甚至优势需要与非优势需要之间也会互相转化，总体来说，是由低级的需要层次逐步向高级的需要层次转移。例如，过去购买洗衣机主要关注洗涤效果好而且保护衣物、省电省水等，随着科技进步和生活水平的提高，人们对健康、环保等因素越来越重视，于是抗菌、消毒成为新产品研发的重点和新的广告诉求。

【案例11-5】从广告语的演变看格力的发展轨迹

4. 根据竞争对手的广告主题选择适当的广告诉求

从竞争对手的产品广告中，也可以寻找到尚未被占领的市场，从而期待消费者能被自己的广告产品吸引。例如，许多高档轿车的广告诉求经常定位在消费者身份地位的需要上，或是定位于社交需要上，但很少有突出安全需要的广告。奔驰的广告果断占领这一空当，把安全需要与社交需要结合起来："当您的妻子带着两个孩子在暴风雨的漆黑夜晚开车回家时，如果她驾驶的是奔驰轿车，您尽可放心。"

(二)广告的理性诉求

广告的理性诉求是以商品的功能利益或相关属性为主要诉求。在广告中突出自己商品的特性及优越性，提出事实或进行特性比较，通过展示商品的固有特性、用途和使用方法等，提供关于商品的事实性信息有利于使消费者形成一定的品牌态度。

理性诉求策略主要有写实、对比、权威、示范四种形式。

(1) 写实。写实是直接陈述广告信息，通过商品展示、性能说明、购买地点和价格等的介绍将产品推荐给消费者。可以采用的手段有四种。第一，叙述，即通过平实的文字叙述把产品信息直接告诉消费者。第二，有偿新闻，将产品信息以新闻报道的方式在媒体上刊登出来。第三，展示，在商店橱窗或展会上直接展示商品，并辅之以介绍商品的传单、画册、说明书等。第四，布告，利用固定的格式在相应的场所发布有关产品的信息。

(2) 对比。通过产品之间的对比或产品使用前后的比对关系来突出广告产品的差异，以引起消费者的关注。对比策略的运用容易引发企业之间的恶性竞争，所以《反不正当竞争法》对此有明确的规定，故对比策略的运用要符合法律的相关规定。

(3) 权威。利用社会名流、公众人物和专家来推荐或证明产品的品质，提高产品的知名度，增加消费者的信任，激发顾客购买的欲望。

(4) 示范。通过实物的展示性操作与示范，宣传产品的特点，介绍产品的性能，证明产品的品质。

(三)广告的情感诉求

1. 广告情感诉求策略

情感诉求是广告诉求的另一种基本方式。广告诉求的基础是消费者的心理需要。消费者不仅有物质上的需要还有精神上的需要，如尊重的需要、爱与归属的需要、自我形象表达的需要等。消费者对商品的需求，除功能上的需求和期待外，往往还有情感上或其他精神层面的需求。在当今的广告实践中，感染力已经成为消费者评价广告质量的一个重要因素。许多成功的广告表明，富有情感色彩和人情味儿的广告更具有感染力，更能让人接受。

情感诉求策略主要有想象、威吓、夸张和文艺四种形式。

(1) 想象。运用各种背景资料和类似事物，使人产生对产品的美好联想；或者运用有关事物来间接表现产品主题，启发人们去思考和领会。

(2) 威吓。运用某种不幸的遭遇，引起人们的恐惧心理，敦促人们听取广告的劝告。

(3) 夸张。将产品所包含的某种独特的信息，运用夸张的手段突显出来，给人们留下强烈的印象。

(4) 文艺。为使广告具有娱乐性、趣味性，运用相声、戏剧、说唱、动画等形式来加以表现。

【案例 11-6】雕牌广告策略"从理性诉求向感性诉求的转变"

2. 受众对广告的情感反应

消费者对广告可能产生两个方面的反应：认知的反应(也称思维的反应)和情感反应。通常，认知的反应产生对该广告信息的了解，即学习、记忆和评价。而广告的情感反应，分为肯定的情感反应和否定的情感反应两类。肯定的情感反应或积极的情绪体验，如热情、快乐、精力充沛、轻松、主动等；否定的情感反应或消极的情绪体验，则如沮丧、懊恼、压抑、焦虑、愤怒、恐惧等。情感的影响有以下几个方面。

(1) 影响认知。情感能够影响认知的反应，进而间接地影响消费者对商标的态度。一个亲切感人的广告使人对其产生好感的同时，愿意重复接受，进一步了解有关的内容，加深对其的印象，从而获得较多的认知。

(2) 影响态度。这些情绪体验，通过经典条件反射过程与特定品牌相联系，其结果影响到品牌态度或品牌选择行为。由广告引起的情感，进而影响对广告的态度。例如，飞利浦的广告词"让我们做得更好"含有自豪、鞭策、奋发向上、永不停步的深刻内涵，使人感觉到它的虚怀若谷、含而不露，增加了人们对它的好感。

(3) 影响体验。情感的作用还可以转化到使用体验上。当人们感受到广告主人公使用特定商品产生的积极情感，并通过该广告与自己的使用体验重合，由该广告引起的同感就可能融入自己的实际体验中去。例如，万宝路的广告，吸烟者会把自己的情感和幻想融入该情景中，如他们想象出的广袤的西部、漂泊不定的牛仔、大草原、自由、独立、坚强、勇敢、强壮的男子汉等，构成一个多姿多彩的世界，这些关联的新增想象和情感体验正好迎合了许多人的自我形象，于是这些情感和想象就可能与吸万宝路香烟的体验建立起持久的联系。

【案例 11-7】美团广告策略解读

3. 广告中常见的情感类型

从喜、怒、哀、乐到道德感、荣誉感、成就感，人类的情感可分为多种类型。在广告中，最为常见的是美感、亲热感、幽默感和害怕感。

1) 美感

美感是一种积极的情感体验。追求美是人们共有的心态，尤其是年轻人。因此，善于满足美感诉求，也可获得以情动人的效果。一个令人赏心悦目的广告，可以通过搭配和谐的广告色彩，通过加入使人心情舒畅的音乐，通过丰富的广告想象力和优美的背景等广告元素，给人带来美的享受。也可以通过对自然、轻松、青春活力等美感体验的追求来设计广告情境，达到美感诉求的目的。

2) 亲热感

亲热感反映了肯定的、温柔的、短暂的情绪体验。它往往包含着生理反应及有关爱人、家庭、朋友之间关系的体验。在这个维度上，经常使用的形容词有：和谐的、温柔的、真诚的、友爱的、安慰的等。其中，爱的诉求是常见的一种，将亲情、友情、爱情等情感融入，往往更容易让广告和产品打动观众，从而引起观众共鸣。孔府家酒以其主题曲"千万里，千万里我回到了家……"和《北京人在纽约》中的一句"孔府家酒，让人想家"打动了全国的观众。

3) 幽默感

幽默广告使人发笑，产生兴奋、愉快等情绪体验。它可以使这些积极体验在此与特定品牌发生联系，从而影响受众对品牌的态度，还可能影响人们对品牌的联想、信念等。麦柯克伦·施皮曼(McCullen Spieman)研究机构对 500 则电视广告做过调查，调查结果显示，逗人发笑的广告容易被记忆且更有说服力。

法国一家化妆品商店的广告词为："千万不要向从本店走出来的少女递媚眼儿，小心她是你奶奶！"十分夸张幽默。一则餐馆广告是这样的：请来本店用餐吧！不然你我都要挨饿了。一语双关，使人露出会心的微笑。

但是，幽默广告也有危险性。一是虽然逗人发笑但可能缺乏说服力，这将直接影响促销的效果；二是可能使人觉得应当严肃对待的事情却被当成儿戏。资料表明，银行、保险公司等较少采用幽默广告。因为金钱、财产、生命和死亡都不是取笑的对象。

【案例 11-8】幽默在广告创意中的运用

4) 害怕感

害怕的诉求是指通过特定的广告引起消费者害怕及其有关的情绪体验，如惊恐、厌恶和不适等，利用广告中的不幸事件，敦促人们要听从广告的劝告，避免不幸的发生。这类广告应用最多的是那些有关人身安全和免受财产损失的商品。具体来说，家庭保险的广告诉求旨在提醒人们免受财产损失，而各种药品、保健品和护肤品的广告诉求，是满足人身安全或是身体健康的需求。还有一些商品广告涉及损害友谊、身份、职业的一类轻微的恐惧诉求，如防狐臭剂、防晒霜、防盗门、安睡枕等。

当然，并不是所有"害怕"诉求的广告都能达到预期效果，它的效果取决于诉求的适宜。然而，说服过程中威胁的"适当"也是因目标消费者和产品的不同而不同的。例如，应用害怕的诉求宣传戒烟，如果目标群体是青少年(不会吸烟者)，强诉求更有可能利于他们遵照宣传中的要求去做；如果目标群是那些有烟瘾的吸烟者，强诉求则可能引起他们的心理防御和知觉回避机制。

4. 广告元素的情感诉求

在广告设计中，颜色、插图、字体、文案广告语、广告歌等元素，都有可能与一定的情感体验发生联系。因此，它们常被用来诱发特定的情感。

(1) 颜色。人类生活在一个五彩缤纷的世界中，颜色使人产生各种各样的联想和情感体验。不同的颜色，常常和一定的对象和心境联系在一起。由于社会文化的长期积淀与习俗的影响，许多颜色都具有一定的象征意义，能产生某种情感体验，引起联想。红色常与节日喜庆联系在一起，给人以兴奋、激动、热烈的感觉，另外还可能与火、血、危险等建立联想；橙色、黄色易引起阳光明媚、希望、轻松、幸福、朝气蓬勃的感受，使人联想到橘子、水果等；绿色使人联想到春天、万象更新、青草、田野和森林，感受生机和希望；蓝色与海洋、天空发生天然的联系，使人感到安静和轻松；紫色常使人联想到寂寞、不安、忧郁；白色象征纯洁；灰色、黑色则令人感到严肃、不安和伤感，容易使人联想到阴天、灰色建筑物、黑夜、黑纱等。现在的杂志从头到尾全是彩色照片，如果采用黑白照片，有时反而更容易吸引人的注意。

(2) 插图。插图是广告设计中最形象的元素。广告插图包括绘画和照片。它更容易直接展示和激发人们的各种情绪、情感体验。例如，"希望工程"招贴画中，小姑娘瞪大眼睛渴望求知的神情特写，表现出强烈的情感冲击力，深深地打动了千万人。插图可以表现语言文字不容易表现的内容。有些商品，如家具的样式、房间的结构、皮鞋的样式等，很难用语言或文字表达清楚。但如果拍一张实物照片或画一张图，就会一目了然，不言自明。

(3) 字体。广告中的字体和情绪也有一定联系：愉快的心境往往与弯曲、明亮的美术体相对应；悲伤、严肃的心境则更容易与角形的、粗体形的字体相联系。从图形与心理反应的关系来看，折线的图形容易使人联想到尖刻、不悦，而平缓弯曲变化的图形更能给人带来舒缓、快活的心境。

(4) 文案广告语。心理学家发现，情感词对人的情绪会形成冲击，并使人产生一定的认知倾向和生理指标的变化。广告语常常具有鼓动人心的作用，广告语营造的气氛或其中蕴藏的真挚情感常引起人们的共鸣。例如，澳大利亚的大型葡萄酒公司 Hardy 通过调查发现，澳大利亚葡萄酒消费者中44%为20～29岁的女性，7%为30岁以上的女性。于是，该公司就专为年轻女性设计了富有个性化、名为"淘气"的低酒精葡萄酒系列包装。这款包装由"热望""激情""都要"等元素组成，采用 750ml 流线型玻璃瓶，颜色各异。许多年轻女性喜爱这款包装就像喜爱自己的口红和香水一样，于是该系列酒的销量直线上升。

(5) 广告歌。在视听媒介中，音乐能以其优美而富有感染力的旋律，深深打动听众，发挥其他广告元素难以发挥的独特作用。例如，麦当劳的"更多选择，更多欢笑，就在麦当劳"和新近推出的"I am loving it"的背景音乐。它一方面配以歌词来表现广告主题，另一方面作为背景来渲染气氛，增强效果。

第三节 广告媒体选择、实施与消费心理及行为

广告经策划、设计、制作以后，在实施中只有借助各种广告媒体，才能向消费者传递产品与服务的信息，才能引起消费者的注意并形成消费刺激。广告实施要符合受众的接受心理，使目标受众有效地获取信息，并取得好的感受效果。

一、广告媒体

1. 报纸媒体

报纸曾经是广泛使用的广告媒体，但近年来随着智能手机的普及，人们对报纸的需求和阅读在急剧下降。报纸按其区域有全国性、区域性和地方性之分；按其内容有综合性和专业性之分；按其出版周期，则可分为日报、晚报、周报和旬报等。报纸广告的特征有以下几点。

其一，报纸版面大，篇幅多，凡是要向消费者做详细介绍的广告，利用报纸是极为有利的。报纸广告是推出新产品的捷径，能全面介绍新产品研制成功和上市的消息。其二，由于报纸具有特殊的新闻性，广告在无形之中也提升了可信度，这是其他媒体无法比拟的。新闻与广告的混排可以提升广告的阅读率，对广告功效的发挥也有直接影响，也报纸的信誉对报纸广告来说是至关重要的。一般来说，严肃而公正的报纸可信度高，广告效率也高。其三，许多报纸经常会为政府或社会团体发布公告，这在无形中提高了报纸的社会地位，使之更具有权威性，从而对公众产生强大的影响力，增加了读者对报纸的信任感。可以大

大地增加读者对广告内容的信任。其四，报纸的内容没有阅读时间的限制，便于消费者反复阅读。另外，印刷精细的广告可以把商品和服务的特点很好地反映出来，对读者具有情感上的影响力。同时，由于画面逼真，因此能对消费者产生强烈的劝诱力，刺激其购买欲望。其五，报纸本身售价低，有利于广告的传播。同时，由于报纸发行量大，广告制作成本较低，因此其广告费用相对低廉。报纸的发行量大、传播广、渗透力强，因此报纸广告的传播范围广。由于报纸大众化的特点适合于任何阶层的读者，且由于报价低廉，读者数量众多。

报纸广告的局限性在于：时效性短；内容繁杂，容易分散广告受众的注意力；有些报纸印刷技术欠佳，美感不强，缺乏对产品款式、色彩等外观品质的生动表现，广告效果较差；现代社会，人们生活节奏较快，无法对报纸进行详细阅读，造成广告浪费。

2. 杂志媒体

杂志是视觉媒体比较重要的媒体。它以精美的图案来吸引消费者的注意力，杂志广告具有以下特征。

其一，杂志广告具有精良、高档的特色，多用彩色摄影技巧，使产品的外在品质得以生动、逼真的展现。精美的印刷品无疑可以使读者在阅读时感到一种高尚的艺术享受，达到良好的宣传效果。其二，专业性杂志由于具有固定的读者层面，可以使广告宣传深入某一专业行业。因此，对特定消费阶层的商品而言，在专业杂志上做广告具有突出的针对性，易于广告对象理解，能产生深入的宣传效果，而且很少有广告浪费。其三，许多杂志具有全国性的影响，有的甚至有世界性性影响，经常在大范围内发行和销售。运用这一优势，对全国性的商品或服务的广告宣传，杂志广告无疑是占有优势的。其四，杂志具有比报纸优越得多的保存性，因而有效时间长，没有阅读时间的限制，消费者可以用充裕的时间详细地阅读。同时，杂志的阅读率、传阅率也比报纸的高。

杂志广告的局限性是杂志的时效性不强，不能刊载具有时间要求的广告；现代商业服务越来越地方化和区域化，产品的地方分片销售机会远比全国性销售机会多，这在一定程度上限制了杂志广告的发展，杂志广告的全国发行会造成广告浪费；不少综合性杂志由于缺乏专业性，缺乏广泛的影响力，宣传效果不是很突出，与其他媒体相比缺乏竞争力；专业性太强的杂志，读者有一定的限制，阅读范围相对较小，广告传播面有限。

3. 电视媒体

广告市场上，电视是传统媒体中最有竞争力的。电视广告的特点主要有以下几点。

其一，电视广告声形兼备，娱乐性强，既能听又能看，可以让观众看到富有表情和动作变化的动态画面，生动活泼，因而对观众具有很强的吸引力。更主要的是，电视广告可以突出展现商品个性，如外观、内部结构、使用方法、效果等，在其突出商品诉求重点方面是其他媒体比不了的。其二，电视的传播范围非常广，目前家家户户基本都拥有电视，通过电视对掌握购买权的家庭主妇进行广泛的广告宣传，能为一般日用品及耐用消费品的销售奠定基础。其三，电视广告可以重复播出，对消费者起着潜移默化的作用，使商品在消费者心目中留下牢固的印象。

但电视广告要受到时间、地点、设备和条件的限制，而且费用昂贵。广告占用时间过长还会引起电视观众的反感。

4. 广播媒体

广播媒体的发展是20世纪初的事。在其后的多种媒体的竞争中,无线电广播凭借其独特的功能而保持其竞争力,在广告市场中占有相当重要的地位,发挥着较为重要的作用。广播广告的特征如下。

其一,广播可以不需要任何加工,直接播出,因而广播的传播速度最快,时效性最强。广播电台遍及城乡,从而使广播具有相当广泛的传播范围和覆盖面。尤其广播广告是通过对听觉功能的刺激来传递信息的,因此,对各个文化阶层的人都有效,一般听众都能接受其信息传递。其二,广播节目的设定是针对特定群体的消费者,因此,在专题节目时间播送针对特定消费者阶层的广告就更有针对性,能使广告宣传深入某一群体的听众。如在房地产节目中,插播楼盘、二手房信息,广告宣传的效果较好。其三,广播广告通过声音传递信息,配以音乐,穿插对话、情节等独特的广播艺术,使人们产生娱乐情感。同时,由于广播的发送时间长,每天都有十几个小时的节目,因此,可供传播的信息容量大,选择余地大大增加。其四,广播具有交流性,而且费用低,现在许多电台在广播中,经常采用开通热线电话答疑的形式与听众进行交流,请专家、顾问答疑解惑,收到很好的互动交流的效果,如许多保健品厂商都采取设专栏方式,宣传产品的同时介绍保健知识。与报纸、杂志、电视广告相比,广播广告制作便捷,费用最低。

广播广告具有以上优点的同时,还存在一些缺点。一是广播广告的时效极短,不能留存,很容易消失,听众记忆中的印象比较模糊,因此,很难传达清楚广告的内容,难以给消费者留下深刻的印象。二是广播广告很少被听众主动接受,听众一听到广告往往很快换台,转而收听其他节目,达不到宣传目的。三是受互联网快速发展的影响,目前广播的听众也比较有限,故广播广告的影响力也比较有限。

5. 售点媒体

售点媒体广告又称现场销售促销广告(point of purchase),简称POP广告,是指在超级市场、百货商店、连锁店、药房、杂货店等零售店的橱窗里、走道旁、货架、柜台、墙面甚至天花板,以消费者为对象设置的彩旗、海报、招贴、陈列品等广告物。POP广告的使用,可以弥补其他广告媒体的不足,强化零售终端对消费者的影响力。

现场的POP广告能唤起消费者的记忆,进一步激发消费者的购买欲望,特别是在自助商店、超级市场等无人售货的销售场所,POP广告可以代替销售人员起到直接诱导和说明的作用。售点广告还具有小型化、制作简单、成本低廉的特点,又能在最确切的销售地发挥作用。首先,售点广告可以美化销售环境,增加零售点对顾客的吸引力,并烘托销售气氛。其次,可以提醒消费者购买已有印象的商品,并进行指牌购买。最后,由于POP广告简单易懂、便于识别,因此适合不同阶层的消费者,可长期反复使用,消费者每次进入商店,都会重复看售点广告,有利于加深对广告的印象。

6. 户外媒体

户外媒体广告是一类综合性的广告,它包括户外的路牌广告、灯箱广告、招贴广告甚至交通广告等。这类广告的特点是影响面大,传播信息的时间比较长,户外广告一经设置,往往要经过较长时间才能重新更换。在设计上因独具特色，能使消费者产生新奇感，吸引消费者的注意；渐趋趣味化、艺术化，可以增加消费者对商品品牌的印象；画面简洁，内容简单、易懂，易被各个阶层的消费者接受，影响面宽。户外媒体广告引人注目，内容突出，便于吸引人的注意和记忆。

7. 新媒体

新媒体是一个相对的概念，是在报刊、广播、电视等传统媒体以后发展起来的新媒体形态，是利用数字技术、网络技术、移动技术，通过互联网、无线通信网、卫星等渠道以及电脑、手机、数字电视机等终端，向用户提供信息和娱乐服务的传播形态和媒体形态，严格来说，新媒体应该称为数字化媒体。

与传统媒体相比，新媒体广告也有自己的特点。

其一，定向性和精准性。在网络化和数字化背景下，新媒体广告在信息的传递上有更强的定向性和精确性，针对性更强，效率更高。例如手机媒体广告，广告的发布者可以通过大数据了解手机用户的兴趣偏好，通过选择适合的广告受众，投放相应产品的广告给目标消费人群，达到"谁需要给谁"的宣传目的。

其二，灵活性。新媒体广告在选择不同消费人群的同时，还可以选择不同的时间投放相应的广告。广告主可以根据产品的特点或消费者不同时间的不同需要来选择合适的时间投放广告，甚至可以规定某个时间段来发放，这样可以收到更好的广告效果，如我们可以选择在午饭时间发布周围某个餐馆的广告来供消费者及时选择。

其三，互动性。传统媒体的广告投放多是单方面的，受众无法与广告投放者进行交流，广告主也无法得到反馈。新媒体广告不同，信息接收者可以通过不同的方式回复广告发布者，从而也可以及时、方便地参考其他人的信息反馈，同时这种特性也让新媒体广告具有了很强的娱乐性。

二、基于消费心理与行为的广告媒体选择

广告媒体众多，功能各异。在选择中应综合考虑各种因素，从媒体种类的确定，到时间、频度、栏目的安排，权衡比较，做出精心的选择，尽可能满足顾客心理与行为需要，取得理想效果。

(一)广告媒体选择

1. 特定顾客接触频度

广告是做给顾客或是潜在顾客看的或听的，广告媒体选择首先要考虑特定的诉求对象，如消费者的性别、年龄、文化程度、心理、爱好、职业和生活规律等，这些决定了他们对某类媒体的接触程度。分析研究他们喜欢阅读什么报纸杂志，喜欢收听广播还是看电视；消费对象是儿童还是成年人，是老年人还是妇女。如果人们没有接触这类媒体的习惯，或是接触不多，兴趣不浓，则广告设计得再好，发送得再多，也没有多大意义，如上、下班时间段电台广播拥有大批驾车族听众，时装杂志大部分是女性读者。

2. 了解广告媒体的性质特点

广告媒体多种多样，特点也各不相同，因此传播信息的作用及对消费者心理的影响也有很大的区别。每种广告媒体，其传播范围的大小、发行量的多少，直接影响视听的人数；媒体的社会文化地位是否和消费者文化阶层相适应，媒体的社会威望等，这些对广告的传播效果、对广告的社会影响力和可信度都有着重要的影响，因此，只有了解各种媒体的特点，才能有的放矢地选择适当的媒体。

3. 广告商品的性质、销售空间和时间

广告商品的种类繁多，不同的商品应选择不同的媒体。例如，日用品、生活用品最好选择视听媒体；商品如果在全国推广就要选择覆盖全国的媒体；时令商品、流行品、时装等，宜选择宣传传播速度快、覆盖面广的报纸、广播和电视；大型机械、设备等宜选择印刷媒体。

(二)广告版面、栏目和时间选择

1. 版面大小的影响

版面大小对受众的影响首先是对注意力的吸引程度。显然，在同样的创意设计下，版面越大，其对人们的吸引力越大，除版面的绝对大小外，相对版面的大小也对人们阅读的概率有影响。有研究表明，1/3 版面的阅读概率为 1%，1/2 版面的阅读概率则上升到 10%，1 页、2 页版面的阅读率分别为 20% 和 31%。当然，版面越大，厂商所要支付的费用也越高。

2. 版面位置的选择

在同样大小的版面上，广告所处的位置会对人形成不同的刺激，产生不同的知觉效果。有研究表明，第一眼所看到的字母或文字，最多集中在左侧，最少集中在右侧，上方处于两者之间。左上方易受人们注意的这一现象，对于广告版面的安排具有一定的参考价值。

3. 栏目内容的选择

人们对不同的栏目也会有不同的偏好，广告应尽可能出现在潜在顾客关心的相关内容栏目内。按照时间顺序进行播放的广播、电视媒体，其不同的栏目(节目)对人们的影响也是不同的，主要的决定因素是收视率。除此以外，还应考虑不同栏目所吸引的特定观众群体。

4. 广告时间的选择

广告时间应考虑的因素是传播时机的选择、播放时间段的选择、刊载频度的选择。传播时机应视产品生命周期所处的阶段来定，在投入期和成熟期及同行竞争比较激烈的时期，应加强广告的投放。视听媒体的黄金时间段是不一致的。一般来说，广播以早晨、午间和傍晚为最佳时段，而电视最好是晚上 7~10 时。为加深顾客的印象，广告投放的频度在一定时期需要适当提高，如选择多种媒体投放，则需要掌握好各种媒体之间的配合。

【案例 11-9】如何选择家具广告媒体

本 章 小 结

广告的作用机制模型主要有以下几种。AIDA 模型认为广告作用于人们心理与行为的过程由四个步骤组成：注意、兴趣、欲望、行动。DAGMAR 模型将广告作用的心理与行为过程分为五个阶段：未察觉某商标或企业—觉察到该商品或企业—理解—信念—行动。六阶梯说这一模型又称 L&S 模型，认为消费者对广告的反应包括三个部分：认知反应、情感反应和意向反应。因此，在广告作用过程中，增加了"喜欢"和"偏好"两个过程。广告心理过程的重要环节包括引起注意、增强记忆、产生联想、诱发情感。广告的心理与行为功能包括吸引功能、认知功能、教育功能、促销功能。

广告创意是形成关于广告表现的基本概念的过程，是广告制作的依据。它包括广告创意的素材、广告信息的再造想象和广告构思中的创造想象。广告诉求的基础是消费者的心理与行为需要，广告诉求的两大基本方式为理性诉求与情感诉求。情感的影响有以下几个方面：影响认知、影响态度、影响体验。广告中常见的情感类型有美感、亲热感、幽默感、害怕感。在广告设计中，颜色、插图、字体、文案广告语、广告歌等元素，都有可能与一定的情感体验发生联系，因此，它们常被用来激发特定的情感。在广告实施中，各类媒体对受众心理与行为的影响各有其长处与短处，广告媒体的选择要考虑特定顾客接触频度，广告媒体的性质特点，以及广告商品的性质、销售空间和时间。

思 考 题

1. 如何理解广告作用机制的 L&S 模型？
2. 广告有哪些心理与行为功能？
3. 广告中常见的情感类型主要有哪些？
4. 结合自身的经历说说新媒体的主要特点。
5. 如何选择商品的广告媒体？

案 例 分 析

太子乐新媒体品牌传播

后疫情时代，短视频、直播、网购等新传播形式的崛起，影响着品牌与消费者互动方式的变化。同时随着母婴行业核心人群的年龄更迭，内容形式、营销玩法丰富多样的新媒体赛道，更能精准触及新生代宝妈的喜好。一些母婴企业也在尝试创新升级并为品牌塑造了坚实的口碑，不断致力于开创前沿营销的国产奶粉太子乐，就是先行者品牌中的一个。

太子乐官方发起的"女神成长记"抖音直播活动完美收官。以"给自己身心放个假"为主题，直播携手代言人及各行业 KOL，为大家呈现演员塑形瑜伽课程、女性成长心理讲座等关怀女性身心健康的内容，并深入联动新媒体互动模式，小红书、微信、抖音全网覆盖，精准触及消费受众，当晚在线观看人数达 1 万，直播点赞量高达 30 万。

每位宝妈不论是在孕前还是在孕后，都会产生身材焦虑，而有二胎宝妈与演员双重身份加身的李姓代言人，在产后恢复与塑形上有很大的发言权。本次直播，太子乐邀请了专业孕产妇瑜伽老师，专门为各位宝妈定制了一套女神瑜伽课程。直播现场，李某某在瑜伽老师的指导下，轻松稳定地为大家展现专业的瑜伽体式，同时过程中主持人与宝妈进行热络的友人式聊天，配合奖品激励的趣味互动，打造出了和谐愉悦的氛围，引导更多屏幕前的宝妈参与进来。李某某还分享了自己孕期瑜伽的心得，希望更多宝妈通过这次短暂的体验让瑜伽进入生活，由内而外提升，找到属于自己的光芒。

关爱女性健康是当今社会的需求，也是太子乐致力于守护的方向。直播的第二个环节，李某某、中国人民大学心理学系的硕士生导师姜玉晶、主持人郝文辉，以围坐畅谈的形式解答各位宝妈和女性的一些心理困惑，并就夫妻育娃方式的困境、宝妈身份的转换心理、产后抑郁、"鸡娃"等女性关注的热门话题展开了讨论。同时在回答评论区宝妈的问题时，从母乳喂养、身材管理到育儿方式，李某某作为拥有两个萌娃的宝妈，也毫无保留地积极分享经验心得，心理导师也从专业的角度给予建议，充分展现了此次直播的含金量。

从品牌到平台再到受众，太子乐的内容生态矩阵已经成型。倡导宝妈给身心放个假的活动，以抖音为主阵地，联动小红书、微博、微信视频号、朋友圈集中曝光，引流至直播平台，通过多元化的媒体，深入布局消费者日常，助力品牌直播突破圈层、职业、内容壁垒，挖掘更多潜在用户沉淀于品牌之下。

(资料来源：根据凤凰网的相关内容整理。)

问题：
1. 分析太子乐是如何运用新媒体进行品牌传播的？
2. 太子乐的新媒体传播案例对其他企业有哪些启示与借鉴？

【阅读资料】数字时代汽车媒体的变化

第十二章

营销服务与消费者心理及行为

学习目标：通过本章的学习，了解营销服务的特点与心理效应；掌握营销服务售前、售中、售后三个阶段消费者的心理与行为特征；理解销售人员对消费者心理及行为的影响；了解消费者的权益与保护情况；掌握消费者投诉心理与行为；熟悉消费者投诉的沟通与处理的方法、技巧。

案例导读

海尔从规范化服务到全流程管家式服务

从 1985 年首次为行业制定了规范化服务标准开始，海尔在 30 多年里凭借对用户需求的充分把握，不断创新引领中国家电服务紧跟时代的步伐。与此同时，随着集团互联网战略转型的持续深入，面对以社群经济为代表的新价值体系，海尔再次率先布局，通过发布全程管家模式，建立用户主导、服务兵响应、供应商提供资源实现良性循环的服务生态圈。

具体来说，全程管家模式依托海尔服务微信公众号和 App 搭建"家生活"生态交互平台，将家电服务的交互、交易、交付全流程打通，不仅通过"用户付薪"的方式直接决定 10 万服务兵的收入和命运，而且在用户和海尔小微平台之间以精准交互满足用户的个性化需求。利用全新的交互平台，海尔全程管家模式的成套服务解决方案和品质生活解决方案顺利落地。前者可以为用户提供成套设计、成套安装、成套清洗、成套延保、换新回收五大类服务；后者则包括净水、净衣、净空气、净地面、净家电五大解决方案。

例如，海尔实行家电全生命周期服务，对于用户即将淘汰的旧家电，服务兵会主动进行回收，经过正规的资源再生渠道实现环保分解和循环利用，而服务兵同时又能为用户提供新家电采购、安装、保养的全套服务。举例来说，四川雅安的服务兵杨龙在上门维修空调时，主动通过顺逛微店帮助用户满足了洗衣机以旧换新的需求。良好的用户口碑不断发酵形成新的服务机会，现在杨龙的社群已经有 1000 多人，很多老用户在遇到家电故障甚至家装问题时，都直接找杨龙上门解决。通过积极的日常服务关怀不断提升用户信任，不仅为用户创造了便捷生活的服务体验，也让自己的社群圈迅速壮大，实现了用户和服务兵的双赢。

除此之外，用户在日常生活中对家电问题的抱怨、使用习惯等，可以通过服务兵形成有效的大数据汇流，促使小微平台及各供应商进行产品创新，使用户能够获得更有针对性的解决方案。全程管家模式通过服务推动用户参与产品创新，从而可以精准满足用户需求。

（资料来源：口碑家电．海尔全程管家模式：为用户打通全流程服务体验．搜狐网．https://www.sohu.com/a/129049030_125646．）

第一节 售前、售中、售后服务与消费者心理及行为

营销服务是指各类企业为支持其核心产品所提供的服务。企业的营销服务是由售前、售中、售后服务构成的体系。营销服务是在功能营销的基础上，通过加强服务这一手段来达到扩大销售的目的。这是企业越来越认识到服务在销售中的重要作用而必然采取的措施，而且营销服务在整个营销体系中越来越重要。

一、营销服务的特点与心理效应

(一)营销服务的特点

在营销服务活动中，营销人员与消费者的关系本应该是对等的，但由于营销人员的特殊角色及消费者所处的特定地位，在双方交往过程中二者的关系却又是不对等的，由此决定了营销服务活动具有一系列特点。

1. 服务性

服务性是营销人员的重要职业特征。营销人员从事的是不仅与物打交道，而且与人打交道的服务性工作。因此，营销服务是一种劳务交换，是一种信息传递，是一种感情交流，是一种心理沟通，是在服务过程中实现商品向消费领域转移。

2. 短暂性

营销服务中的人际交往是一种短暂性和公务性的交往。一般情况下，营销人员与消费者的接触只限于满足消费者购物活动的服务需要。双方都立足于各自眼前的利益，完全是一种商品买卖关系。

3. 主导性

营销人员服务活动的对象是人，消费者有着千差万别的消费行为与心理，营销人员不可能采用单一的标准模式进行接待。在双方交往的过程中，营销人员要注意观察消费者的行为，揣摩分析消费者的心理，了解消费者的需要，解答消费者关心的问题，并对消费者进行提示与诱导，这些活动都使营销服务工作具有主导能动作用。

4. 不对等性

营销服务中的人际交往通常是一种不对等的交往。"顾客是上帝"的特定地位，决定了营销人员必须服从和满足顾客的意愿。只有顾客对服务人员提出要求，而不存在服务人员对顾客提出要求的可能。这是对特定职业角色的要求。因此，营销服务人员要正确理解双方之间的"平等""不平等"的含义，不能与顾客争长短，要接受"顾客总是对的"这一观点。

(二)营销服务的心理效应

1. 首因效应

首因效应又称"优先效应"，是指在某个行为过程中，最先接触的事物给人留下的印象和影响，也称第一印象，是先入为主的效应。首因效应对人们后来形成的总印象具有较大

的决定力和影响力。在消费活动中，先入为主和首因效应是普遍存在的，如消费者到某商场购物，第一次和某名销售人员接触，由于双方是首次接触，总有一种新鲜感，都很注意对方的仪表、语言、动作、表情、气质等，并喜欢在首次接触的瞬间对一个人做出判断，形成一种印象。如果这种印象是积极的，则会产生正面效应；反之，则会产生负面效应。商品展示丰富多彩，购物环境舒适宜人，销售人员礼貌热情，都会使消费者产生"宾至如归"的积极情绪。良好的第一印象为营销沟通和消费行为的实现创造了条件；反之，则会使消费者产生消极情绪，影响购买行为的实现。

2. 近因效应

近因效应是指在某一行为过程中，最后接触的事物给人留下的印象和影响。消费者完成购买过程的最后阶段的感受、离开零售点之前的所见所闻和印象及评价、最近一次购买行为的因果等都可能产生近因效应。与首因效应类似，近因效应也有正向与负向之分，对下次购买行为也会产生积极或消极的影响。优质的服务产生的近因效应，是促使顾客经常光顾的动因。

3. 晕轮效应

晕轮效应也称光环效应或印象扩散效应，是指人们在观察事物时，由于事物所具有的某些特征从观察者的角度来看非常突出，让人们产生了清晰、明显的知觉，也由此掩盖了人们对该事物其他特征的知觉，从而产生了美化或丑化对象的印象。人们常说的"一白遮百丑""一好百好，一坏百坏"的知觉偏差，即是晕轮效应的典型例子。晕轮效应发生在消费者身上，表现为消费者根据对企业某一方面的突出知觉做出了对整个企业优劣的判断，如企业对售后服务的承诺兑现程度如何、接待顾客投诉的态度及处理方式是否认真负责等，这些都会使消费者产生晕轮效应，使之形成对企业的总体形象的知觉偏差。

4. 定式效应

定式效应是指人们在社会知觉中，常受以前经验模式的影响，产生一种不自觉的心理活动的准备状态，并在其头脑中形成固定、僵化、刻板的印象。这种印象若与消费者心目中的"定式"吻合，将引起消费者的心理及行为的变化。例如，仪态大方、举止稳重的营销人员，给消费者最直观的感受是"真诚""可信赖"，与消费者的心理定式相吻合，消费者则愿意与其接近，征询他们的意见和接受他们的指导，容易促成交易；相反，消费者对于闪烁其词、解答问题含糊不清、急于成交的营销人员，最直观的感受是"不可信赖"，与消费者的心理定式不吻合，消费者则会产生警觉、疑虑、厌恶的情绪并拒绝购买。

二、营销服务三个阶段与消费者心理及行为

(一)售前服务与消费者心理及行为

1. 售前服务

售前服务是整个商品交换的重要活动，是争取顾客的重要手段，因此，售前服务对消费者的心理影响是非常重要的。它是指产品从生产领域进入流通领域，但还没有到达消费者手中的这段时间里的各种服务，主要包括货源组织、商品的运输、贮存保管、再加工，

零售部门的广告宣传、拆零分装、柜台摆设、橱窗陈列、商品卫生等。在这一过程中，为消费者服务的工作主要体现在为顾客买好、用好商品所做的准备与预先控制上。消费者购买商品的心理活动，总是先从对商品或商店的注意开始的，进而逐步对商品产生兴趣，产生购买欲望，而售前服务的心理影响正是要达到引起消费者注意，并对商品产生兴趣和购买欲望的目的。售前服务心理主要体现在利用售前广告引起消费者的注意，商品陈列力求使消费者产生兴趣。

2. 售前消费者心理与行为分析

消费者消费需要产生购买动机，这种购买动机受时空、情境等因素的制约，有着各种心理取向，商家需要对其展开分析，具体有以下几点。

(1) 认知商品的欲望。在售前，消费者最关心的是有关商品的信息。他们需要了解商品的品质、规格、性能、价格、使用方法及售后服务等内容。这些是决定是否购买的关键。

(2) 价值取向和审美情趣。随着社会经济的发展，人们的价值取向和审美情趣往往表现出社区消费趋同的现象。所以，通过市场调研了解社区消费者的价值取向和审美情趣，并以此为标准来细分市场，对销售大有帮助。

(3) 期望值。消费者在购买以前，往往对自己要购买的商品有所估量。这种估量可能是品牌，可能是价格，可能是性能，也可能是其他因素。这种估量就是期望值。随着社会的发展，人们对产品的要求越来越高，企业生产与销售产品，一方面要满足消费者的物质需要，另一方面要满足消费者的心理需要。消费者的购买从生理需求占主导地位正逐渐转变为心理需求占主导地位，心理需求往往比物质需求更为重要。因此，服务除要考虑产品的质量等各项功能外，还要考虑人们延伸的需求。营销人员在售前服务中应根据消费者的心理特征，有效地把握他们的期望值。

(4) 自我意识。自我意识并非与生俱来，它是个体在社会生活过程中与他人相互作用、相互交往，逐渐发展形成的。所以，商家要了解消费者的自我意识，为进一步开展营销活动奠定基础。

3. 售前服务心理与行为策略

掌握了消费者的心理需要及特征之后，就可以有针对性地采取相应的策略。

(1) 建立目标市场服务档案，把握消费者心理需要。市场经过细分之后形成多个子市场，相同的细分市场具有相同的性质，不同的细分市场具有异质性。企业可以通过建立数据库，储存目标市场消费者的心理特征、购物习惯等方面的信息，为做好更有针对性的服务提供支撑。

(2) 最大限度地满足消费者的相关需求。消费者的需求往往不是单一的，有时除主要需求外，还有许多相关需求。最大限度地满足消费者的相关需求，会让消费者产生一种意外惊喜的感觉，从而促使其购买商品。

(3) 促使消费者认知并接受商品。这也是售前服务最为重要的策略。消费者认知并接受商品需要一个过程，消除顾客的戒备心理，使消费者认知企业所销售的商品，需要通过以下途径来解决。

第一，利用广告宣传与咨询服务等手段突出特点，吸引消费者的注意力。在同类产品竞争比较激烈的情况下，许多产品只有细微的差别，消费者往往不易察觉。企业通过富有特色的一系列售前服务工作，一方面可以使自己的产品与竞争者的产品区别开来，树立自己产品或劳务的独特形象；另一方面可以使消费者认识到本企业产品带给消费者的特殊利益，吸引更多的消费者。

第二，解答疑问，引发需求。企业要在激烈的竞争中，不断开拓新的市场，吸引更多的消费者，就要消除消费者的后顾之忧。一般的消费者在决定购买一种产品而尚未决定购买哪种品牌之前，其购买决策在很大程度上取决于消费者对某种品牌熟悉的程度。因此消费者在做购买决策之前，就要收集该品牌产品的性能、结构、技术、功能等信息，甚至要掌握产品的操作使用规则或技巧。企业只有满足了消费者的这些供其决策之用的信息需要，才能使他们从潜在顾客转化成现实顾客。

【案例12-1】辉瑞制药公司的售前服务

(二)售中服务与消费者心理及行为

1. 售中服务

售中服务是指在商品买卖过程中，直接或间接地为销售提供的各种服务。现代商业销售观念认为，销售过程既是满足顾客购买商品欲望的服务行为，又是不断满足顾客心理需要的服务行为。服务的好坏会直接影响买卖成交与否，售中服务在更广泛的范围内被企业家视为商业竞争的有效手段。售中服务主要包括介绍商品、充当参谋、交货与结账。

2. 售中消费者心理与行为分析

消费者在接受售中服务的过程中，大致有以下希望需要得到满足。

(1) 希望获得详尽的商品信息。消费者希望营销人员能对其所选购的商品提供尽可能详细的信息，使自己能够准确了解商品，解决选购的疑惑与困难。这种希望主要表现在：营销人员提供的信息是真实可靠的，不能为了推销而搞虚假信息；提供的信息够用、具体、易于掌握。

(2) 希望寻求决策帮助。当消费者选购商品时，营销人员是他们进行决策的重要咨询者和参与者。特别是消费者拿不定主意时，非常希望营销人员提供建议，帮助他们做出正确的购买决策。这种希望主要表现在：营销人员能站在顾客的角度，从维护顾客利益的立场上帮助其做出决策；能提供令顾客信服的决策分析；能有针对性地解决顾客的疑虑与难题。

(3) 希望受到热情的接待与尊重。消费者对售中服务的心理需要，主要是能在选购过程中受到销售人员的热情接待，能使受人尊重的需要得到满足。这种希望主要表现在：受到销售人员的以礼相待；销售人员满怀热忱，拿递商品不厌烦，回答问题耐心温和；言谈话语之间，使顾客的优势与长处得到自我表现。

(4) 追求方便、快捷。消费者对售中服务期望的一个重要方面是追求方便、快捷。这种期望主要表现在：减少等待时间，尽快受到接待，尽快完成购物，尽快携带商品离店；方便挑选，方便交款，方便取货；已购商品迅速包装递交，大件商品能送货上门。

如何使售中接待工作符合消费者的心理需要，将在下一节具体阐述。

【案例 12-2】丽思卡尔顿酒店打造传奇的客户体验

(三)售后服务与消费者心理及行为

1. 售后服务

售后服务是指生产企业或零售企业为已购商品的顾客提供的服务。传统观点把成交或推荐购买其他商品的阶段作为销售活动的终结。在市场经济条件下，商品到达顾客手中，进入消费领域以后，企业还必须继续提供一定的服务。因为这样可以有效地沟通与顾客的感情，获得顾客宝贵的意见，以顾客亲身感受来扩大企业的影响。它不是一种简单的形式，而是把顾客的利益看成自己的利益，竭诚为顾客提供完美的服务，促进销售的手段。

业内专家分析，面临激烈的市场竞争，维持一个老顾客所需的成本是寻求一个新顾客成本的 0.5 倍，而要使一个失去的老顾客重新成为新顾客所花费的成本是寻求一个新顾客成本的 10 倍。维持当前的消费者的成本远小于得到新的消费者的成本。一个五年来一直忠诚的消费者对商家来说，可以产出 7.5 倍的利润——相对于第一年的消费来说。因此，在营销的环节中，保持或培养顾客的忠诚度至关重要。良好的售后服务有助于维持和增加当前顾客的忠诚度。

2. 售后消费者心理与行为分析

顾客购买商品以后，无论是要求退换商品，还是咨询商品使用方法，或是要求对商品进行维修等，他们的心理与行为活动是各不相同的。其心理与行为状态表现为以下几个方面。

(1) 评价心理与行为。顾客在购买商品后，会不自觉地进行关于购买商品的评价，即对所购商品是否满意进行评估，进而获得满意或后悔等心理体验。

(2) 试探心理与行为。由于主观和客观的多种因素，顾客对所购商品的评价在购买的初期可能出现不知是否合适的阶段，尤其以大件和新产品居多，甚至有些顾客希望退换商品，但他们向商家提出要求退换商品的问题时，往往具有试探的心理与行为状态，即先来试探商家的态度，以便做出决策。

(3) 求助心理与行为。顾客在要求送货安装、维修商品、询问使用方法和要求退换商品的时候，多会表现出请求商家给予帮助的心理与行为状态。

(4) 退换心理与行为。当购买的商品被顾客确定为购买失误或产品质量出现问题时，顾客就会产生退换商品的心理与行为。

3. 售后服务心理与行为策略

随着市场由卖方市场向买方市场转变，售后服务必将成为企业竞争的关键因素之一，并对顾客的心理与行为产生深远的影响。完美的售后服务能同顾客建立亲密的关系，其策略就是要针对售后顾客的心理与行为状况，调节顾客的心理平衡，努力使其建立信任感与满足感。

(1) 提供优良的售后服务。许多顾客挑选商品，在其他条件相当的情况下，售后服务的优劣往往成为其决定是否购买的关键。企业应当提供下列传统的售后服务项目。

首先,"三包"服务。"三包"服务是指包修、包换、包退。包修是指对消费者购买的本企业的产品,在保修期内实行免费维修,超过保修期限则收取维修费用;有的企业还对大件产品提供上门维修服务。

其次,安装服务。消费者购买的产品,有的在使用以前需要在使用地点进行安装,由企业派人上门服务,免费安装并当场试用,以保障出售产品的质量,这也是售后服务的一项主要内容。

再次,包装服务。产品包装的形式多种多样,如单独产品包装、组合产品包装、散装产品的小包装、礼品包装等。企业对礼品的包装应格外重视,要讲究包装的精美。同时,企业可以使用印有本企业名称、地址的包装物,这既满足了消费者求美的心理需求,又是企业无形的广告宣传,不失为两全其美的包装服务策略。

最后,提供知识性指导及产品咨询服务。消费者在购买后,在使用产品的过程中,可能会遇到这样或那样的问题,企业应当负责解答、指导,以使产品能够正确使用,延长其使用寿命。此外,企业还可以印制一些有关产品的小册子或单页资料,分发给前来咨询的消费者。

【案例12-3】如何做好汽车的售后服务?

(2) 提升CS经营理念,进一步完善企业服务工作。CS是英文customer satisfaction的缩写,译为顾客满意。作为现代企业的一种经营手段,常被称为CS战略,或顾客满意战略。其基本指导思想是,企业的整个经营活动要以顾客的满意度为宗旨,从顾客的观点而不是企业的观点来考虑顾客的需求,针对顾客需求个性化、情感化的发展趋势,尽可能全面地尊重和维护顾客的利益。

美国市场营销大师菲利普·科特勒在《营销管理》一书中指出:"企业的整个经营活动要以顾客满意度为指针,要从顾客角度,用顾客的观点而非企业自身利益的观点来分析考虑消费者的需求。"科特勒的观点,形成现代市场营销观念的经典名言。顾客满意对企业来讲至关重要。良好的产品或服务,最大限度地使顾客满意,成为企业在激烈竞争中独占市场、赢得优势的制胜法宝。只有让顾客满意,顾客才可能持续购买,成为忠诚顾客,企业才能永远生存。所以,顾客满意是企业战胜竞争对手的最好保障,是企业取得长期成功的必要条件。可以说,没有什么方法能像让顾客满意一样在激烈的竞争中提供长期的、起决定作用的优势。

在CS理论中,顾客满意代表如下含义:顾客满意是顾客在消费了企业提供的产品和服务后所感到的满足状态,这种状态是个体的一种心理体验;顾客满意是以顾客总体为出发点的,当个体满意与总体满意发生冲突时,个体满意服从于总体满意,顾客满意是建立在道德、法律、社会责任基础上的,有悖于道德、法律、社会责任的满意行为不是顾客满意的本意;顾客满意是相对的,没有绝对的满意,因此企业应该不懈地追求,向绝对满意靠近;顾客满意有鲜明的个体差异,因此不能追求统一的满意模式,而应因人而异,提供有差异的满意服务。

热情、真诚为顾客着想的服务能带来顾客的满意，所以企业要从不断完善服务系统入手，以便利顾客为原则，用产品的魅力和一切为顾客着想的体贴去感动顾客。谁能提供消费者满意的服务，谁就会取得销售的好成绩。在我国，越来越多的企业，尤其是大公司都积极行动，开展服务营销。例如：格力电器的"您的每一件小事都是格力的大事"的服务理念；格兰仕的"努力，让顾客感动"的企业宗旨；小天鹅股份有限公司"全心全意"的服务理念；中国工商银行的"客户为尊，服务如意，员工为本，诚信如一"的服务文化核心理念；等等。有一名成功的企业家写过这样一个颇具哲理的等式：100-1=0，其寓意是，职员一次劣质服务带来的坏影响可以抵消100次优质服务产生的好影响。在21世纪的服务社会，消费者变得挑剔、精明，其消费行为也日趋成熟，普通的服务再也不能赢得消费者手中的货币选票，优质服务正成为企业走向成功的一把金钥匙。海尔集团总裁张瑞敏在推行星级服务工程后深有感触地认为："市场竞争不仅要依靠名牌产品，还要依靠名牌服务"。

【案例12-4】海底捞火锅营销秘诀

（3）与消费者保持长久联系。

在交易达成之后，销售人员应持续不断地关心消费者，了解他们对产品的满意程度，虚心听取他们的意见；对产品和推销过程中存在的问题，采取积极的弥补措施，防止失去消费者。与消费者保持密切的关系，可以战胜竞争对手。因为在市场景气时，这种关系能将生意推向高潮；在市场萧条时，它又能让企业维持生存。

美国著名"推销大王"乔·吉拉德每月要给他的13 000名顾客每人寄去一封不同大小、格式、颜色的信件，以保持与顾客的联系。与消费者保持联系应有计划性，以下几条建议可供销售人员参考。

第一条，对于一次新的交易，在交易达成后的第二天寄出一封短函或打一个电话表示感谢，向消费者确认答应的发货日期，并感谢他的支持。在货物发出后再进行联系，询问消费者是否收到货物，以及产品是否正常工作。

第二条，记住消费者的生日，并寄上一张生日贺卡，这是一个非常有效的联系方法。

第三条，建立一份消费者和他们购买的产品的清单，当产品用途及价格出现任何变化时，及时通知消费者。有的推销员在免费维修期满之前，会及时通知消费者，告诉他们带着产品来做最后一次检查。

第四条，做好路线计划，以便能够在访问老顾客的途中，去访问那些不经常购买的顾客。

第五条，如果消费者不是经常购买，可进行季节性访问。总之，销售人员应当记住永远不要忘记消费者，也永远不要被消费者忘记。

第二节　销售人员对消费者心理及行为的影响

一、销售人员影响力与消费者心理及行为

在营销活动中，销售人员所承担的商品销售工作，是在与顾客的双向沟通中完成的，

这是营销活动的关键组成部分。因为在顾客眼中，销售人员是生产企业的代表，是销售企业的窗口和形象的代言人，营销活动的结果，在很大程度上取决于他们的工作效率与行为规范。随着现代零售业的发展，销售人员的内涵也在发生改变。他们包括所有与顾客直接交流沟通的各类人员，如营业员、收银员、理货员、生产企业的终端促销人员等。销售人员对顾客的心理有着较强的影响力。

(一)销售人员影响力的表现

商品的陈列和销售人员的作用，是影响零售营销活动的两个重要因素，它们会引发消费者的不同情感，从而最终影响顾客的购买行为。作为在购物场所为顾客提供服务、推动顾客产生购买行为的销售人员，在服务中的影响力表现在以下几方面。

1. 销售人员是信息的沟通者

顾客进入零售场所后，销售人员亲切的服务态度会使顾客产生良好的信赖感，有利于两者进行交流与沟通。同时，通过与顾客的接触，可以很好地了解顾客的需求。对于零售企业来说，销售人员是代表企业收集顾客信息最有效的途径。

2. 销售人员是商品的推介者

销售人员可以通过对顾客施加良好的影响来引导顾客浏览商品，向他们展示商品，表现商品的特殊性。在推介商品时，有些销售人员太急于展示商品，往往适得其反"吓走"顾客，这就是不能准确理解顾客心理的表现；相反，顺应顾客的心理展示商品，则是增进顾客信赖感的有效方法。

3. 销售人员是选购的指导者

优秀的销售人员不仅是商品的出售者，还应该是顾客购买商品的指导者，在介绍中可以为顾客提供全面的有关商品消费的知识，能正确解答消费者的问题，能正确评价不同商品的优、缺点等。这样，对顾客的影响就增强了其购买商品的决心。

4. 销售人员是感情的融通者

销售人员良好的服务还可以化解销售中的许多矛盾与冲突。销售人员自然、诚恳的微笑代表这位销售人员真心实意地欢迎顾客的到来。希尔顿饭店的创始人唐纳·希尔顿(Konrad N. Hilton)说："如果我是顾客，我宁愿住在只有破地毯，但处处充满微笑的旅馆，而不愿意走进有一流设备却不见微笑的地方。"

【案例12-5】"你今天对客人微笑了没有？"

(二)顾客、销售人员、商品三者的关系

美国心理学家从顾客、销售人员、商品三者的关系来解释销售人员在销售中的影响力。通过研究，可以把三者的关系分为以下八种情况。

(1) 顾客遇到自己满意的商品，销售人员也十分热情诚恳、服务周到，能够耐心地帮

助顾客挑选商品，销售人员对商品也持一种肯定的态度。在这种情况下，顾客的心理处于平衡的状态，愿意配合购买。

(2) 顾客看中了某件商品，而销售人员对这种商品持否定态度。顾客虽然不满意销售人员的态度，但是内心仍然以能买到让自己满意的商品而感到安慰，顾客的心理也处于平衡状态，完成购买。

(3) 顾客对商品不满意，销售人员能理解顾客的这种心情，不勉强顾客购买，也不刻意地推荐。顾客对销售人员产生较好的信赖感，心理处于平衡状态，对零售企业产生好感。

(4) 顾客不喜欢的商品，销售人员还要费力地向他推销。由于顾客心理的保护作用，顾客不会被销售人员的行为打动，反而会形成我行我素并对此零售企业产生警惕的心理状态。

(5) 顾客有意要购买商品，销售人员的服务也很热情周到，但对商品的评价与顾客的有分歧，使顾客原来的购买决定出现动摇，犹豫起来，产生不平衡的心理状态，影响购买行为的继续进行。

(6) 顾客与销售人员都对商品持肯定态度，但可能因为销售人员的服务方式或顾客的言行等使双方发生不愉快，使顾客的心理出现不平衡，形成拒绝购买的态度。

(7) 顾客对商品持否定态度，而销售人员仍然坚持推荐商品甚至出现强卖商品的现象，令顾客心理很不平衡而出现坚决否定的态度。

(8) 顾客在商店没有买到自己满意的商品，商店的销售人员对顾客态度较差，令顾客心中十分反感，甚至后悔来此购买，产生不平衡的心理状态，这是最不尽如人意的结果。因为顾客在这里受了气，或是买到了不满意的商品，他们会以更强烈的消极情绪来发泄他们不愉快的心情，把购物环境的恶名传得更远，造成更加严重的不良后果。

二、销售人员仪表和行为对消费者心理及行为的影响

仪表是指人的外表，包括人的容貌、姿态、衣着、修饰、风度和举止等方面。销售人员的仪表在与顾客的相互交往中有着重要作用。销售人员的仪表不仅是个人的喜好，还体现了对顾客的礼貌和尊重，体现了销售人员的精神状态和文明程度。人们的初次接触，仪表是一个重要的吸引因素，具有较强的首因效应，它影响了人们之间以后的相互关系的发展。销售人员的不同仪表，会带给顾客不同的心理感受和情绪体验。

1. 销售人员的穿着与消费者心理及行为

不同的历史阶段，人们对仪表美尽管存在着认识上和程度上的差异，但往往有着大体一致的基本标准。在现代商业活动中，对销售人员的仪表要求尽管各有不同，但只有适合消费者对仪表的一般心理要求，才能给消费者良好的心理感觉，从而使消费者产生积极的购买情绪，促进购买行为实现。

一般来说，销售人员的穿着应该整洁大方、美观得体、端庄舒适，并能与特定的营业环境相协调，与接待顾客的需要相协调，给顾客以清新明快、朴素稳重的视觉印象。销售人员舒适端庄的穿着，对顾客的购买行为具有积极的影响，它可以使顾客联想到零售企业

的经营成就和尊重消费者的服务精神，使消费者感受到诚实的营业作风，从而产生信任感，促进购买活动的进行和完成。如果销售人员衣着样式古怪或是褶皱不堪、污渍满身，将会引起消费者对销售人员个人品质的怀疑，因而不愿与之接近，更不愿请其协助选购，这就必然抑制消费者的购买行为，甚至影响企业的信誉与形象。销售人员的着装规范最好是统一着装、佩戴工号牌、衣着整洁、仪表大方。

2. 销售人员的语言与消费者心理及行为

语言是人们交流思想、增进感情的工具。销售人员的语言十分重要，不仅用来宣传、出售商品，也用于沟通销售人员与消费者之间的感情。

礼貌文明、诚恳、和善的语言表达，能引起消费者发自内心的好感，起到吸引消费者的作用。售货员、收银员在同消费者交谈时，尽量多用"请""麻烦您""久候了""谢谢"等词语，并结合文明的举止，往往能给别人以好感。销售人员说话时要注意消费者的情绪，使消费者乐于接受。对消费者的称谓要恰当、准确，这样能缩小与消费者的距离。要善于把握消费者的情绪变化，对个性不同的消费者要采用不同的语言，避免让消费者感到难堪。销售人员在询问消费者时要注意自己的态度，要做到言行一致。

总的来说，销售人员的接待语言要做到以下几个方面。一要和气，说话冷静，平等待人，有耐心，说话语气使人感到和蔼可亲。二要用词简练明白，抓住要领，语气亲切、温和、客气。既要口语化，又要形象化，能吸引消费者、影响消费者，使消费者产生良好的心理感受。三要不失口，销售人员要注意该说的话和不该说的话。俗话说："良言一句三冬暖，恶语伤人六月寒。"销售人员应该多说商量的话、委婉的话、关心的话；不该说顶撞的话、粗话、脏话，不要声色俱厉。

3. 销售人员的行为举止与消费者心理及行为

销售人员的行为举止主要是指其在接待消费者过程中的站立、行走、表情、动作等。行为举止能体现人的性格、气质，也最容易引起消费者的注意。销售人员首先应该给人以健康向上、精神饱满的印象，这对消费者有一定的积极影响，乐于与之交易。销售人员要时时面带笑容，这不仅是所有企业的服务信条，也是销售人员努力追求的目标。微笑应具备三个条件：开朗、热情、真诚。微笑应是发自内心的，要求销售人员不要把自己的烦恼带到工作中去，更不可将怒气发在消费者身上，必须时刻保持轻松的情绪，并露出开朗的笑容。

销售人员的举止应该做到适应顾客心理需要。与人相交，贵在真诚。在销售工作中要真诚地对待消费者，向消费者介绍商品，推测消费者之需，推荐其所适合的商品。介绍商品要诚实，切不可弄虚作假。在销售过程中对消费者热情接待，并注意倾听消费者的要求，了解掌握消费者的需要、偏好，提供各种方便条件，如在洽谈中主动、积极、热情地为消费者提供产品情况，为消费者提供方便，为消费者解决各种购买手续。方便、周到、优质的服务不仅可以吸引更多的消费者，而且能增加用户的依赖感，提高企业的竞争力。

例如，知名的丽思卡尔顿酒店把倾听作为营销努力的核心要素。任何人得知客人的偏好，都可以通过前台服务人员记录到"客人偏好表"中，然后客人偏好就会进入所有分店的名为"客人历史"的计算机文件中。这样，根据酒店的预订名单查看客人偏好文件，工作人员就能采取恰当的必要措施迎接客人的到来。这种倾听的"小把戏"还包括由前台迎宾人员从行李标签上收集消费者的姓名，并迅速传递到服务前台，给酒店其他员工使用。

客人投诉由引起投诉的酒店员工负责。问题解决后，此次投诉被记录到"客人事件表"，并立即进入数据库，可以使酒店其他人员了解到当天客人有不幸的经历而去投诉，可能需要特别的照顾和关心。

丽思卡尔顿的倾听方式很有指导性，它是酒店战略的核心。尤其是大量的口头广告替代了连锁酒店传统的巨额营销开支。更重要的是，整个系统相对简单、易于使用。这样，每个人都被融入日常的数据收集和使用中，这可以让认为此项工作是额外负担的人增强对信息收集工作重要性的认识。

三、销售人员的接待步骤与服务方法

销售人员的接待步骤与服务方法是与消费者购买中的心理与行为活动阶段相适应的，大体可以分为以下几个步骤。

(一)观察分析各类消费者，并判断其购买意图

1. 根据消费者的穿着打扮，判断其身份和爱好

不同的消费者从事不同的工作，即使从事同一工作也有可能处于不同的地位，加之每个人有不同的个性心理特征，这些都能从人的外表、穿着打扮体现出来。销售人员在接待服务中，正确判断消费者的职业、年龄是很重要的。因为不同职业、年龄的消费者对商品有不同的需求与爱好。

2. 善于从消费者的言行举止分析判断其个性心理特征

个性心理特征影响消费者的言行举止，使购买过程染上独特的色彩，显示出较大的差异。有些性格外向的消费者，往往一进店就向销售人员询问，喜欢讲话评论，反应灵敏，动作迅速。对这类消费者，销售人员要尽量主动接触，热情回答他们的问题，积极展示其所需要或感兴趣的商品，发表自己的意见，为顾客当参谋。而对性格内向、表情平淡的消费者，售货员不要过早接触、提前发问，但要随时做好接待准备，注意回答问题需简明扼要，除了顾客有明确表示外，要尽量少发表或不发表自己的见解。

(二)根据消费者的购买目标，展示介绍商品

不同的展示方法，可以从不同方面介绍商品的不同特点，满足不同消费者对商品的不同选择要求，引起不同消费者积极的心理反应。常用的展示方法有两种。

1. 根据商品的性能、特点，展示介绍商品

不同商品都有不同的性能特点，以满足人们多方面的消费需求。具有不同使用价值的商品，其展示方法也应不同。

2. 根据消费者的特点，展示介绍商品

消费者的性别、年龄、职业、个性特征不同，购物时的表现就会有很大的不同，选择商品的标准也有所不同。这就要求销售员根据不同消费者的审美水准来展示介绍商品。另外，展示商品时，还要尊重顾客的自尊心，一般要从低档到高档逐步展示，使消费者在价格方面有足够的考虑余地，又不伤其自尊心。

(三)启发消费者的兴趣与联想,刺激其购买

在消费者进行联想、想象,甚至产生购买欲望和动机的阶段,销售人员应将有关商品的性能、质量、价格、使用效果等全面、清晰地介绍给消费者,并力求诉诸多种感官的刺激,强化消费者的心理感受,促进其产生丰富的联想和想象,进而促成购买。一般情况下,销售员要诱导消费者的心理活动,主要采取以下方法。

1. 启发法

销售人员注意到消费者选择商品拿不准主意时,要分析消费者犹豫的原因,使用恰当的语言提示消费者,使消费者消除疑虑,从而形成购买动机。如果消费者在商品价格问题上犹豫,销售人员在了解消费者经济状况及购买用途的基础上,应有针对性地告知相关的促销优惠政策。

2. 比较法

比较法也是服务中经常采用的一种方法,特别是在消费者出现动机冲突、不知道选择哪种品牌时。这就需要销售员帮助顾客分析不同品牌的特点,权衡利弊,使其早做购买决定。

3. 提供经验数据法

提供经验数据法是证明商品使用性能、内在质量最有效的方法,并且最有说服力。

4. 实际操作法

实际操作法也是十分有效的推销方法。它形式多样,可以是营业员操作表演,也可以是顾客操作试用,以加深消费者对商品的感官刺激,消除其对商品的不信任心理,有效地促进销售。

(四)充当消费者的参谋和顾问

消费者产生购买欲望后,还会对已掌握的商品信息进行思索和评价比较。通过评价选择坚定购买信心,做出购买决策。此时,销售人员的任务是充当消费者的参谋,为消费者提供建设性的、富有成效的意见和建议,帮助和促成消费者做出购买决定。此外,还应根据不同消费者的需求特性和主观欲望,有针对性地进行重点说服和诱导。例如,对注重商品审美价值的消费者,可以突出显示商品外观的美观别致;对求廉务实的消费者,可以着重说明商品物美价廉。这里需要指出的是,劝说诱导应当从消费者角度出发,围绕消费者利益进行。唯有如此,才能使消费者切实感到劝说者是在为自己的利益着想,从而增加心理开放程度,增加对销售人员的信赖感,主动接受说服。

(五)促进消费者购买,结束交易行为

通过销售人员的一系列营销服务,消费者对其所选商品有了较深刻的认知,会被激起购买欲望,但购买欲望并不等于购买行为。在这种情况下,销售人员要把该商品在市场流行的状况和畅销的程度,其他顾客对该商品的评价意见,或者售后服务情况,商店经营传统、服务宗旨、经营保障等介绍给消费者,解除消费者的最后疑虑。

当消费者做出购买决策后,便进入实施购买行动和进行购买体验的最后阶段。此时消费者虽有明确的购买意向,仍需销售人员巧妙地把握时机,促成交易达成。销售人员应主动帮助其挑选,在适当的情况下,还可以对消费者的选择给予适当的赞许、夸奖,以增添交易给双方带来的喜悦气氛,但切不可过分,否则会给消费者留下虚伪、不真实的印象。若能及时巧妙地抓住时机,辅以恰当的语言和动作,即可迅速成交。当交易达成,货款结算后,应妥善包装商品,并尽量采用符合消费者携带习惯、使用习惯和特定心理需要的包装方法。同时向消费者表达感谢购买、欢迎惠顾的语言和情感,使消费者获得买到满意商品和享受良好服务的双重满足感。

第三节 营销服务中的冲突与处理

一、消费者的权益与保护

(一)消费者权益受损问题的出现

因商品瑕疵(包括服务)以致生命、身体健康或财产安全受到侵害,或因不公正契约导致所从事的交易不能获得公平、合理待遇等消费者被侵害问题自古就存在。消费者问题的发生原因甚多,而且错综复杂,相互影响,其主要原因,简述如下:随着科学技术的进步,企业生产了许多高科技新商品,这些新商品虽然为消费者带来许多便利,但因商品的复杂性与危险性亦随之与日俱增,消费者的危险也随之而来;经营扩大化;产销过程与流通机构复杂化;不正当竞争行为多样化;消费者团体意识淡薄;由于经营者互相结合成为商会或同业公会,具有完善的组织及雄厚的财力,形成压力集团及利益团体,强力影响政府的决策及立法,尽管消费者愿意争取并维护自己的正当利益,但因为消费者多为零散群众,欠缺共同利益及权利意识,再加上未具有雄厚的财力,所以不足以与作为压力集团及利益团体的经营者对抗;最后一点是,法律制度不健全。

从世界各国市场经济的发展史来看,消费者问题是伴随市场经济的发展而产生并尖锐化的。尤其在市场经济发展的早期阶段,消费者利益的损害,是世界各国经济发展所共有的一种突出现象。中国长期实行计划经济,直至 20 世纪 80 年代,才开始逐步建立社会主义市场经济,因此,损害消费者利益的问题在改革初期也十分突出。

(二)我国消费者保护运动及其立法发展

我国从 1978 年实行经济体制改革和对外开放政策起,市场经济就逐渐取得了极大发展。各种家用电器,化学化纤制品,美容化妆品,各类饮料、食品和药品的大量生产销售,在满足消费者生活需要的同时,也发生了损害消费者利益的严重社会问题。因产品缺陷对消费者人身、财产安全造成危害的问题日益突出,饮料瓶炸裂、电视机显像管喷火爆炸、燃气煤气泄漏、食品中毒等事件时有发生;一些不法厂商粗制滥造,生产伪劣商品,严重损害消费者权益;不少地方发现制造、贩卖假药、劣药和有毒食品,用工业酒精兑水作为饮用酒销售等严重危害消费者人身财产安全的犯罪活动。由此引发了一系列的社会问题,在这种背景下,逐渐形成全国性的消费者保护运动。

1. 消费者保护组织的不断发展

改革开放前，中国的市场经济不发达，因此消费者保护运动起步较晚。1981年春，中国外交部接到联合国亚洲太平洋经济社会理事会将于1986年6月在泰国曼谷召开"保护消费者磋商会"的会议通知。中国派朱震元同志以中国商检总公司代表的名义参加此次会议。这次会议开阔了中国代表的眼界，了解了消费者运动是市场经济条件下消费者为维护自身权益、争取社会公正自发成立的有组织地同损害消费者利益行为进行斗争的社会运动。1983年3月21日河北省新乐县维护消费者利益委员会成立，1983年5月21日正式定名为"新乐县消费者协会"，中国第一个消费者组织率先成立，1984年8月广州正式成立广州市消费者委员会。1985年1月12日，国务院正式发文批复同意成立中国消费者协会。之后，各省、市、县相继成立各级消费者协会。消协组织的成立和发展，为中国保护消费者运动的发展奠定了组织基础。

2. 消费者保护相关法律、法规的不断完善

我国消费者保护立法采用一般法律模式，其优点是："消费者保护"观念通过一部单独的《中华人民共和国消费者权益保护法》(以下简称《消费者权益保护法》)予以强调和明确，明确规定了消费者和经营者之间的地位，具体规定了经营者的法定义务及其法定职责，其中某些规定可以作为裁判规范加以适用，并与其他单行法规中有关消费者保护的规定相互衔接，可以发挥保护消费者利益的重要作用。1994年1月1日实施的《消费者权益保护法》规定了消费者的9项权利，具体包括安全权、知情权、选择权、公平交易权、求偿权、结社权、获取知识权、受尊重权和监督权；2009年国家工商行政管理总局牵头启动《消费者权益保护法》的修订工作，并于2014年3月15日正式施行，该次修订主要从四个方面完善消费者权益保护制度，如强化经营者义务、规范网络购物等新的消费方式，建立消费公益诉讼制度等。

目前，国家颁布的有关经济方面的法律、法规共400余部，其中关于保护消费者的法律、法规有多部，逐步形成以《中华人民共和国民法典》为基础，由《中华人民共和国产品质量法》《中华人民共和国标准化法》《中华人民共和国反不正当竞争法》《中华人民共和国广告法》《中华人民共和国食品卫生法》《中华人民共和国价格法》等一系列法律、法规组成的消费者保护法律体系，使消费者权益在法律上有了切实的保障。

(三)我国的消费者权益保护法

消费者权益保护法是维护消费者利益、保护消费者合法权益的基本法律，是国家对处于消费者弱势地位而给予的特别保护，是维护真正公平交易市场秩序的法律。

《消费者权益保护法》是有关保护消费者在有偿获得商品或接受服务时，免受人身、财产损害或侵害的法律规范的总称。《消费者权益保护法》是对处于弱势地位的消费者提供特别保护的法律，是以保护消费者权利为主要内容的法律。《消费者权益保护法》有广义和狭义之分，广义上的《消费者权益保护法》是指涉及消费者保护的各种法律规范所组成的有机整体，如由消费者保护基本法和其他专门的单行消费者保护的法律、法规，以及其他法律、法规中的有关法律条款的规定组成的有机整体，即为广义上的消费者权益保护法。狭义上的消费者权益保护法是指国家有关消费者权益保护的专门立法。在我国，广义上的消

费者权益保护法包括《中华人民共和国广告法》《中华人民共和国价格法》《中华人民共和国食品卫生法》《中华人民共和国产品质量法》等诸多有关消费者权益保护的法律、法规，而狭义上的消费者权益保护法仅指《中华人民共和国消费者权益保护法》。

《消费者权益保护法》是基于消费者的弱势地位而给予的特别保护，这是因消费者的弱势性决定的。消费者的弱势性，是指消费者为满足生活消费需要在购买、使用经营者所提供的商品或服务的过程中，因缺乏有关知识、信息及人格缺陷、受控制等，导致安全权、知情权、自主权、公平交易权、受偿权、受尊重权、监督权在一定程度上被剥夺造成消费者权益的损害。

【案例12-6】江苏省消费者保护委员会发布
《大闸蟹电商销售服务规范》

二、消费者投诉心理与行为

我们通常所说的消费者投诉，是指消费者在经历不满意的产品或服务消费后，向提供产品或服务的企业或企业以外的第三方部门进行投诉。这个定义包含两个方面。首先是消费者投诉的原因。消费者在接受产品或服务的过程中，所获得的过程或结果未达到消费者的期望，产生消费者不满是投诉的直接原因。其次是消费者投诉的渠道。一般来说，消费者投诉有两个渠道，一是向产品或服务提供企业进行投诉，二是向第三方部门进行投诉。第三方部门是消费者协会等专门机构，各种传统媒体(如电视、报纸)及新媒体(主要指互联网及其他电子媒体)所设立的专门的消费者投诉部门、通道或者曝光平台等。在电子商务情境下，消费者更偏向于向第三方部门投诉。一般来讲，消费者投诉时会有以下几个方面的心理与行为。

1. 期待问题尽快解决的心理与行为

对企业来说，如果消费者期待问题尽快解决，这意味着消费者心里没有达到信任危机的状态，只要企业的相关部门密切配合，在消费者可以容忍的期限内解决问题，消费者的满意度和忠诚度就不会受影响。所以，把握住消费者期待问题尽快解决的心理后，应立即采取措施。如果是常见的可控问题，那么应该给消费者承诺，提出一个解决问题的期限，以安抚消费者；如果是不可控的问题，或者需要进一步确认的问题，应更灵活地对消费者表示企业会尽力尽快地解决问题，并会及时与消费者联系，也欢迎和感谢消费者来进一步沟通。

2. 渴望得到尊重的心理与行为

消费者之所以会选择投诉，往往是因为他们经历了不满意的产品或服务消费，他们总希望被别人认为他们的投诉是对的和有道理的，他们最希望得到的是同情、尊重和重视。处理投诉的工作人员应及时向消费者表示歉意，承诺进一步追查，并感谢消费者的建议和支持，这是化解消费者因为自尊心受损而导致不满的有效途径。

3. 希望得到适当补偿的心理与行为

在许多投诉事件中，特别是在关于费用的投诉事件中，消费者投诉的目的是得到补偿。这是消费者意识到自己权益受到损害后的要求，有很多情况属于误解，也有一些是有理投诉。因此，在处理这类投诉的过程中，接待人员必须给消费者合理而规范的解释，给予其知情权，并且在有理投诉中提供补偿。

一般来说，消费者希望得到适当补偿的心理与行为越急切，而又无法得到补偿时，投诉升级的可能性就越大。投诉升级后，消费者的满意度和忠诚度都会明显下降，因而，从一开始把为什么没有补偿、在何种情况下可以得到补偿、怎样补偿等问题——解释明白，远比处理投诉升级来得快捷、有效。

4. 发泄不满情绪的心理与行为

消费者在带着怒气和抱怨进行投诉时，有可能只是为了发泄不满情绪，使郁闷或不快的心情得到释放和缓解，以此来维持心理上的平衡。直接发泄不满情绪的情况多见于重复投诉。在接待这类心理的消费者时，接待人员的耐心尤为重要，应以恰当的言语与和善的态度安抚消费者，并需要及时与相关部门联系确认问题所在，分清责任，给予合理解释。消费者有过投诉行为且投诉行为较多的情况下，极易成为流失的消费者，对此应加强消费者回访，充分地沟通。

5. 和他人交流投诉经历的心理与行为

任何消费者都有和他人交流投诉经历的心理与行为，所谓好事不出门，坏事传千里。调查表明，当消费者无法从企业那里得到满意的投诉处理结果时，他会同10个以上的人说起此事，这绝对对企业的品牌形象不利。据统计，在不满意的消费者中，只有4%的消费者会正式提出投诉，其余的人没有表示出他们的不满，但大约有90%感到不满意的消费者不再光顾那家企业。从数字上看，每有1名通过口头或书面直接向企业提出投诉的消费者，就会约有26名保持沉默但又感到不满的消费者。更重要的是，这26名消费者每人都会对另外10名亲朋好友传播这家企业的恶名，造成消极影响，而这10名亲朋好友中，约有33%的人会把这一坏消息再传递给其他20个人。即(26×10)+(10×33%×20)=326，也就是每一名投诉的消费者背后，有326个潜在消费者对企业不满，他们有可能转向竞争对手，从而削弱企业的竞争力。

三、消费者投诉的沟通与处理

松下幸之助说："消费者的批评意见应被视为神圣的语言，对任何批评意见都应乐于接受。"正确处理消费者的投诉和抱怨，具有吸引消费者的价值。美国一位销售专家认为：正确处理消费者投诉抱怨，能够提高消费者的满意程度；增加消费者认准品牌购买倾向；获得丰厚的利润。倾听消费者的不满，这是销售工作的一部分，而且这一工作能够增加销售人员的利益。对消费者的投诉、抱怨不加理睬或错误处理，将会使销售人员失去消费者。美国阿连德(Allende)博士1982年在一篇文章中写道："在工商界，销售人员由于对消费者的抱怨不加理睬而失去了82%的消费者。"感谢消费者的抱怨，消费者向你投诉使你有机会知道他的不满。仔细倾听，找出抱怨原因。这样，既可以使消费者心理平衡，又可以知道问题，从而对目前存在问题进行及时修正，避免以后出现类似的问题招致消费者不满。

要想维护顾客利益，企业必须正确处理顾客的意见。有时即使产品和服务非常好，也会受到爱挑剔的顾客的抱怨。不重视顾客的意见，将会使顾客远离企业而去。根据美国学者的调查，一个企业失去的顾客中，有68%的转向竞争对手是由于售货员态度冷漠，使顾客没有受到热情的接待。有人可能认为，企业失去一两位顾客是正常现象，不值得大惊小怪，然而，这种情况所造成的影响是难以估量的。对此，可以用这样一个公式来说明：处理好顾客抱怨=提高顾客的满意程度=增强顾客的认准品牌购买倾向=丰厚利润。

【案例 12-7】网络购物售后服务水平亟待提高

1. 分析消费者投诉的原因

消费者投诉的原因是多方面的。一般来说，多是由销售人员对消费者不尊重、态度不好、疏于说明、工作不负责任导致客户的不满；也可能是由消费者错觉或误解导致的不满；或是卖方在手续上的错误；或是产品质量上存在瑕疵；也可能是消费者的不习惯、不注意或期望太高。准确分析投诉产生的原因，将有助于与消费者沟通和解决问题。

2. 处理消费者投诉的方法

(1) 绝对避免辩解，立即向消费者道歉。要先向消费者道歉，如果销售人员急急忙忙打断消费者的话为自己辩解，无疑是火上浇油。可以对消费者说："感谢您提出意见。我们一向很重视自己的信誉。发生您所说的事情，我们深感抱歉，我们一定会了解清楚，加以改正。"

(2) 耐心地聆听消费者的意见直到最后一句，不要打断对方的话。即便消费者的言语用词不当，也不要说出来，要等他说完以后再以诚恳的态度加以说明，求得其谅解。

(3) 询问消费者提出抱怨的原因，并记录重点。对一些情绪激动的消费者，把他们的讲话记录下来，可以使他冷静下来。

(4) 迅速采取措施，解决问题，消除抱怨。如果同意消费者提出的处理意见，要迅速、爽快，不要有不甘愿的表现，更不能拖延。拖延处理抱怨的时间，是导致消费者产生新的抱怨的根源。要有勇气面对消费者的投诉与抱怨，积极加以处理，这也是赢得消费者信任的好方法。

3. 处理消费者投诉的技巧

(1) 感谢消费者的投诉；仔细聆听，找出投诉的问题所在。表示同情，绝不争辩。

(2) 回应消费者投诉的问题一定要迅速，正视消费者的问题，不回避问题。销售部门在接到消费者以电信或书面方式投诉的通知时，要登记事由并以最短的时间由经办人到现场取证核实。如有必要可以让消费者接触主管。

(3) 收集资料，找到事实，汲取教训，立即改善。尊重客观事实，对消费者投诉进行多方面的调查和区分，确是销售方原因给消费者造成的直接或间接损失，要根据具体情况按约定果断进行赔偿。对事实的调查，不能浮于表面，要深入所有和索赔有关联的方面。了解造成事故的真正原因，不要回避真相，是什么就是什么。全面收集造成问题的各种因素，包括时间、数量、金额和特性等都要现场确认,不能含含糊糊,要给消费者一个明确的答复。

(4) 既成事实的赔偿,一般是在双方友好协商的基础上达成的共识。征求消费者的意见,提出补偿的措施,并立即采取补偿行动。在表述理由时,要不卑不亢,不要因拒绝了对方的过分要求而怕业务受到影响。要让消费者明白,损失的超限赔偿是基于双方的合作关系,吃亏也吃在明处,不能让消费者感到企业处理问题不严肃,这样可有效防止消费者的再次过分苛求。但要注意给消费者台阶下,永远别让消费者难堪。

(5) 建立完整的消费者投诉处理的流程与记录。设立专门的、有独立权威的处理消费者投诉的售后服务机构,有利于加大问题的处理力度。一般企业在这方面的机构设置和人员配置都比较完善,在权限上采取层层审批核实的程序,报告要有业务、销售、生产、技术、营销和质量等部门的签字批示意见,最后经总经理审批生效。但要注意各部门之间的协调,不能只走形式,要真正做到一一核实。

本 章 小 结

营销服务是指各类企业为支持其核心产品所提供的服务。营销服务活动具有一系列特点——服务性、短暂性、主导性和不对等性。营销服务的影响作用所产生的心理效应表现在以下几个方面:首因效应、近因效应、晕轮效应和定式效应。营销服务由售前服务、售中服务、售后服务三个阶段构成。售前消费者心理与行为主要表现为:认知商品的欲望、价值取向和审美情趣、期望值、自我意识等,企业可采取相应的售前服务心理与行为策略。售中消费者心理与行为表现为:希望获得详尽的商品信息、希望寻求决策帮助、希望受到热情的接待与尊敬、追求方便、快捷等。售后消费者心理与行为表现为:评价心理与行为、试探心理与行为、求助心理与行为、退换心理与行为。售后服务心理与行为策略要求:提供优良的售后服务;提升 CS 经营理念,进一步完善企业服务工作。

销售人员在服务中的影响力表现在以下几方面:销售人员是信息的沟通者、销售人员是商品的推介者、销售人员是选购的指导者、销售人员是感情的融通者。美国心理学家从消费者、销售人员、商品三者的关系上来解释销售人员在销售中的影响力。销售人员的仪表、语言、行为举止都会对消费者的心理与行为产生影响。销售人员的接待步骤与服务方法是与消费者的购买活动中的心理与行为活动阶段相适应的,大体可以分为五个步骤,企业应采取相应的服务方法:观察分析各类消费者,并判断其购买意图;根据消费者的购买目标,展示介绍商品;启发消费者的兴趣与联想,刺激其购买;充当消费者的参谋和顾问;促进消费者的购买,结束交易行为。

消费者投诉时会有以下几个方面的心理与行为:期待问题尽快解决的心理与行为、渴望得到尊重的心理与行为、希望得到适当补偿的心理与行为、发泄不满情绪的心理与行为、与他人交流投诉经历的心理与行为。分析消费者抱怨产生的原因,采取恰当的措施、运用合适的技巧处理消费者投诉,是解决双方冲突和维护企业形象的重要工作。

思 考 题

1. 举例说明营销服务中的心理效应。
2. 消费者在接受售中服务的过程中,有哪些心理希望?

3. 消费者购买商品后，其心理与行为状态有哪些表现？
4. 举例说明销售人员的仪表、语言、行为举止是如何影响顾客心理及行为的。
5. 消费者投诉有哪些心理与行为？如何处理消费者投诉？

案 例 分 析

网红牛奶"认养一头牛"被投诉货不对板

随着潮玩手办成为年轻人的"新宠"，越来越多的品牌热衷于推出"联名合作"款。近日，网红牛奶品牌"认养一头牛"与"寻找独角兽"RICO 晨色梦乡推出的联名礼盒却翻了车。有消费者投诉称："礼盒中只有奶没有娃，我的手办哪里去了？"

消费者李先生是潮玩手办的资深玩家，他告诉《中国消费者报》记者，RICO 是"寻找独角兽"旗下非常具有影响力的 IP，一听说牛奶品牌"认养一头牛"跟"寻找独角兽"RICO 晨色梦乡推出了联名礼盒，他就赶紧去"认养一头牛"天猫旗舰店抢购了两套。"礼盒价格为 99 元/套，我打算自己留一套，送朋友一套"。李先生表示："产品页面显示礼盒中有风味酸乳 2 瓶，限定款酸奶碗 1 个，晨色梦想 RICO 手办 1 个。没想到我收到货后开箱一看，两个礼盒中的 RICO 手办都不翼而飞。"

"我就是冲着 RICO 手办才去买这个联名礼盒的，没想到会出现手办缺失的状况。"李先生表示，基于丰富的购物经验，他收到快递后当场就录制了开箱视频，并把情况反馈给了天猫旗舰店的客服人员，希望能尽快补发。令李先生气愤的是，客服人员对他的描述表示质疑，对他的投诉也置之不理。

"认养一头牛与知名盲盒 IP 推出联名礼盒，既要吃电商大促的流量红利，又要借势破圈营销扩大知名度，吸引消费者花费大把时间去抢这款限量的产品，最后却货不对板，完全就是无视法律法规。"李先生告诉记者，他通过屡次向 12315、浙里办(浙江政务服务平台)等投诉，最终拿到了补发的手办。

除收到的礼盒里没有手办外，还有部分消费者反映称拿到的手办有瑕疵，还不能正常退换。广东消费者小刘收到礼盒后发现，手办正面背面都有瑕疵，让人接受不了。他与客服人员沟通。客服人员表示，商品是限量发售，抢完就没了，没有多余的库存可以进行换货。"客服人员提出赔偿 10 元，我接受不了，我只想换货。为什么存在质量问题的手办无法更换？这让人感觉很坑。"小刘无奈地说。

针对消费者投诉反映的问题，"认养一头牛"在给《中国消费者报》记者的书面回复中表示："在礼盒发布后，我们注意到有极少数消费者遇到了盲盒(手办)缺失的情况，并第一时间做出处理，与相关消费者取得联系，核实后采取了道歉、补发等补救措施。经查，完整礼盒和缺失盲盒的礼盒在重量上有明显差别，绝大部分盲盒缺失系打包工作人员在出库时操作疏忽、漏放导致。对此，我们负有主要责任，在核实情况、补发产品的同时，再三向消费者表达了歉意。"

(资料来源：根据中国消费者报·中国消费网"自主品牌售后服务满意度提升 车企数字化服务水平待提升" https://www.ccn.com.cn/Content/2021/09-30/1548325049.html 相关内容整理.)

问题：

1. "认养一头牛"产品出现问题后是怎样进行处理的？对消费者的心理及行为有哪些影响？

2. 你认为，该公司的处理方式存在什么问题？从消费者心理的角度考虑，你有什么建议？

【阅读资料】进一步提升数字化服务，改善消费者体验

第十三章

消费者心理与行为的新趋势

学习目标：通过本章的学习，了解体验、体验经济等相关概念；理解消费者体验的心理与行为基础及消费者体验行为类型；熟悉体验营销的特征及实施体验营销的策略；了解网络消费模式的特点；掌握网络消费的心理与行为特征；熟悉网络消费购买决策过程。

案例导读

五大直播带货优秀案例解读：走自身特色带货之路

作为以内容起家的品牌商户，李子柒的自媒体账号很早就登录抖音，到今天已经积攒五千多万粉丝。在众多电商渠道中，抖音以其独特的内容属性，获得了李子柒品牌的高度重视——2020年6月入驻以来，李子柒公司坚持使用自营团队深耕达人矩阵，在不到一年时间就获得超过2000位达人带货，到2021年，月销已稳定到千万以上。通过坚持品牌IP的纯净内容输出，加上广泛的达人矩阵带货，李子柒品牌实现了品牌知名度和销售额的双增长。

亮点1：依托达人矩阵巧妙平衡品牌调性与卖货需求，日销稳定抬升。

在战略层面，李子柒品牌设计了自媒体账号强内容+达人矩阵强销售的模式，巧妙平衡了品牌调性与销售需求。李子柒自媒体账号专注于IP打造，已经积累千万粉丝；而商品内容及转化下单，在达人矩阵、企业账号内完成。在这一战略的指导下，李子柒品牌通过三方面努力，促成达人矩阵上的巨大成功。

首先，在撮合能力上，李子柒品牌公司借助自身优质的达人资源，能够便捷、稳定地进行长期的达人带货。而好的达人带货案例，也能够吸引更多达人通过精选联盟等渠道主动向品牌方寻求合作，使达人矩阵的雪球越滚越大。

其次，在达人选择上，李子柒品牌没有将达人选择局限于食品品类的垂直达人，在保证粉丝人群匹配的基础上，拓宽合作达人的类目，打开了更多达人的合作之门。

最后，在对接效率上，李子柒品牌也进行了针对性优化，节省了人力成本。商家搭建了内部数据系统，跟踪记录达人在人群适配、流量转化等各个指标上的表现，在二次合作的时候，会优先参考内部评级系统，大大提高了达人筛选的效率。

亮点2：团队整合多项能力，专注抖音电商经营。

由于抖音电商独特的内容属性，李子柒品牌公司十分重视抖音渠道，成立专门的新团队来进行抖音渠道的运行。团队整合内容IP营销、达人运营、电商运营三方面，自播能力也在建设之中。

在直播方面，李子柒品牌团队将会坚持主导内容生产，配合经验丰富的服务商，补足店铺运营方面的能力。

（资料来源：直播行业资讯. 五大直播带货优秀案例解读：走自身特色带货之路. 2022-01-13.）

第一节 消费者体验心理及行为

一、体验与体验经济

(一)体验

体验也叫体会,是用指通过亲身实践来验证事实,感悟生命,留下印象。体验到的东西使我们感到真实、现实,并在大脑留下深刻印象,使我们可以随时回想起曾经亲身感受过的生命历程,也因此对未来有所预感。

体验的概念来自心理学,但体验的概念远超心理学的范畴。许多学者从不同的角度阐述了对体验的理解。

最早把体验作为经济价值来看待的是托夫勒(Toffer)。他认为,体验是商品和服务心理化的产物,并指出,"体验产品中的一个重要品种将以模拟环境为基础,让顾客体验冒险、奇遇、性感刺激和其他乐趣"。

美国著名的体验经济学大师约瑟夫·派恩(Joseph Pine)指出,体验是指人们用一种从本质上说是以个人化的方式来度过一段时间,并从中获得过程中呈现的一系列可记忆事件。体验是超越了一般经验、认识之上的那种独特的、高强度的、活生生的、难以言说的、瞬间性的深层感动。体验通常是由对事件的直接观察或是参与造成的,不论时间是真实的,还是虚拟的。体验既会涉及人们的感官、情感、情绪等感性因素,也会包括知识、智力、思考等在内的理性因素,同时也包括身体的一些活动。我们可以这样来理解体验的含义,体验就是企业以服务为舞台,以产品为道具,以消费者为中心,能够创造使消费者参与、值得回忆的活动。其中产品是有形的,服务是无形的,而创造出的体验是令人难以忘怀的。

《情感营销》的作者斯科特·罗比内特(Scott Robinette)对于体验的解释更倾向于行为学理论:体验存在于企业与顾客接触的所有时刻,是企业与顾客交流的感官刺激、信息和情感的要点的集合。

体验是在某种特定的营销环境中,来自个人的心境和时间的互动,并从中获得过程中呈现的一系列可记忆的体验原点。体验一般并非自动产生的,而是被动引发出来的,体验是主体对客体的刺激产生的内在反应。主体并不是凭空臆造体验,而是需要在外界环境的刺激下才会有所体现,体验具有很大的个体性、主观性,因而具有不确定性。一方面,对于同一客体,不同主体会产生体验的差异性。另一方面,同一主体对同一客体在不同时间、地点也会产生不同的体验。

(二)体验经济

目前,从美国到欧洲的整个发达经济社会,正以发达的服务经济为基础,并紧跟计算机信息时代,在逐步甚至大规模开展体验经济。体验经济被称为继农业经济、工业经济和服务经济阶段之后的第四个人类的经济生活发展阶段,或称为服务经济的延伸。从工业到农业、计算机业、因特网、旅游业、商业、服务业、餐饮业、娱乐业(影视、主题公园)等各行业都在上演着体验或体验经济,尤其是娱乐业已成为现在世界上成长最快的经济领域。

农业经济、工业经济和服务经济到体验经济之间的发展过程，就像母亲为孩子庆祝生日，准备生日蛋糕的变化过程。在农业经济时代，母亲是用自家农场的面粉、鸡蛋等材料，亲手做蛋糕，从头忙到尾，成本不到 1 美元。到了工业经济时代，母亲到商店里，花几美元买混合好的盒装粉回家，自己烘烤。进入服务经济时代，母亲是向西点店或超市订购做好的蛋糕，花费十几美元。到了今天，母亲不但不用烘烤蛋糕，甚至不用费事自己办生日晚会，而是花一百美元，将生日活动外包给一些公司，请它们为小孩筹办一个难忘的生日晚会。这就是体验经济的诞生。

有一个有趣的例子，说的是在一家以色列企业家开的名为"真假咖啡店"的咖啡店，店里面没有任何真正的咖啡，但是穿戴整齐的侍者仍就有模有样地装作为客人倒咖啡、送糕点。虽然服务生送来的杯子、盘子里空无一物，但是每位顾客要付三美元，周末六美元。其经理卡斯比(Kasby)表示，消费者到咖啡店来是认识朋友、体验社交生活的，而不是为了喝咖啡。这位老板显然是从这种体验中赚取利润。

二、体验经济时代消费者需求特征

我们可以这样来理解体验经济，即你创造了一种独特的氛围，用一种令人感到赏心悦目的方式提供服务，你的顾客为了获得这种舒适的服务而愿意为之付费。顾客是如何来看待这个服务的，也就是你需要去"上演"的体验提供过程。显然，顾客对这个体验过程的看法受到了社会经济发展的影响。现阶段社会经济的飞速发展，给消费者的消费观念和消费方式带来了许多深刻变化，并使消费需求的结构、内容、形式发生了显著的变化。在体验经济时代，消费者的消费行为表现为以下方面。

(1) 从消费的结构看，情感需求的比重增加。消费者在注重产品质量的同时，更加注重情感的愉悦和满足。

(2) 从消费的内容看，大众化的标准产品日渐失势，对个性化产品和服务的需求越来越多。人们越来越追求那些能够促成自己个性化形象形成、彰显自己与众不同的产品或服务。

(3) 从价值目标看，消费者从注重产品本身转移到注重接受产品时的感受。现代人消费似乎不仅仅关注得到什么样的产品，更加关注在哪里、如何得到这一产品。

(4) 从接受产品的方式看，人们已经不再满足于被动地接受企业的诱导和操纵，而是主动地参与产品的设计与制造。从近年来的消费实践看，消费者参与企业营销活动的程度进一步加深。主要表现在：消费者从被动接受厂商的诱导、拉动，发展到对产品外观要求个性化，再发展到不再满足于产品外观的个性化，而是对产品功能提出个性化的要求。

(5) 消费者的公益意识不断增强。消费者希望自己通过消费"绿色产品"，体现自己的环保意识，成为"绿色消费者"。随着人们物质生活的满足，消费者对生存环境和生活质量越来越关心，人们比以往任何时候都珍惜自己的生存环境，反对资源的掠夺性开发和使用，追求永续消费。人们愿意为保护环境出钱出力，同时改变旧的消费习惯，以利于环保的进行。

三、消费者体验的心理与行为基础

1. 感觉体验

感觉体验是指人们受到各种感受器官刺激而形成的体验，包括视觉、听觉、触觉、味觉和嗅觉这些感官上的各种体验。

利用顾客的感觉体验来开展营销活动，我们可以简称为感觉营销。感觉营销的目的就是迎合顾客的各种感官体验，从而给顾客美的享受或兴奋的心情。产生感觉体验的基本要素包括视觉上的颜色和形状，听觉上声音的大小、高低和快慢，触觉上的材料和质地等。在这些基本要素刺激基础上的感觉体验可以作为区别物以显示独特性；可以作为动力以促使顾客尝试并购买产品；可以作为价值提供者，给顾客提供特殊的体验价值。

合理运用各种营销手段给顾客以深刻的感官体验，可以实现确立企业和品牌的独特形象，促使顾客购买，体现产品或服务的价值的战略目标。

2. 感受体验

感受体验也可称为情感体验。感受体验主要产生于消费过程中。根据感受的程度不同，可以将感受体验划分为略为积极或消极的情绪体验和强烈的感情体验两大类。

情绪体验是不易察觉的情感世界。某些刺激能够引发人们的某种情绪，但是顾客一般不会注意到它们，甚至会找出产生这种情绪体验的原因。

感情体验是一种很强烈的体验，一般有明确的刺激物。它能够吸引人的注意力，甚至打断人的其他活动。感情体验都是由某种事物或人引起的。感情体验又可以分为两类，即基本情感体验和综合情感体验。基本情感体验是我们日常情感生活的基本组成，它包括欢乐、气愤、厌恶和悲伤等。综合情感体验是基本情感体验的混合或集合。通过各种营销手段而建立起来的顾客情感体验多属于此类。比如，一个清纯、可爱、脸上写满幸福的女孩子依偎在男友的肩上，品尝着他送给她的"水晶之恋"果冻，就连旁观者也会感受到那种"美好爱情"的体验。

3. 思维体验

思维体验是指人们通过运用自己的智力，创造性地获得知识和解决某个问题的体验。思维体验使顾客在惊奇、计谋和诱惑的引发下产生统一或各异的想法。思维体验通常有两种方式，即收敛思维体验和发散思维体验。

收敛思维体验是指顾客将思路逐渐集中，直至找到一种解决问题的办法的体验过程。它的具体表现形式为解决推理问题时所采用的分析推理的思维。然而，即使采用了启发式的研究去得到结论，对问题系统、孜孜不倦的分析过程仍可归为收敛思维体验。

发散思维体验则是拓宽思路、集思广益的体验过程。与收敛思维体验相比，联想性的发散思维体验更加随心所欲，也往往让人收获更多。发散思维体验出现在脑力激荡的过程中，要求参与者进行自由的想象而避免做任何评价。发散思维体验也会出现在梦境中。

4. 行动体验

行动体验是人们在某种经历后而形成的体验，这种经历与他们的身体有关，或与他们长期的行为方式、生活方式有关，或与他们与人接触后获得的经历有关。行动体验已经超越了情感、影响及被认知的事物的范畴。这里简要介绍三类行动体验。

(1) 生理行为体验。这种体验可能来源于肉体的运动神经行为、肢体语言行为或者是作用于身体渴求的环境影响。

(2) 生活方式体验。市场营销学中认为生活方式是指"通过一个人的活动、兴趣及观点所表达出来的，他在这个世界上生存的形式"。一个人接受某种生活方式的方式主要有三类：一是直接行动，二是角色模仿，三是诉诸社会规范。

(3) 相互作用体验。除了身体上的体验和长期固有的生活方式体验，还有一些体验来源于人与人之间的相互作用和相互影响。相互作用不会出现在一个社会真空的状态下，它依赖个人态度和意图及群体的信仰和规范。

通过行动体验来改变消费者的生活方式，让消费者在新的消费方式里获得意外体验。"请朋友吃饭，不如请朋友出汗"，这是一家球馆的广告语。它的意图再简单不过，就是要把人们从饭桌上拉到球馆里，试图改变人们招待朋友的习惯。

5. 关系体验

关系体验是指人们在追求自我完善和被他人认同的过程中而获得的体验。关系体验包含着感觉体验、感受体验、思维体验和行动体验的成分。关系体验的外在形式可能是通过感官、感受、思维和行动上的体验来表现，但是关系体验超越了这些"增加个人体验"的私有经验，它把个人与他理想中的自我、他人和文化联系起来。

关系体验受到社会分类和社会身份、交叉文化价值取向、价值观和个人追求的被认同感等因素的影响。比如美国哈雷摩托车是个杰出的关联品牌。哈雷就是一种生活形态，吸引了成千上万摩托车迷每个周末在美国各地举办各类竞赛，车主把它的标志文在胳膊上乃至全身。从摩托车本身、与哈雷有关的商品，到狂热者身体上的哈雷文身，消费者视哈雷为他们自身识别的一部分，使哈雷成了一种"圈子"的象征。《纽约时报》报道："假如你驾驶一辆哈雷，你就是兄弟会的一员。"可见哈雷品牌的影响力非同小可。

四、消费者体验行为分类

B. 约瑟夫·派恩(B. Joseph Pinell)和吉尔摩(James H. Gilmore)按照消费者参与程度与环境上的关联性将体验分为四种类型：娱乐体验、教育体验、逃避现实体验和审美体验。它们互相兼容，形成独特的个人经历。

1. 娱乐体验

娱乐不仅是最古老的体验之一，而且在现在也是一种更高级的、最普通的、最亲切的体验。虽然体验经济在飞速发展，但是绝对不会有哪种体验会拒绝那些令人感到愉悦的欢乐时刻。大多数人在被他们视为娱乐的体验中都不过是被动地通过感觉吸收体验，如看电影、观看文艺晚会等。

2. 教育体验

教育体验是指顾客能在事件发生的过程中获得知识。和娱乐体验一样，在教育体验中，客体吸收了对他们来说并不是很熟悉的事件；但与娱乐体验不同的是，在娱乐体验中人们是被动地受到吸引，而对教育体验而言，人们是为了获得某种知识技能而主动地参与到一项活动中，教育体验包括客体更多的积极参与。

3. 逃避现实体验

逃避现实体验是指顾客不仅完全沉浸在某种体验里，还积极主动地参与到这种体验的营造过程中。逃避现实体验要远比娱乐体验和教育体验更加令人沉迷。它与娱乐体验完全相反，人们不仅完全沉浸在事件中，同时他们还是更加积极的事件参与者。典型的逃避现实体验是需要一定的环境的，如虚拟的聊天室、网络游戏等。

4. 审美体验

在审美体验中，每个人沉浸于某一事件或环境之中，而由于他们是被动地参与，他们对环境或事物极少产生影响或根本没有影响，因此他们所审视的周围的环境基本没有变化。典型的审美体验包括参观博物馆、坐在充满怀旧情调的咖啡屋里等。

可以这么认为，人们参与娱乐体验是想感觉，参与教育体验是想学习，参与逃避现实体验是想去做，参与审美体验就是想到达现场。体验经济的理论认为，当一个企业所创造的商业模式为客户提供的体验形式越多的时候，客户就越会得到更加丰富的体验，从体验中得到更大的满足，从而愿意为之付出更多的代价。

五、体验营销的含义和特征

(一)对体验营销的理解

体验营销无处不在。各类市场上，越来越多的组织机构开始用体验营销技术来开发新产品，与客户交流，改善销售渠道，选择生意伙伴。体验营销就是在整个营销行为过程中，充分利用感性信息的能力，通过影响消费者更多的感官感受来介入其行为过程，从而影响消费者的决策过程与结果。体验营销以向消费者提供有价值的体验为主旨，力图通过满足消费者的体验需要而达到吸引和保留顾客、获取利润的目的。体验营销不把体验当作一种无定型的、可有可无的东西，而是将其作为一种真实的经济提供物，作为一种有别于产品和服务的价值载体。

(二)体验营销的特征

和传统营销相比，体验营销具有以下四个方面的特点。

1. 关注顾客的体验

体验的产生是一个人在遭遇、经历或是生活过一些处境的结果。企业应注重与顾客的沟通，发掘他们内心的渴望，站在顾客体验的角度去审视自己的产品和服务。

2. 把消费作为一种整体体验

体验营销人员不再一味地去思考一个产品，而是通过各种手段和途径创造一种综合效应，以增加消费体验。不仅如此，还跟随社会文化的发展，思考消费所表达的内在价值观念、消费文化和生活意义。

3. 把顾客视为有理智的感情动物

体验营销人员要明白顾客同时受到感情和理性的支配。也就是说，顾客因理智和一时冲动而做出选择的概率是一样的。体验营销人员不仅要从顾客理性的角度去开展营销活动，同时要考虑消费者情感的需要。

4. 使用多种方法

体验营销使用的方法和手段与传统营销有所不同，其更为丰富和多变。体验营销人员也不拘泥于某种营销手段和现实条件，而是敢于在大胆想象创意后再去考虑其可靠性、有效性和可行性。

六、实施体验营销的策略

1. 将体验融入产品之中

将好的体验附加到产品之中，能对产品起到画龙点睛的作用，增强产品的灵性，提高产品的感知质量。因此，实体产品制造商不仅要关心产品的技术或功能质量，更要重视顾客在使用产品时的感受和感觉。一方面，要尽力避免在产品外观或细节上留有缺憾；另一方面，要有意为产品增添愉悦、美感、感官享受等成分，从而使产品体验化。

2. 将体验添加到服务之中

由于服务生产和消费的不可分割性，服务是企业用以展示和传递体验的天然平台。在服务中，企业除完成基本的服务提供外，完全可以有意识地向顾客传递他们所看重的体验。比如以往商用车市场的服务被简单定义为维修和故障的排除，而如今，随着福田欧曼大力倡导亲情体验式服务，服务正被更为多元化的内容和体验诠释。福田欧曼大力倡导的亲情体验式服务，包括上门调查、现场服务送水送饭这样的亲人般的关怀；通过回访、保养提醒来体现爱人般的细心；统一服务规范、终生技术指导所带来的保姆般的周到；定期走访、增加保养期限等专家级的多样服务。

3. 开创新的体验业务

体验业务既可以是体验性产品，也可以是体验性服务，但它不同于依附在产品或服务之中的体验。虽然体验业务的产生离不开产品或服务，但此时体验才是企业真正要出售的东西，产品或服务只不过是辅助性设施。例如，山梨县是日本著名的游览胜地，同时也是日本有名的葡萄酒酿造中心。美酒、美景令人流连忘返，然而最令人难以忘怀的还是让游客当一回果农，获得一份"收获的体验"。参加者每人交纳 2000 日元，就可以领取草帽、手套和剪刀等工具，每人在园内收获三大箱葡萄后可换取一瓶价值 2000 日元的葡萄酒。尽管这样的农活并不十分轻松，但游客乐此不疲、兴趣盎然。

4. 将体验蕴含在营销传播之中

传统的营销宣传专注于对产品效能、质量或价格的宣扬，这种直白的传播在同类产品竞争日益激烈的情况下，难以给消费者留下深刻印象，只能使人觉得乏味；而体验营销者会强调营销传播过程中的体验诉求。例如，在广告中的体验诉求不仅能吸引目标受众的眼球,也为产品的销售打下了感性的基础,即在产品被使用之前就增加了其体验价值。比如农夫果园首先在定位上摒弃了常规以年轻女性为目标消费者的做法,在广告诉求上同样巧妙地避开美女路线,而是起用一对穿休闲花衣的父子俩,用轻松快乐的摇摆方式来表达农夫果园给他们带来的体验乐趣,这种夸张的轻松体验演绎甚至令女售货员都刮目相看,虽是旁观但也乐在其中,而这种快乐体验只是源于购买产品时产品包装和售点 POP 上的醒目提示:"三种果汁在里面,喝前摇一摇!"明明是告知消费者喝前摇瓶子,父子俩却旁若无人地摇身子,效果诙谐幽默,让人看后轻松畅快、难以忘怀。

5. 将体验凝聚在品牌之中

在企业开展体验营销的过程中,品牌是不可或缺的。品牌表面上是产品或服务的标志,代表着一定的功能和质量,深层次上则是对人们心理和精神层面诉求的表达。所以,在体验营销者看来,品牌凝聚的是消费者对一种产品或服务的总体体验。品牌的价值在很大程度上是体验的价值。比如在功能饮料市场中,很多企业就注重运用这样的策略。作为一种新兴的饮料品种,功能饮料更多地是与时尚、个性等因素联系在一起。在市场发展的初期,功能饮料的主要目标对象是年轻人,也确实被年轻人追逐。作为与年轻人沟通的一条有效途径,艺人代言的广告策略被功能饮料企业广泛使用,但是随着功能性饮料市场竞争的加剧,"尖叫""她他"等另辟蹊径,在"情绪、性别、文化"等精神文化层面上进行渲染和沟通。对于饮料行业,卖功能只是一个方面,在情感、体验、文化等高端层面塑造个性丰富的品牌,也许更受年轻消费者的欢迎。这也意味着在功能饮料的品牌塑造中应凝聚体验的价值,这样功能饮料的品牌营销也就进入一个更高层次的体验营销时代。

【案例 13-1】营销界大佬"宜家"教你玩转体验式营销

第二节　网络消费心理及行为

网络消费即网络购物,是指人们以互联网络为工具而实现其自身需要的满足过程。网络消费者是指通过互联网在电子商务市场中进行消费活动的消费者人群。

一、网络消费模式的特点

网络消费与传统消费模式有很大差别。网络消费模式主要有以下几个特点。

1. 商品种类多,选择性强

网络是一个虚拟的空间,作为商品的展示平台,它没有营业面积限制。网络商店中的商品种类多,可以包含国内外的各种产品,充分体现了网络无地域的优势,消费者在网上购物的选择性强。

2. 没有任何时间限制

网络消费没有任何时间限制。网络商店可以 24h 对客户开放,只要用户在需要的时间登录网站，就可以挑选自己需要的商品；而在传统商店中，消费者大多都要受到营业时间的限制。

3. 购物成本低

对于网络商品购买者，他们挑选、对比各家的商品，只需要登录不同的网站，就可以在很短时间内完成，而且可以直接由商家负责送达，免去了传统购物舟车劳顿的辛苦，时间成本和费用成本大幅降低；而对传统购物来讲，这一点是无法做到的。

4. 商品价格相对较低

网上的商品与传统商场的相比相对便宜。因为网络可以省去很多传统商场无法省去的相关费用，所以商品的附加费用很低，商品的价格也就低了。

5. 商品信息更新快

只要将新商品的图片、介绍资料上传到网上，或者对商品信息、价格进行修改，购买者就可以看到最新的商品信息，而且立刻在全球范围内统一更新；而在传统商业中，购买者要看到新的商品，就要等到商家拿到商品，放置到货架后。

6. 商品容易查找

网络商店中基本都具有店内商品的分类、搜索功能，通过搜索，购买者可以很方便地找到需要的商品；而在传统商店中，购买者寻找商品就需要花费更多的时间和精力。

二、消费者网络消费的心理与行为特征

随着电商平台的发展和智能手机的日益普及，人们的网络消费心理和行为也有了新的变化，主要表现为以下特征。

1. 消费时间碎片化

不但消费者在工作、学习、生活中使用智能手机，智能手机还让消费者时刻处于网络的汪洋大海中，在这种情景下，消费者的时间是碎片化的。消费者会同时流连于各个网络购物平台中，所以消费者在每个购物平台上的时间都是碎片化的。

2. 消费渠道多样化

随着网络的发展和便捷，各种购物平台层出不穷，消费者获取产品信息的渠道变得异常丰富。这就决定了消费者有多个选择机会，但也降低了消费者与网络购物平台的消费黏性。

3. 消费者变得更挑剔

当消费者可以获取的产品信息越来越多的时候，就会变得更加挑剔。面对更加挑剔的消费者，网络商家需要口碑思维，需要让消费者从品牌口碑角度来更好地认识到品牌的重要性。当然还需要更好的消费体验感受，以及更好的场景思维。

4. 消费者更在意个性化需求的满足

互联网让我们处于一个具有无限多样性的时代，处于一个具有无限选择性的时代，带

着挑剔的眼光，消费者变得更加追求内在的满足，追求个性化的释放。消费者网络购物时对产品的个性化需求更加主动，对产品的美感和颜值更加在意，相关数据显示，近几年网络平台上小众个性化的产品销量增长明显。

6. 消费者非常在乎他人的购物评价

网络购物因为不能近距离地观看、触摸，消费者购物感知风险较高，为了降低购物风险，消费者非常在意和关注他人对产品的使用效果与评价。如果购物网站上出现较多的差评，肯定会影响消费者对产品的认知和最终的购买。

消费者网络购物的心理与行为相对于线下购物虽然发生了变化，但是追求性价比的心理没有变，追求物美价廉的心理没有变，"占便宜"的心理没有变，想要获得更好体验和感受的心理没有变。商家应不断进行换位思考，从消费者的视角出发，这样才能更好地把握消费者。

【案例13-2】移动营销需要哪些更有效的思维模式？

三、影响消费者网络消费心理与行为的主要因素

1. 产品的特性

首先，由于网上市场不同于传统市场，网上消费者有着区别于传统市场消费者的消费需求特征，因此并不是所有的产品都适合在网上销售和开展网上营销活动。根据网上消费者的特征，网上销售的产品一般要考虑产品的新颖性，即产品是新产品或者是时尚类产品，比较能吸引人注意。追求商品的时尚和新颖是许多消费者，特别是青年消费者重要的购买动机。

其次，考虑产品的购买参与程度，一些产品要求消费者参与程度比较高，消费者一般需要现场购物体验，而且需要很多人提供参考意见，这些产品不太适合网上销售。消费者需要购买体验的产品，可以采用网络营销推广功能，辅助传统营销活动进行，或者将网络营销与传统营销进行整合。可以通过在网上宣传和展示产品，当消费者在充分了解产品的性能后，可以到相关商场再进行选购。

2. 产品的价格

从消费者的角度说，价格不是决定消费者购买的唯一因素，却是消费者购买商品时肯定要考虑的因素，而且是一个非常重要的因素。对一般商品来讲，价格与需求量之间经常表现为反比关系，同样的商品，价格越低，销售量越大。网上购物之所以具有生命力，重要的原因之一是网上销售的商品价格普遍较低。

3. 购物的便捷性

购物便捷性是消费者选择购物的首要考虑因素之一。一般而言，消费者选择网上购物时考虑的便捷性包括两个方面：一是时间上的便捷性，可以不受时间的限制并节省时间；二是可以足不出户在很大范围内选择商品。

4. 购物的安全可靠性

网络购物另外一个必须考虑的是网上购物的安全性和可靠性问题。由于在网上消费，消费者一般需要先付款后收货，这时过去购物的一手交钱一手交货的现场购买方式发生了变化，网上购物的时空发生了分离，消费者有失去控制的离心感。因此，为减少网上购物的这种失落感，在网上购物各个环节必须加强安全措施和控制措施，保护消费者购物过程的信息传输安全和个人隐私信息，以及增强消费者对网站的信心。

【案例13-3】"双11"谨防网购陷阱，公安部公布10起典型案例

四、网络消费购买决策过程

网上购物表现为用户为完成购物或与之有关的任务而在网上虚拟的购物环境中浏览、搜索相关商品信息，从而为购买决策提供所需要的必要信息，并实现决策购买的过程。网络消费的购买过程可分为五个阶段：确认需要、收集信息、比较选择、购买决策、购后评价。

1. 确认需要

网络购买过程的起点是激发需求，当消费者认为已有的商品不能满足需求时，就会产生购买新产品的欲望。消费者的需求是在内、外因素的刺激下产生的，网络商家要注意了解消费者与自己产品有关的实际需要和潜在需要，掌握这些需要在不同时间的需求程度及刺激诱发的因素，以便设计相应的促销手段去吸引更多的消费者浏览网页，诱导他们的需求欲望。

2. 收集信息

当需求被激起后，每个消费者都希望自己的需求能得到满足，所以，收集信息、了解行情成为消费者购买的第二个工作。消费者网络购物时，除传统的信息收集渠道外，不同的网络购物平台也是他们收集信息的主要渠道，如消费者可以通过浏览淘宝、京东、抖音等购物平台去搜索所需要的产品信息。

3. 比较选择

消费者需求的满足是有条件的，这个条件就是实际支付能力。消费者为了使消费需求与自己的购买能力相匹配，就要对各种渠道汇集而来的信息进行比较、分析、研究，根据产品的功能、可靠性、性能、模式、价格和售后服务，从中选择一种自认为足够好或满意的产品。

由于网络购物不能直接接触实物，因此网络营销商要对自己的产品进行充分的文字描述和图片描述，在线客服也要及时对消费者的疑问耐心地解答，以吸引更多的顾客。一定不能对产品进行虚假的宣传，否则可能永久地失去消费者。

4. 购买决策

网络消费者在完成对商品的比较选择后，便进入购买决策阶段。与传统的购买方式相比，网络购买者在购买决策时主要有三个方面的特点。①网络购买者理智动机所占比重较

大，而感情动机所占比重较小。②网络购物受外界影响小。③网上购物的决策行为与传统购买决策相比速度要快。

网络消费者在决策购买某种商品时，一般要具备三个条件：第一，对厂商有信任感；第二，对支付有安全感；第三，对产品有好感。所以，网络营销的厂商要重点做好以上工作，促使消费者购买行为的实现。

5. 购后评价

消费者购买商品后，往往通过使用对自己的购买选择进行检查和反省，以判断这种购买决策的准确性。购后评价能够决定消费者以后的购买动向，有人说"满意的顾客就是我的最好的广告"，所以为了提高企业的竞争力，最大限度地占有市场，企业必须虚心听取顾客的反馈意见和建议。

网站对网络营销者收集消费者购后评价来说具有得天独厚的优势。目前大多数网络店家的网站上都设有专门的评价功能，厂商在网络上收集到这些评价之后，可及时了解消费者的意见和建议，通过计算机的分析、归纳，可以迅速找出工作的缺陷和不足，制定相应对策，改进自己产品的性能和售后服务。

本 章 小 结

本章主要介绍了体验消费、网络消费两种典型的消费理念和消费形态下消费者的心理及行为。

体验存在于企业与顾客接触的所有时刻，是企业与顾客交流的感官刺激、信息和情感的要点的集合。在体验经济时代，消费者的消费行为表现为：从消费的结构看，情感需求的比重增加；从消费的内容看，大众化的标准产品日渐失势，对个性化产品和服务的需求越来越多；从价值目标看，消费者从注重产品本身转移到注重接受产品时的感受；从接受产品的方式看，人们已经不再满足于被动地接受企业的诱导和操纵，而是主动地参与产品的设计与制造；消费者的公益意识不断增强。消费者体验的心理与行为基础主要有：感觉体验、感受体验、思维体验、行动体验、关系体验。按照消费者参与程度与环境上的关联性将体验分为：娱乐体验、教育体验、逃避现实体验、审美体验。体验营销就是在整个营销行为过程中，充分利用感性信息的能力，通过影响消费者更多的感官感受来介入其行为过程，从而影响消费者的决策过程与结果。

网络消费模式的特点有：商品种类多、选择性强；没有任何时间限制；购物成本低；商品价格相对较低；商品信息更新快；商品容易查找。人们网络消费的心理与行为特征主要有：消费时间碎片化、消费渠道多样化、消费者变得更挑剔、消费者更在意个性化需求的满足、消费者非常在意他人的购物评价。影响网络消费者消费心理与行为的主要因素有：产品的特性、产品的价格、购物的便捷性、购物的安全可靠性。

思 考 题

1. 如何理解体验及体验经济？

2. 消费者体验的心理与行为基础主要有哪些？
3. 消费者网络消费的心理与行为特征有哪些？
4. 简述消费者网络购买决策过程。

案 例 分 析

"滥用权利"的消费者

吴某与广州某电子商务有限公司网络服务合同纠纷案——平台对滥用权利的用户停止服务的格式条款有效。基本案情如下。

被告公司是某网络购物平台的经营者，吴某是其会员，享有"免费退货"等权利。

吴某在被告网站购买商品后，对"拆分订单配送和由其支付快递费"不满，拒收货品，并申请办理退货退款手续。其大量购买、拒收、退货的行为，导致被告根据《服务条款》有关条款向吴某退回了会员服务费，并冻结了其账户。吴某起诉，主张被告平台存在消费欺诈、虚假宣传的行为，且无正当理由限制其使用账户，侵犯了其合法权益，应承担相应的违约责任。

裁判结果：

广州互联网法院判决：驳回原告吴某的全部诉讼请求。

裁判要旨：

核心要点：电子商务公司依据平台服务条款冻结用户账户的措施是否具有正当性。

法院认为，被告公司作为网络购物平台应当依法、依约提供服务，其平台的《服务条款》虽然为格式条款，但属于有效条款。

电子商务平台依约行使管理权利，维护该平台的合理交易秩序并无不当。同时，用户应当遵守合同约定和法律规定，不应滥用自身权利。

吴某虽然依法享有退货的权利，但不合常理的高退货率，说明其在购物时未能尽到起码的谨慎义务，在行使退货权利时又过于随意，该不合理做法增加了企业和社会的成本，有悖于诚实信用原则，是对自己权利的滥用，被告公司依据平台服务条款冻结原告用户账户的措施具有正当性。

(资料来源：广州政法网. 三大电商典型案例，让你称心如意网上购物. 2021-10-20. https://www.gzszfw.gov.cn/article/document.do?shId=20467.)

问题：
1. 案例中吴某哪些做法存在不当？
2. 生活中你遇到过"滥用权利"的消费者吗？你怎么看待他们的做法？

【阅读资料】移动电商逐渐崛起，未来发展空间更广阔

参 考 文 献

[1] [美]德尔·I. 霍金斯，[美]戴维·L. 马瑟斯博，符国群，吴振阳，等译. 消费者行为学[M]. 11版. 北京：机械工业出版社，2011.

[2] [美]韦恩·D. 霍依尔，[美]德波拉·J. 麦克依尼斯，刘伟译. 消费者行为学[M]. 4版. 北京：中国市场出版社，2008.

[3] 李东进. 消费者行为学[M]. 北京：机械工业出版社，2007.

[4] 符国群. 消费者行为学[M]. 2版. 北京：机械工业出版社，2008.

[5] 李晓霞，刘剑. 消费心理学[M]. 2版. 北京：清华大学出版社，2010.

[6] 肖涧松. 消费者心理与行为分析[M]. 4版. 北京：高等教育出版社，2021.

[7] 江晓，马光菊. 消费者行为学[M]. 北京：机械工业出版社，2019.